KB204453

| 제2개정판 |

영상미디어 산업의 이해

이 도서의 국립중앙도서관 출판예정도서목록(CIP)은 서지정보유통지원시스템 홈페이지(http://seoji.nl.go.kr)와 국가자료공동목록시스템(http://www.nl.go.kr/kolisnet)에서 이용하실 수 있습니다.
(CIP제어번호: 양장 CIP2019004331 학생판 CIP2019004332)

| 제2개정판 |

Understanding
Video
Industries

영상미디어 산업의 이해

임정수 지음

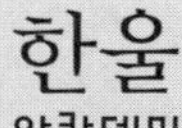

제2개정판 서문

2006년에 초판이 나온 지 13년이 되었고, 2007년 말 개정판이 출간된 지 11년이 지나 제2개정판을 출간하게 되었다. 2004년에 출간되었던 『디지털시대의 미디어 산업』을 이 책의 전신으로 본다면, 시작은 좀 더 거슬러 올라갈 수 있다. 이번에 출간하게 된 제2개정판은 2006년에 『영상미디어 산업의 이해』로 책의 제목을 변경하기로 결정했을 때 이상으로 책의 구성과 내용에 변화를 주었다.

수년 전부터 제2개정판에 관한 이야기를 출판사 기획실과 해왔는데, 장시간 집중할 수 있는 기회를 만들지 못했을 뿐 아니라, 공부의 속도가 기술과 산업의 변화속도를 따라가지 못한 탓에 계속 미루어왔다. 그렇다고 필자가 이 책에 대해서 아예 손을 놓고 있었던 것은 아니다. 개정판이 3쇄까지 나오는 동안 매번 변화된 미디어 관련법과 제도, 기업의 소유 현황, 그 밖의 미디어 산업 관련한 주요 동향 등을 소폭 수정해왔다. 그러다가 인공지능까지 결합한 모바일, 온라인 미디어가 방송을 압도하는 최근 미디어 산업의 빠른 변화를 보면서, 이 책이 미디어 산업론의 기본적인 이해를 돕는 새로운 체계의 책으로 거듭나야 한다는 절박함을 가지고 지난 2년 동안 꼬박 제2개정판 작업에만 매달린 끝에 마무리하게 되었다.

이번에 내놓는 『영상미디어 산업의 이해』 제2개정판은 기존 판에 비해 구성 및 내용에서 크게 다르다. 제2개정판은 미디어 산업론의 주요 주제별로 12개 장으로 구성되었다. 기존 판에서는 이론 부분과 플랫폼별 현황을 통한 이론의 적용 부분으로 나누어 구성했는데, 이번 판은 이를 통합하여, 주제별로 관련된 사례들을 포함시키는 구성을 바꾸었다. 플랫폼별로 구획을 나누어 이야기하는 것이 더 이상 의미 없는 일이 되었기 때문이다. 또한, 기존 판과 비교해볼 때, 모바일 미디어, OTT 서비스 등의 변화하는 산업환경을 담아내기 위해서 비즈니스 모델을 추가했고, 파이낸싱, 리스크 관리, 해외전략 등 콘텐츠 산업의 주제들을 별개로 덧붙였다.

제2개정판에는 영상미디어 산업론의 이론뿐 아니라, 생생한 현장의 쟁점들을 담아보려고 애썼다. 수정했거나 추가한 내용은 그동안 필자가 작업했던 연구논문과 산업정책 관련 세미나 발제, 강연 등으로부터 발췌한 것도 포함하며, 학계 및 업계 관계자들과의 토의과정을 거치면서 필자가 나름대로 정리한 메모들도 포함하고 있다.

책의 내용 중에는 필자가 직접 연구에 관여했던 세부 주제들도 많았지만, 다소 익숙하지 않음에도 불구하고 꼭 담아야 했던 부분도 있었다. 계속 변화하는 미디어 환경을 보면서 더 미룰 수 없어 원고를 마무리하지만, 부족한 부분에 대해서는 계속 공부하고 정진하여 향후에 개선할 것을 독자들께 약속드린다.

책의 생명력은 독자에 의해서 이어지는 것이 분명하다. 우여곡절 끝에 제2개정판을 출간할 수 있었던 것은 무엇보다도 그동안 이 책을 대학수업의 교재로 채택하고, 책의 부족한 부분을 강의실에서 채워주신 동료 학자들과 이 책으로 열심히 공부한 학생들 덕분이다. 집필을 할 때 모르거나 확신이 없는 내용을 전화나 문자 메시지로 질문하면, 학계와 업계의 많은 분들이 성의를 다해 의견과 자료를 제공해주셨는데, 감사의 마음을 전하고 싶다. 책의 기획, 편집, 디자인 작업에 정성을 다해주신 한울엠플러스(주) 식구들께 감사드린다.

2019년 2월 제2개정판을 내면서

임정수

개정판 서문

초판을 낸 지 겨우 1년 반 만에 개정판을 낼 생각은 추호도 없었다. 출판사로부터 2쇄를 위한 오탈자 교정 요구를 받고, 필자는 초판에서의 오류를 바로잡고 그동안 변화된 미디어 산업의 현황을 다소라도 반영하려는 의도에서 며칠의 시간을 더 얻어내어 작업에 들어갔다. 수정 작업을 하면서 미디어 산업의 변화를 '다소' 반영하려는 시도가 얼마나 무모한 일이었는지를 깨달았다. 기존에 6개의 장으로 이루어져 있었던 제3부는 7개의 장으로 늘어났을 뿐 아니라 서너 개 장은 거의 새로 쓰다시피 했다. 제2부에서도 큰 폭의 가감을 한 끝에 개정판은 초판과 비교해서 30쪽 정도 늘어났다. 미디어 산업에서의 1년 반은 다소의 수정으로 정리할 수 있는 일이 아니었던 것이다.

최근 한두 해 사이에 웹2.0의 시대가 본격화되어 인터넷에서는 이용자 생산 동영상(UCC)이 중요 콘텐츠로 부각되었다. 기존의 포털과 방송사 홈페이지는 신속하게 변화에 적응해야 했다. 새로이 등장한 위성DMB와 지상파DMB는 매체 초기에 필연적으로 경험하게 되는 생존과 시장 확대의 문제를 놓고 고민하고 있다. 전방위적인 경쟁에 직면한 지상파TV는 시청률, 광고 시장점유율, 광고 매출액 등의 감소에 위기감을 느끼고 있다. 짧은 기간에 일어난 일이라고는 믿기지 않을 만큼 놀라운 변화이다. 이 책은 역동적이라는 말도 부족할 만큼 과(過)역동적인 매체 산업의 모습을 큰 맥락에서나마 정리하여 관련 전공자들과 업계 종사자들에게 도움을 주고자 했다.

서론에 해당하는 제1부와 이론을 다루는 제2부도 상당히 수정 작업을 하여 최근의 논의와 쟁점을 보완하고자 했다. 변화가 빠를수록 변화의 흐름을 파악하고 대처하기 위한 이론적 연구의 필요성은 더욱 커져간다. 제3부는 큰 폭의 수정을 거쳤는데, 특히 모바일 방송, 인터넷 기반 미디어, 융합 미디어에 많은 지면을 할애했다. 이들 산업은 현재의 당면한 과제뿐 아니라 향후의 미디어 산업의 방향을 보여주고 있어서 점차 비중을 높이 다룰 필요가 있다고 판단했다.

개정판에서는 미디어 산업의 변화를 반영했을 뿐 아니라 학부 3, 4학년과 대학원생들이 수업에서 활용하도록 각 장의 난이도를 고르게 하는 데에 관심을 많이 기울였다. 또한 이번 작업에서는 미디어 관련 업계의 쟁점 중심의 논의를 지양하고 미디어 산업의 변화와 변화의 방향에 초점을 둠으로써 책의 생명력을 강화시켰다.

개정 작업 과정에서 초판에서의 오류를 많이 발견하여 수정했지만, 여전히 필자의 무지나 게으름으로 인한 오류가 남아 있을 수 있다. 독자들의 지적과 질책으로 이 책이 향후에도 『영상미디어 산업의 이해』라는 타이틀을 가지고 수정 작업을 거쳐 매체 산업을 공부하는 분들에게 유용한 텍스트북으로 발전되었으면 하는 바람이다.

개정판 작업을 할 수 있었던 것은 무엇보다도 대학 교재로 채택하고 부족한 부분에 아낌없이 조언을 해주신 동료 교수님들의 덕분이다. 줄곧 그 관심과 애정의 무게감을 안은 채 작업에 임했다. 초판에 이어 개정판에서도 자료 정리와 그래픽 작업 등을 도와준 이영이 양에게 감사하며, 세심한 편집에 정성을 다해주신 편집자 박희진 님과 미술팀을 비롯한 도서출판 한울 여러분들에게 감사드린다.

2007년 11월 개정판을 내면서

임정수

초판 서문

영상미디어 산업은 지금 전쟁 중이다. 그 전쟁의 끝은 아무도 알지 못한다. 전쟁 중엔 수많은 희생자와 영웅이 나온다. 디지털 시대 영상미디어 산업의 전쟁에서도 환호와 열광 속에 새로운 미디어와 서비스가 나타나고, 그 뒤로 수많은 가능성과 도전이 사라져 한낱 향수로 남게 된다.

최근 2~3년간 미디어 산업에서 일어났던 변화는 그 이전 40년간 우리나라 미디어 산업에서 일어났던 변화의 폭보다 훨씬 컸다. 방송법 개정을 통해 '방송'의 정의를 다시 내리기까지 했지만, 사실상의 방송 영역은 법적 정의를 넘어서서 확장되고 있다. 지상파 DTV의 전송방식문제도 미국식으로 해결이 되었고, 케이블TV도 디지털화를 향해 빠르게 움직이고 있고, 위성DMB가 상용화되기 시작했다. 이 책의 마무리 작업을 하던 중에 지상파DMB가 출범했고, 같은 날 지상파방송의 낮방송이 재개되었다.

기술 발전의 빠른 속도는 기술이 내포한 속성, 기술이 가져올 사회문화적, 정치적, 산업적 여파, 그리고 기술이 나아갈 방향 등에 대한 이해를 어렵게 한다. 이 책이 독자들에게 읽혀지고 있는 시점이면 IP-TV, WiBro 등이 상용화되고, 이런 신종 미디어 영역의 정의와 제도의 마련, 산업적 여파에 대한 타업계의 대책 등에 대해서 열띤 논의를 벌이고 있을 것이다.

이 책은 특히 미디어 관련 전공학생 독자들이 언제나 변화하고 있는 미디어 산업에 대한 이해의 틀을 마련하는 데에 일조를 하고자 썼다. 미디어 기술은 급변하더라도 미디어 산업을 꿰뚫는 시장의 원리는 있을 것이고 이 책은 개별 현상을 다루기에 앞서 이 부분에 많은 지면과 애정을 할애했다. 미디어 시장의 활동원리의 이해에 기초하여 미디어 변화의 현황을 소개하는 차원을 넘어 직면한 변화를 어떻게 다룰 것인가를 논함으로써 향후의 다른 변화에 대한 대처능력을 높이는 데에 중점을 두었다.

이 책은 서론, 시장 활동의 원리를 다루는 이론 부분, 산업 실제에 이론을 적용하는 부분 등 3부로 구성했다. 제1부 서론에서는 디지털미디어 시대의 영상미디어 산업의 성격을 디지털, 네트워크, 모바일, 컨버전스 등으로 규정하고, 이에 대한 논의로 시작을 했다. 또한 연구의 영역과 접근방법의 다차원을 설명했다.

제2부는 영상 콘텐츠의 상품적 속성과 그에 대한 가격 책정 문제, 미디어 기업의 경쟁과 전략, 수용자 행위의 측정과 변화, 방송광고 제도에 대한 논의, 방송 산업 정책의 주요 주제인 공익성과 시장경쟁의 논쟁, 미디어 산업에서의 집중, 방송 정책의 제 영역 등을 살펴본다.

제3부는 지상파TV, 케이블TV, 위성TV, DMB, 인터넷, IP-TV, 무선랜, 휴대인터넷, 영화 산업 전반에 걸쳐 최근의 기술적 변화와 그로 인한 수익 모델의 변화, 이용자 행동 패턴의 변화, 정책 쟁점 등을 제2부에서 다룬 이론에 근거하여 논했다. 제3부의 구성과 주제 선택은 저자에게 있어서 이 책의 작업 전반에서 가장 큰 난제였다. 원고 막바지 작업에서도 각 장의 소절들의 구성, 내용의 가감, 제목 붙이기 등에서 대폭의 변화가 있었을 정도로 고심이 많았던 부분이었다. 담아야 하는 정보는 몇 권의 책으로도 부족할 만큼 많았지만, 독자에게 부담스럽지 않은 적정한 수준의 정보를 제공하여 미디어 산업의 맥락을 짚고, 향후의 변화를 이해하고 대처할 수 있는 안목을 제공해야 한다는 강박증이 작업 내내 따라 다녔다. 아직 채 무르익지 않은 매체에 관한 논의에서는 특히 예언자적 역할을 자제하고 오로지 이론적 논의와 현상 간의 교류에 집중하고자 했다.

2년 전 출판된 저자의 다른 책인 『디지털시대의 미디어 산업』에 대해 격려와 질책을 보내줌으로써 이 책이 나오게끔 이끌어주시고, 각종 정책 세미나 등에서 만나 열띤 토론을 나누고 교재로 채택해주신 언론학계의 선생님들, 선배님들 그리고 동료들에게 진심으로 감사드린다. 커피 한 잔의 여유를 함께 나누곤 했던 서울여대 언론영상학부의 동료 교수님들께도 감사의 인사를 빠뜨릴 수 없다.

바쁜 유학생활 중에서도 친구의 원고 부탁에 흔쾌히 승낙하고 Wifi에 관한 깔끔한 원고를 써준 USC의 박남기 박사에게 특별한 고마움을 전하고 싶다. 박남기 박사는 Wifi 연구에 깊이 관여해온지라 그의 원고는 특별한 의미가 있다.

저자의 출판편집 작업 때마다 편집작업과 그래픽 작업뿐 아니라 행정적 업무까지 마다하지 않았던 서울여대의 이영이 양(현재 동양매직 홍보실 근무)과 고려대 석사과정의 김형지 양에게 진심으로 고맙다는 말을 전하고 싶다.

공부하느라 놀아주지 못한 아빠에게 "공부에게도 입을 좀 달아주세요"라고 원망하던 아들 태영과 도영, 그리고 그들을 다독거려준 아내 주은과 모든 가족에게도 감사한다. 늘 믿고 옆에서 지켜봐주시다가 몇 달 전 세상을 뜨신 아버지께 뒤늦게 가장 큰 고마움을 전하고 싶다.

끝으로, 『디지털시대의 미디어 산업』에 이어 『영상미디어 산업의 이해』도 흔쾌히 출판을 결정하고 편집 작업에 수고한 도서출판 한울에 깊은 감사의 뜻을 전하고 싶다.

2006년 3월

임정수

차례

제1장

미디어 산업의 키워드

1. 초판의 키워드를 되돌아보며

2006년 발간된 이 책의 초판 제1장에서 미디어 산업의 네 가지 키워드를 '디지털', '모바일', '네트워크', '컨버전스'로 선정했다. 방송의 디지털 전환이 진행되고 있었고, 휴대전화의 발전이 속도를 내고 있었으며, 인터넷을 통한 세상의 네트워크화가 추진되고 있었고, 미디어 컨버전스를 논하던 시대였다. 그 시기는 페이스북이 설립된 직후, 유튜브가 파급되기 직전, 트위터가 출범하기 1년 전, 넷플릭스가 인터넷 스트리밍 서비스를 시작하기 2년 전이었다. 그로부터 13년이 지나, 제2개정판에 이르러 그 4개의 키워드를 되돌아보니, 그 키워드들이 새로운 시대를 규정하는 역할을 해왔고, 이제 일상화되었다. 그동안 미디어 산업이 부단한 변화를 거쳐왔음을 확인할 수 있다.

지금은 인쇄뉴스매체, 통신, 지상파방송, 케이블방송 등 미디어 각 영역에서 진행되던 디지털 전환이 상당히 진척되어 마무리 단계에 와 있다. 2018년 상반기 기준으로 볼 때, 디지털 텔레비전을 이용하는 아날로그 케이블 가입자가 디지털 수준의 방송을 수신할 수 있도록 하는 장치인 8vsb를 이용하는 가구가 약 600만에 달하고, 순수 아날로그 케이블방송을 이용하는 가구가 약 90만이 남아 있기는 하지만, 아날로그 방송을 순차적으로 종료하면서 디지털 전환을 위한 막바지 과정에 들어섰다. 이제 통신과 방송에서 '아날로그'와 '디지털'의 구분이 굳이 필요하지 않게 되었다. 산업화된 미디어는 당연히 디지털 방식을 전제하고 있으며, 아날로그는 복고적 정서를 불러일으키는 수단이 되고 있다.

'모바일'은 미디어 산업에서 현재도 진행 중이고, 미래에도 계속 지향하는 영역이라고 할 수 있다. 2008년 7월 11일, 미디어 산업의 판도를 바꾸어놓은 애플의 아이폰3와 앱스토어가 등장한 이후, 미디어의 모빌리티는 비약적으로 발전했다. 비로소 모바일 미디어가 전화기의 역할을 넘어서 일상, 업무, 오락, 방송 등 전 영역을 다룰 수 있게 되었다. 스마트 미디어의 시작은 휴대전화로 전화를 하고 PC가 있는 집이나 사무실로 돌아와서 일처리를 해야 하는 시대의 종식을 의미하는 것이다. 미디어의 모바일화는 아직도 웨어러블 디바이스(wearable device), 가상현실(virtual reality: VR), 증강현실(augmented reality: AR), 인공지능(artificial intelligence: AI) 등과 같은 영역과의 연계를 통해서 변화의 양상을 가늠하기 어려울 정도이다.

온라인망을 통한 미디어의 '네트워크'는 많은 부분이 성장해왔고, 계속 성장 중이다. 기존의 네트워크가 방송사나 통신사의 전파, 유선전화망, 케이블텔레비전망, 인터넷망, 무선기지국 등을 통한 물리적인 연결에 더 근접한 개념이었다면, 최근의 네트워크는 미디어 이용자들이 연결되어 정보와 가치를 생산하고, 정서를 공유하는 소셜네트워크(social network) 개념으로까지 확장되었다. 이용자들은 단순히 서비스의 소비자에 머물지 않고, 이용자 상호 간에 온라인으로 연결됨으로써 정보의 생산과 유통에 참여하는 미디어 활동의 주체가 되었다. 또한, 사람과 사람의 연결뿐 아니라, 사람, 데이터, 사물까지 상호 연결되는 초연결사회(hyperconnected society)를 향한 기술이 주목받으면서 성장 중에 있다.

미디어 융합은 향후에도 다양한 형태로 진행되겠지만, 스마트 미디어의 등장과 함께 그동안 꿈꾸던 통신, 방송, 인터넷 융합의 형태가 상당히 갖춰지면서, 2010년대 후반 들어서는 '미디어 컨버전스'라는 용어의 사용이 현저히 줄었다. 해외 미디어 시장에서도 통신사의 방송사 인수합병이 하나의 트렌드가 될 정도로 미디어 융합은 관념적 차원을 지나 기업, 기기(디바이스), 서비스, 이용 등 다차원에서 현실화되고 있다.

10여 년 전 선정했던 키워드들을 중심으로 어떤 일들이 진행되어왔는지 떠올려보면, 미디어 산업의 외형적 모습과 거기에 담긴 콘텐츠의 성격이 끊임없이 변모해왔음을 알게 된다. 유튜브가 선풍을 일으키기 전과 후, 아이폰3가 출시되기 전과 후, 페이스북이 이용되기 전과 후, IPTV가 도입되기 전과 후의 미디어 산업이 같을 수는 없다. 이런 것들은 이전 시대가 꿈꾸어왔던 것들의 실현이며, 숱하게 실패한 시도 속에서 맺은 결실이고, 다음 시대를 상상하게 하는 근거가 된다. 이번 제2개정판에서는 지금도 진행 중이고 가까운 미래까지 이어질 미디어 산업의 주요 현상들을 요약하는 키워드로서 '미디어 개인화', '미디어 모빌리티', '소셜네트워크', '초연결사회'를 꼽았다.

2. 미디어 산업의 새로운 키워드

1) 미디어 개인화

'미디어 개인화(Personalization of the Media)'를 지금의 미디어 산업을 규정하는 4개 키워드 중 하나로 제시하려고 하는데, 이 용어는 개념적 변화를 오랫동안 거치면서 미디어 환경의 변화에 맞추어 새로운 의미들을 추가해왔다. 미디어 개인화는 기기의 개인화, 서비스와 이용의 개인화, 생산의 개인화 등으로 개념적 진화를 거듭해왔다.

(1) 기기의 개인화

미디어 개인화의 출발은 기기의 개인화로부터 생각해볼 수 있다. 1979년 소니 워크맨의 출시로 오디오 기기가 개인화된 것을 시작으로 해서, 1980년대 후반의 랩탑(laptop) 컴퓨터, 1990년대 중반의 휴대전화 보급으로 미디어 기기의 개인화가 본격화되었다. 2000년대 중반 이후 스마트폰과 태플릿pc 등을 통해서 개인화된 미디어 기기는 가족과도 공유되지 않을 수 있는 개인적 소유일 뿐 아니라, 개인적 이용의 대상이라는 점에서 기존의 집단 이용을 전제로 한 미디어 기기들과는 차별화되었다. 스마트폰은 단지 기기 차원에서만 개인화된 것이 아니라, 이용자가 애플리케이션 구성을 통해서 자신만의 기기를 만들어내기 때문에, 스마트폰 이용자들은 모두 개인 맞춤형의 서로 다른 기기를 가지고 있다고 말할 수 있다.

〈그림 1-1〉 아이폰과 관련 키워드

(2) 서비스와 이용의 개인화

미디어 서비스는 개인화를 추구하고 있으며, 그에 따라 이용의 개인화도 동시에 일어나고 있다. 그 대표적인 것으로 OTT(over-the-top) 서비스와 이용의 증가를 들 수 있다. 2005년 출범한 유튜브와 2009년 온라인 스트리밍 서비스를 시작한 넷플릭스를 접한 미디어 이용자들은 전통적 텔레비전 방송이 고수해온 선형성을 탈피하여, 젊은 층을 중심으로 비선형적 미디어 이용에 빠져들었다. 그러한 추세에 맞추어, 유튜브를 통해서 클립영상과 개인 창작물이 제공될 뿐 아니라, 콘텐츠사들이 유튜브에 채널을 확보해 고정적으로 서비스를 제공하고 있다. 넷플릭스는 기존 방송사들의 콘텐츠를 구매하여 광고 없이 제공할 뿐 아니라, 오리지널 시리즈를 제작하여 독점적으로 서비스하고 있다.

같은 시간대에 같은 프로그램을 시청하면서 그다음 날에 전날 시청한 프로그램에 대해서 이야기를 나누던 시대는 저물어가고 있으며, 이용자들은 각자가 원하는 시간에 각자가 선택한 프로그램을 시청하는 시대로 접어들었다. 이러한 서비스와 이용의 개인화에 맞추어 AI 기반 추천 서비스와 이를 전문적으로 수행하는 큐레이션 서비스(curation service, 개별 이용자의 선호, 검색, 이용 패턴을 분석하여 이용자가 선택할 가능성이 높은 콘텐츠와 서비스를 추천하는 서비스)가 성장했다. 이용자 맞춤형 추천 서비스는 단순히 이용자 서비스 측면에만 머무는 것이 아니라, 콘텐츠의 가치창출을 위한 주요 수단이 되고 있다.

〈그림 1-2〉 유튜브와 관련 키워드

Web2.0 Z-generation 동영상 싸이, 강남스타일
User-generated Contents snack culture acquired by google
바이럴 비디오

방탄소년단 유니버셜 스튜디오 저작권 소송 Youtube Red
사용자 참여 미디어 저작권 침해 검증시스템

(3) 생산의 개인화

미디어 콘텐츠 생산영역에서도 개인화가 진행되고 있다. 유튜브의 이용자들이 짧은 영상을 제작해 게시하면서부터 이용자의 1인 창작이 보편화되고 있다. 2006년 구글에 인수된 유튜브는 1인 창작자들을 체계적으로 관리하고 콘텐츠 창작을 지원하기 위한 MCN(multi-channel network) 사업환경을 조성했다. MCN은 오픈형 플랫폼을 통해서 활동하고 있으며, 개인 창작자들을 발굴·관리하는 채널기업으로서의 위상과 개인 창작자를 지원하는 기획사 형태를 띤다(정인숙, 2016). MCN은 오픈 플랫폼 환경에서 개인화된 콘텐츠의 생산방식을 상업적으로 재조직하는 역할을 했다.

생산의 개인화는 소셜네트워크 서비스(SNS)에서도 활성화되어 있다. SNS 이용자들은 텍스트, 이미지, 동영상 콘텐츠를 생산하여, 타인과 공유하는 미디어 문화를 형성했다. 이용자가 게시한 콘텐츠는 타인의 공감을 불러일으키고 평가를 받으면서 명성을 쌓아가게 된다. 그 명성은 단순히 콘텐츠 생산자의 즐거움으로 남을 수도 있지만, 간혹 사회적 가치와 경제적 가치를 생산해 내기도 한다. 다양한 각 분야에서 유용하고 흥미로운 콘텐츠를 게시하는 콘텐츠 생산자들은 많은 방문자를 모으고, 그들로부터 긍정적인 평가를 받음으로써, 그 분야의 명사가 되고 광고를 수주하게 된다.

트위터, 페이스북, 인스타그램, 카카오스토리 등은 각기 특색 있는 방식으로 서비스를 제공하고 있는데, 동영상 서비스의 비중이 점차 커지고 있는 추세이다. 신문도 텔레비전도 보지 않는 세대를 위해서 페이스북 등은 동영상 뉴스를 제공하고 있는데, 실제로 10~20대 연령대에서는 텔레비전보다 SNS를 통해 뉴스를 시청하고 있는 비율이 더 크며, 이런 비율은 계속 증가하고 있다. 전통적 미디어가 생산한 콘텐츠는 미디어 관점에 고정되는 경향이 있는 반면, 수많은 이용자들은 스스로 이야기를 만들어내기도 하고, 다른 사람이 생산한 콘텐츠를 소재로 하여 의미들을 추가하고 변형시키면서, 새로운 콘텐츠를 생산하고 공유하는 과정을 반복한다.

2) 미디어 모빌리티

미디어 모빌리티(Media Mobility)는 단순히 기기의 휴대성을 두고 하는 말이 아니라, 이동 중 네트워킹이 유지되면서 정보 전달이 가능한 상태와 관련이 있다. 휴대 가능한 미디어만 말하자면 책, 잡지, 신문, CDP 등 텔레비전을 제외한 대부분이 해당되지만, 이것들의 휴대성을 두고 모바일 미디어라고 칭하지는 않았다. 이동 중 네트워킹이 유지되면서 정보 전달이 가능한 휴대용 전화가 등장하면서 비로소 이를 '모바일' 미디어로 인식하기 시작한 것이다. 모바일 IP망과 통신망을 통해서 다양한 커뮤니케이션 시스템이 연결되고, 정보서비스, 행정서비스, 오락과 게임, 방송서비스 등이 스마트폰으로 수렴되면서, 본격적인 모바일 미디어 시대로 들어섰다.

미디어 모빌리티는 기기, 서비스, 이용 등 모든 면에서 강화되고 있다. 기존의 온라인 동영상 서비스들은 모두 모바일 서비스를 제공하고 있다. 방송은 모바일 미디어 환경에서 이용자들로부터 외면당하지 않기 위해 모바일 미디어와 경쟁관계를 형성함과 동시에 방송사의 부가사업으로 모바일 서비스를 제공하고 있다. 방송사는 기존의 OTT사와 협력관계를 맺고 서비스를 제공하는 한편, 자체적으로도 새로운 OTT 서비스를 출범시켜 안정적인 유통망을 확보하고자 했다. 예를 들면, 방송사는 자사 콘텐츠를 네이버 TV캐스트, 카카오팟, 페이스북, 넷플릭스 등에 제공함으로써 OTT사가 확보하고 있는 이용자에 접근하고 있는 반면, POOQ(푹), 티빙 등과 같이 방송사가 자체적으로 OTT 서비스를 제공하기도 한다.

이용자들은 이런 OTT 서비스를 스마트TV나 스마트폰을 통해서 이용할 수 있다. 콘텐츠와 서비스가 모두 디바이스 중립적인(device-neutral) 환경에서 이용자들의 모바일 미디어 의존성은 점차 커지고 있다. 텔레비전이 필수적이라고 생각하지 않는 사람들의 비중이 해마다 크게 증가하고 있는 추세이다. 2017 방송매체이용행태조사보고서에 따르면(KISDI, 2018), 응답자들은 일상생활에서 필수매체를 스마트폰(56.4%), 텔레비전(38.1%), PC/노트북(3.4%) 등의 순으로 꼽았는데, 스마트폰을 필수매체로 보는 비율은 향후에 점차 증가할 것으로 보인다. 10~40대에서는 다수가 스마트폰을 선택했고(10대 78.8%, 20대 84.2%, 30대 79.5%, 40대 64.9%), 50대 이상은 주로 텔레비전을 선택해(50대 52.1%, 60대 77.4.%, 70대 이상 93.4%), 연령대별 선호 매체의 특성을 보여주었다. 50대 이상에서 텔레비전을 스마트폰보다 다소 더 많이 선택하기는 했지만, 텔레비전에 대한 절대적인 선호를 보이는 연령대는 60대 이상으로 볼 수 있다. 현재의 50대가 모바일 미디어 환경에 적응할 수 있었던 것은 그들이 30대 후반에서 40대 초중반, 사회적으로 왕성하게 활동하던 시기에 스마트폰이 도입되었기 때문일 것으로 보인다.

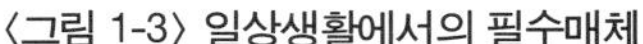
〈그림 1-3〉 일상생활에서의 필수매체

주: N=7416명, 해당 매체가 일상생활에서 필수적이라고 응답한 사람/전체 응답자
자료: KISDI(2018: 90).

3) 소셜네트워크

(1) 소셜네트워크 서비스

소셜네트워크는 특정 온라인 서비스에만 일시적으로 유행하던 현상이 아니라, 사회 전반에 걸쳐 지속적으로 진행되고 있는 주요한 미디어 커뮤니케이션 양식이다. SNS 이용자들은 온라인에서 상호 연결되어, 정보, 오락거리, 정서 등을 공유할 수 있게 되었다. SNS 이용자들은 개인적 관계망뿐 아니라 사회적 관계망을 형성하며, 때로는 정치적 영향력을 발휘하기도 하고, 때로는 사회적 운동에 참여하는가 하면, 소비의 주체가 되기도 한다.

1990년대에는 프리챌, 싸이월드, 아이러브스쿨 등의 초기 SNS들이 선풍을 일으켰다. 1999년 출범한 프리챌은 1000만 명 이상의 회원을 확보하기도 했지만, 2003년 유료화 선언을 하면서 가입자가 급속히 이탈했다. 싸이월드도 1999년에 출범하여, 2001년에 미니홈피로의 형식 변화, 2003년 프리챌 유료화 등의 내외부적인 변화 속에서 이용자들이 모여들기 시작해 한때는 3500만 명 이상의 가입자를 확보하기도 했다. 싸이월드는 미국, 일본 등으로 현지화를 통한 해외진출을 시도했지만, 미국에서는 페이스북, 일본에서는 믹스가 유사 서비스를 이미 제공하기 시작해 시장 확보의 기회를 잡지 못하고 실패했다. 싸이월드의 위세는 절대로 시들지 않을 것 같았지만, 개인사 노출이 과도해짐에 따른 피로도가 발생하고, 개인정보 유출의 우려가 커지면서 이용자들의 이탈이 일어났다. SNS는 네트워크 외부효과가 큰 서비스이므로, 일단 이탈이 시작되면 급속히 쇠퇴하게 된다.

2000년대 초에는 블로그가 활성화되고, 2000년대 후반에는 스마트폰의 보편화에 힘입어, 트위터(twitter), 링크트인(Linked-in), 페이스북(facebook), 마이스페이스(myspace), 인스타그램(instagram) 등이 활성화되었다. 페이스북은 2004년 마크 주커버그(Mark Zukerberg)가 개발하여 미국 하버드대학교 교내에서 서비스를 시작한 뒤 급성장한 SNS로, "세상의 모든 사람들을 연결시키겠다"

는 모토를 내걸고 전 세계로 확산되어, 2016년에는 이미 가입자의 70%가 미국 이외 지역의 거주자였다. 트위터는 2006년 미국의 잭 도시(Jack Dorsey), 에반 윌리엄스(Evan Williams), 비즈 스톤(Biz Stone) 등이 공동 개발한 SNS로 최대 140자로 제한된 메시지를 올릴 수 있으며, 리트윗을 통해서 메시지를 일시에 대량 배포할 수 있다. 인스타그램은 사진, 동영상 공유 SNS로 2010년 케빈 시스트롬(Kevin Systrom)과 마이크 크리거(Mike Krieger)에 의해 개발되었고, 2012년 페이스북이 10억 달러에 인수했다. 2019년 1월 페이스북은 M&A를 통해 계열사로 두었던 메신저(Messenger), 왓츠앱(WhatsApp), 인스타그램(Instagram)의 서비스가 연동되도록 통합하기로 했다.

(2) SNS와 텔레비전

이제 텔레비전 방송은 텔레비전으로부터 나와서 SNS를 통해 미디어 이용자에 다가가는 전략을 피할 수 없게 되었다. 예를 들면, JTBC는 페이스북, 트위터, 유튜브, 카카오스토리, 인스타그램 등과 연계하여, '뉴스룸' 방송 후에 기자들의 뒷이야기를 담은 정치부, 사회부 소셜스토리 동영상을 제공하고 있다. 전통적인 미디어 기업이 과거에는 온라인 포털과의 연계를 통해서 자사 콘텐츠의 노출과 소비를 확장하고자 했다면, 오늘날 이루어지는 SNS와의 연계는 단순히 이용자 접근의 확대뿐 아니라, SNS가 갖는 참여, 공유, 공감의 능력을 통해서 콘텐츠의 사회적 반향을 불러일으키고 상품적 가치를 증폭시키는 데에 중점을 두는 것이 차별적이다.

다른 예로, 카카오TV는 카카오톡의 계정으로 접속할 수 있는데, 지상파 및 PP 콘텐츠, 게임방송, 1인방송 등을 서비스하고 있다. 이용자들은 콘텐츠의 이용뿐 아니라, 생산에 참여할 수도 있으며, 시청 중 채팅에 참여할 수도 있다. 카카오TV는 2개 이상 미디어의 동시이용단계를 넘어 '하나의 미디어, 하나의 서비스'에서 텔레비전 시청과 SNS를 동시에 이용하는 방식이다. 스마트폰이 등장한 후에 미디어의 동시이용현상이 주목을 받았는데, 이는 텔레비전

〈그림 1-4〉 JTBC 뉴스룸의 소셜스토리

을 이용하는 중에 많은 시청자들이 스마트폰을 이용해서 검색, 채팅, 쇼핑 등을 하는 현상을 말한다. 이는 방송 프로그램 시청의 미디어와 커뮤니케이션 미디어가 분리된 것인데, 카카오TV에서는 스마트폰에서 하나의 앱에 접속하여 하나의 창을 열어두고 시청과 커뮤니케이션을 동시에 행할 수 있게 된 것이다. 이러한 현상은 페이스북, 트위터 등의 SNS에서 볼 수 있는데, "영상콘텐츠를 시청하며 타인과의 소통을 통한 감정과 의견을 교환하는 SNS와 텔레비전의 융합"(박정훈 외, 2009)을 의미하는 '소셜TV'로 불리기도 했다(심홍진·유경한, 2014).

(3) SNS와 커머스

소셜네트워크는 e-커머스의 새로운 국면을 열었다. 아마존, 이베이 등의 기존 e-커머스 시장에 SNS를 활용한 e-커머스가 등장하면서, 유통방식, 소비문화, 수익모델 등 다각도에서 변화가 진행되고 있다. SNS에서 이용자들이 행하고 있는 상호작용적인 소통활동에 커머스가 편승함으로써, 가상공간에서 연결되어 있는 이용자들의 공동구매, 상품과 구매경험에 대한 평가와 추천, 이들의 활동에 기초하여 생성된 빅데이터, 바이럴 마케팅(viral marketing) 등을 활용할 수 있게 된 것이다. 소셜커머스의 유형은 학자마다 다소 다른 용어로 정의하고 있지만, 문종범·김인섭·정원준(2012), 최성호·박경민(2013), 유재훈(2011) 등의 유형화를 종합해보면, 공동구매방식, 직접판매방식, 기존 온라인 쇼핑몰과의 연동형 방식, 소셜미디어를 이용한 프로모션 등의 네 가지 유형으로 정리된다.

구루폰(Groupon)이 본격적으로 소셜네트워크를 활용한 대표적인 커머스 모델을 제시했다는 점에서 소셜커머스의 시작으로 보는 것이 일반적이다. 2008년에 미국 시카고에서 앤드류 메이슨(Andrew Mason)이 설립한 구루폰은 이용자 맞춤형으로 할인쿠폰을 이메일로 제공하여 일정한 수 이상의 구매자가 모이면 대폭 할인된 가격에 거래가 이루어지는 공동구매방식이다. 한국에도 진출했으나, 성공하지 못하고 2014년에 철수했으며, 2018년 기준으로는 15개국에 진출해 있다. 국내에서는 티켓몬스터(일명 티몬)가 2010년 설립되었고, 구루폰과 마찬가지로 공동구매방식을 취하고 있다. 쿠팡과 위메프도 2010년 설립되어 티몬과 경쟁구도를 형성하여, 구루폰이 2011년 국내 진입했으나 자리 잡기 어려운 상황이었다.

SNS는 직접판매 및 기존 온라인 쇼핑몰과의 연동형 커머스 사업을 하고 있으며, 기업들은 이들 SNS를 활용한 바이럴 마케팅 전략을 통해서 기업, 브랜드, 개별 상품 등의 프로모션을 하고 있다. 예를 들어, 페이스북에서는 기업들의 쇼핑몰을 연계시키고 결제시스템을 구축하여 상품판매가 가능하도록 했으며, 기업 홍보의 네트워크로 활용하기도 한다. 아마존은 트위터와의 제휴를 통해서, 트위터 이용자가 아마존으로 이동하지 않고 트위터 이용 중에 '아마존 카트'에 구매희망품목을 올려놓을 수 있도록 했다. 아마존과 같은 e-커머스의 강자도 소셜네트워크의 영향력을 간파하고 주요 SNS와의 연계서비스를 제공하고 있다.

4) 초연결사회

(1) 네트워크 개념의 진화

초연결사회(Hyper-connected Society)는 사람, 데이터, 사물을 연결시킨 사회를 의미하는데, 다양한 네트워크가 상호 연결되고, 센서를 통해서 사람들, 사물들, 사람과 사물들 간에 커뮤니케이션하며, 데이터를 수집하고 처리하여 정보를 생성시키는 사회를 의미한다. 인간의 개입 없이 사물들 간의 커뮤니케이션이 가능한 기술환경은 산업의 영역에 광범위하게 영향을 미칠 뿐 아니라, 사람들의 일상에까지도 영향을 미치게 된다. 사물들 간의 커뮤니케이션은 인간이 직접 통제할 수 없었던 영역들에 대한 정보 수집, 수집된 정보의 판단, 그에 따른 처리에 이르기까지 극도로 잘 연결된 네트워크를 통해서 매우 신속하게 가능하다.

사물인터넷(Internet of Things: IOT)은 1999년 당시 엠아이티 오토 아이디 센터(MIT Auto-ID Center) 소장이었던 케빈 애시톤(Kevin Ashton)이 처음 제안한 아이디어로, 초연결사회를 가능하게 하는 기술적 기반이 된다. 하지만, 별개의 시스템을 상호 연결시키려는 아이디어는 완전히 새롭게 등장한 것이 아니었고, 기존에 유비쿼터스 환경, All-IP 환경 등의 아이디어가 제시된 바 있는데, IOT 개념도 이러한 기존에 제시되었던 아이디어들이 진화해가는 과정에서 생겨났다고 볼 수 있다.

유비쿼터스(ubiquitous)는 '언제 어디에나 존재한다'는 의미인데, 유비쿼터스 환경은 이용자가 장소와 컴퓨터에 상관없이 자유롭게 네트워크에 접속할 수 있는 환경을 의미한다. 1988년 미국 제록스의 마크 와이저(Mark Weiser)가 '유비쿼터스 컴퓨팅(ubiquitous computing)' 개념을 제시하면서, 2000년대 초반에 유비쿼터스 환경에 대한 논의가 활발해지기 시작했다. 유비쿼터스 환경은 전자기기나 다양한 사물에 컴퓨터를 설치하여, 각 시스템들이 의미 있는 정보들을 교환하는 환경을 염두에 두었다. 컴퓨터가 일상생활의 모든 면에 스며

들어 있다는 의미에서 '편재형(遍在形) 컴퓨팅(pervasive computing)'이라는 용어가 사용되기도 했다. 'pervasive'와 'ubiquitous'는 사실상 같은 의미라고 할 수 있다. 예를 들어, 유비쿼터스 환경에서 맥박, 혈압 등의 건강상태를 체크하는 컴퓨터 센서를 팔목에 착용한 이용자가 건강에 문제가 생겨 쓰러지게 되면, 이런 이상현상은 연결된 병원의 시스템에 의해 감지되고, 구급차를 이용자가 있는 곳으로 보내는 것이 가능하다.

유비쿼터스 환경을 실현시키기 위해서는 초고속 광대역 통신, 별개로 존재하던 다양한 네트워크 시스템의 연결과 표준화 등과 같은 기술적 환경이 조성되어야 함은 물론이지만, 인프라 구축과 기업의 투자를 유도할 만한 산업적 동인이 제시되어야 하고, 서비스가 적정가격에 제공될 수 있어야 한다. 2000년 전후로 유비쿼터스 개념이 주목받았을 때에 공학적 가능성에 비해 산업적 동인이 충분히 무르익지 않아서, 상용화된 서비스가 제공되지는 않았다. 2010년대 스마트 미디어의 상용화가 진행되고, IOT 기술이 발전하면서, 유비쿼터스 개념은 보다 업그레이드되고 현실화되기 시작했다.

IOT의 직접적인 선행 개념으로는 M2M(Machine to Machine) 개념이 있는데, 이것은 기계와 기계가 미리 정해진 작동원리에 따라 정보를 교환하는 단계를 의미한다. 예를 들면, 주차장에서 차량번호를 인식하고 바를 올려주고, 출차 시에 요금을 계산해주는 것은 M2M 단계로 볼 수 있다. M2M 커뮤니케이션은 인간이 프로그래밍한 방식을 벗어날 수 없으며, 사물들 간의 커뮤니케이션을 통해서 새로운 정보를 만들고 부가가치를 생산하는 데에 한계가 있다.

IOT는 단순한 사물들 간의 네트워킹뿐 아니라, 지능(intelligence)이 추가되어 사물들 간의 네트워크를 통해서 인지, 판단, 조정 등의 기능을 수행하기도 하며, 새로운 가치를 생산해낼 수 있다는 점에서 M2M 단계에서 크게 진화된 형태라고 볼 수 있다. 단순하게 연결 자체에 머무르지 않고, 연결대상을 결정하는 방법을 계획하는 과정에서 기대하지 않았던 새로운 가치가 창출된다(김도환, 2014). 최근에서 IOT에서 한걸음 더 나아가, 보다 생활양식 전반에 스며

들어 세상의 모든 것을 네트워킹한다는 의미에서 IOE(Internet of Everything)란 용어를 사용하기도 한다. IOE는 IOT가 추구했던 기술적 단계라고 볼 수 있으며, 사물들 간의 네트워크에 인간의 개입을 줄이는 기술 정도의 차이로 볼 수 있겠다. 굳이 구분하자면, 예를 들어 IOT가 외부에서 무선인터넷으로 집 안의 홈스마트 시스템을 통제하는 것이라면, IOE는 웨어러블 컴퓨터, 차량 내 컴퓨터, 홈스마트 시스템 등이 통합적 네트워크를 통해서 서로 커뮤니케이션하여, 이용자의 현재 위치와 컨디션에 따라 홈스마트 시스템이 집 안의 온도, 요리준비, 뉴스, 오락영상 등의 선별·추천·제공 등을 포함한 정보처리를 적절하게 하는 것이라고 보면 된다.

(2) 초연결사회와 미디어 산업

초연결사회는 방송 네트워크, 인터넷 네트워크, 정부정보망, 기업정보망 등이 별개의 시스템으로 존재하던 사회와 대조된다. 1995년부터 2015년까지 20여 년간 통신네트워크사인 시스코 CEO를 맡았던 존 챔버스(John Chambers)는 "모바일 시대를 지나 사물인터넷 시대가 다가오고 있다. 지금 대처하지 않으면, 아무리 잘나가는 IP기업이라도 20년 후에는 생존하지 못할 수 있다"고 경고한 바 있다. 또, 기술정보잡지인 ≪와이어드(Wired)≫의 편집장 케빈 켈리는 "이제 기계와의 전쟁이 아니다. 그들과 전쟁하면 우리는 반드시 패할 것이다. 기계와 함께하는 경쟁이 되어야 한다. 로봇과 얼마나 잘 협업할 수 있는지가 앞으로 당신의 연봉을 결정할 것"이라고 단언하기도 했다.

미디어 산업도 초연결사회에 대한 대처로 분주하다. 미국의 주요 미디어 기업들은 IOT를 유료방송 플랫폼에 접목시켜 부가서비스를 제공하고 있으며, 이 영역을 선점하기 위한 노력을 하고 있다. 컴캐스트는 케이블방송과 온라인 서비스 브랜드인 Xfinity 이용자들이 와이파이로 연결된 홈오토메이션 서비스를 통해서 텔레비전과 브로드밴드 서비스를 이용하는 서비스를 제시했다. 예를 들면, 컴캐스트 이용자가 음성 리모트 컨트롤러를 사용해 "잘자"

라고 하면, 그 시스템은 자동으로 집의 출입문들을 잠그고, 전등도 끄고, 온도를 맞추며, 보안시스템을 가동시키게 된다(Spangler, 2018). 디즈니도 IOT와 빅데이터에 기반한 서비스를 제공하고 있는데, 디즈니월드 방문자에게 RFID (radio frequency identification)가 장착된 '매직밴드'를 제공하여 예약, 결재, 대기상황, 위치 기반 서비스 등을 제공한다(Marr, 2017). 2010년대 초반까지만 해도 미디어 산업에 IOT를 적용하는 것은 이용자들이 미디어 이용패턴을 쉽게 바꾸지 않기 때문에 상당한 시간이 필요할 것이라는 조심스러운 예측도 있었지만, 거대 미디어 기업들은 IOT가 미디어 산업의 주요 흐름이 될 것으로 보고 기술을 보유한 기업들을 인수하고, 가능한 영역에서부터 서비스를 개발하는 일에 매진하고 있다.

제2장

연구영역과 접근방법*

1. 미디어 산업론의 학적 위상

미디어 산업을 다루는 연구가 1990년대 이래 수적으로나 질적으로나 발전했고, 대학의 언론학 전공에서 '미디어 산업론', '콘텐츠 산업론', '콘텐츠 산업과 정책', '미디어 경제학' 등의 과목명으로 수업을 개설하는 학교가 늘어났다. 관련 학자들은 미디어 경제학 혹은 미디어 경영학의 학문적 영역을 내걸고 연구하고 강의하고 있다. 미디어 경제학은 미디어 산업의 경제학적 현상을 연구하여 산업정책적 근거를 제공하고, 미디어 경영학은 미디어 기업의 운영, 관리, 경영전략, 기업형태 등 기업의 이익추구에 관해 연구한다는 점에서 두 영역은 관점과 궁극적인 목적에 차이를 나타내기도 하지만, 미디어 산업의 현상들을 다루고 있다는 주요한 공통점을 갖고 있어, 언론학의 범주 내에서 미디어 현상의 산업적 측면을 다루는 학문영역으로 한데 묶여질 수도 있다. 이 책은 초판(2006년)에서부터 견지해온 대로, 미디어의 경제적 측면, 경영전략

---

* 임정수, 『영상미디어 산업의 이해』 개정판 3쇄(2016) 제2장과 임정수, 「미디어 경제학의 한국 언론학에 대한 학문적 기여와 새로운 역할 모색」, ≪언론정보연구≫, 54권 2호(2017), 7~38쪽에 기초하여 재구성했다.

적 측면, 산업정책적 측면을 다룸으로써, 미디어 경제학이나 미디어 경영학의 주제를 포괄하는 언론학의 한 분야로서 '미디어 산업론'을 제안한다.

언론학 연구가 시작된 이래 수십 년 동안, 커뮤니케이션의 역할, 기능, 효과 등이 연구자들의 일차적인 관심이었던 반면, 미디어의 경제적 측면은 간과되어왔다(Picard, 2004). 언론학은 다양한 학문적 관심과 이론적 배경을 수용하면서 처음부터 융합학문적 성격을 띠고 출발했다. 특히, 정치학, 심리학 등은 초창기 언론학의 연구주제뿐 아니라, 연구방법론적 측면에서도 기여해왔다. 철학과 역사학은 언론학의 이념적 주제와 사료의 정리 등에 기여했으며, 문화비평 등은 대중문화론의 연구주제와 다양한 질적연구방법론을 제공했다. 정치학은 권력과 언론의 관계, 민주주의에서 언론의 역할 등 저널리즘적 연구주제와 규범론적 연구주제 및 접근방법을 제공했으며, 심리학은 커뮤니케이션의 메시지 효과, 태도변용 등의 연구주제와 심리학에서의 실증적 분석방법(실

〈표 2-1〉 언론학 제 영역과 학문적 배경

학문적 배경	도입기의 주요 연구주제들	언론학에 대한 기여
역사학	• 신문사, 출판사, 언론인 등에 관한 사료 연구	• 언론, 미디어의 역사 연구 • 역사 연구의 방법론(미시사적 접근들, 구술사, 민속지학적 연구방법 등)
철학	• 언론의 가치 연구 • 표현의 자유에 관한 연구	• 언론사상 연구 • 저널리즘의 가치 연구 • 대중문화론의 이론적 근거
정치학	• 언론과 권력의 관계모델 연구 • 선거 캠페인 연구	• 언론사상 연구 • 저널리즘의 가치 연구 • 정치 커뮤니케이션
심리학	• 뉴스, 캠페인, 영화 등에서의 태도변용 연구 • 미디어에서의 폭력 메시지에 대한 효과 연구	• 미디어 효과 연구 • 실험 연구, 조사 연구 등의 방법론 • 광고, 홍보의 효과 연구
법학	• 표현의 자유에 관한 연구 • 미디어 기업의 독과점 및 시장지배적 지위에 관한 연구 • 저작권 연구	• 표현의 자유에 관련법 연구 • 방송통신 관련법 연구 • 콘텐츠 저작권법 연구
경제학 경영학	• 영화산업 연구 • 유료 텔레비전 방송 산업과 정책 연구	• 텔레비전, 온라인미디어, 모바일 미디어, 엔터테인먼트 산업 등의 산업과 정책 연구 • 경제학적·경영학적 접근

험 연구 및 조사 연구)을 제공했다.

언론학에서 경제학적 접근은 비교적 늦게 시작되었지만, 미국에서 1970년대 이후의 유료방송의 성장, 미디어 기업의 규모 확장, 그리고 미디어 기업의 상업화 등은 미디어 산업 정책적 판단의 경제학적 근거에 대한 수요를 키웠고, 미디어 산업에 대한 학자들의 호기심을 자극했다. 1970년대 이전에도 미디어 산업을 기술한 저술들이 있었지만, 미디어 산업을 경제학적 이론에 근거하여 본격적으로 접근한 연구는 언론학에서 자생했다기보다는 1970년대 미국에서 오웬과 매닝(Owen & Manning, 1974), 콤페인(Compaine, 1979) 등의 경제학자들이 '미디어 경제학(media economics)'이라는 새로운 학문적 영역을 제시하면서 시작했고, 1980~1990년대에 피카드(Picard, 1989), 와일드만(Owen & Wildman, 1992), 워터만(Waterman, 1991), 알바란(Albarran, 1996) 등이 경제학적 이론을 통해 미디어 정책 이슈를 본격적으로 다루면서 학문영역으로 정착되었다.

경제학에 이어 경영학적 이론과 접근방법이 미디어 산업론 연구에 도입되면서, 미디어 산업론의 연구는 미디어 기업의 이윤극대화를 위한 전략적 측면을 직접적으로 다룰 수 있는 이론적·방법론적 수단을 보강하는 계기를 가졌다. 신문사, 라디오, 텔레비전 방송사 등의 경영에 관한 저술과 연구들은 과거에도 더러 있었지만, 경영학적 이론에 근거한 미디어 연구들이 미디어 경제학의 범주에서 연구되기 시작된 것은 1990년대 전후로 볼 수 있다. 이후 1990년대를 거쳐 2000년대로 접어들면서 챈옴스테드(Chan-Olmsted, 1998), 디머스(Demers, 1996) 등의 학자들이 중심이 되어 미디어 기업조직, 기업활동, 기업이윤 등의 연구주제들을 미디어 경영학으로 범주화하기 시작했다.

미디어 경제학과 미디어 경영학은 공히 미디어 산업을 다루고 있어서 공통의 쟁점을 가질 수밖에 없지만, 기본적인 관점과 궁극적 목적의 차이는 있다. 미디어 경제학이 미디어 시장의 구조, 생산과 소비 측면에 초점을 맞추고 있다면, 미디어 경영학은 미디어 기업의 기업활동과 사업활동을 통한 이윤추구에 보다 초점을 맞추고 있다. 궁극적 목적에서 미디어 경제학은 산업구조 형성과 정책적 실현을 추구하며, 미디어 경영학은 미디어 기업의 이윤과 전략적 실현을 추구하는 경향이 있다. 그럼에도 불구하고, 미디어 산업 정책은 소비자 복지와 기업이윤을 동시에 고려하지 않을 수 없고, 기업전략은 미디어 산업 정책과 무관하지 않아서, 시장구조, 콘텐츠 생산과 소비, 미디어 기업의 이윤추구활동 등은 밀접하게 맞물려 있다. 그러다 보니, 미디어 경제학과 미디어 경영학은 각자 학문적 영역의 정체성을 유지하더라도 같은 논의의 장에서 교류할 일이 많았다.

2. 미디어 산업론의 이론적 배경

1) 이론적 배경

미디어 산업론은 경제학과 경영학의 이론적 배경 아래 학문영역으로서의 정체성을 갖게 되었지만, 미디어 산업론의 이론적 배경을 두 영역으로 제한하기는 어렵다. 미디어 산업에 대한 연구에 채택되는 이론들의 범주는 크게 경제학 이론, 경영학 이론뿐 아니라, 수용자 이론, 미디어 공익성 이론 등도 포함한다. 미디어 산업론의 관심이 확장되면서 채택하는 이론적 배경도 더 풍부해지고, 질적으로도 완성도가 높은 연구들이 많이 생산될 것이다. 미디어 산업론의 주요 배경이론이 되는 경제학 이론, 경영학 이론, 수용자 이론, 공익성 이론 등을 정리하고자 한다.

(1) 경제학 이론

미디어 산업론 연구의 이론적 배경이 되는 경제학 이론은 대체로 미시경제학 영역에 속한다. 미시경제학은 개별 기업의 생산, 소비자 선택, 개별 시장 등을 분석하는 경제학의 한 영역이다. 경제학의 주된 질문은 무엇을 얼마나 언제 생산하고, 생산된 상품을 어느 시장에서 누구에게 어떤 형태로 얼마에 공급하는지에 대한 결정행위와 관련된 것들이다. 이 결정은 경제활동의 주체인 소비자, 기업, 정부, 그리고 이들이 상호 작용하면서 모인 시장에 의해서 이루어지는데, 미시경제학은 이들의 선택행위에 일차적인 초점을 둔다.

미디어 경제학에서 미시경제학적 주제는 미디어 상품의 생산자와 소비자의 선택과 결정에 영향을 미치는 경제적 요인에 대한 연구이며, 미디어 기업의 공급량과 가격책정, 비용, 미시경제학적 차원의 정책 등을 다룬다. 미디어 산업에서 경제활동의 주체는 수용자, 미디어 관련 기업(방송사, 신문사, 출판사, 인쇄소, 프로덕션, 배급사 등), 광고주, 정부의 정책결정기구 등이다. 미시경제학 이론은 이들 경제활동의 주체들이 각자의 목적을 효율적으로 달성하기 위해 어떤 선택을 하는지에 대한 분석의 토대가 되고 있다.

미시경제학의 전 영역이 두루 미디어 산업론에 활용되고 있는데, 시장효율성 이론 영역은 미디어 산업을 다룰 때 가장 기본이 되는 공공재, 무임승차문제, 시장의 실패 등을 다룰 때 기본적으로 활용된다. 또한, 소비자 이론 중 소비자 최적선택과 효용극대화, 대체효과, 소비자 잉여, 불확실성하에서의 선택, 번들링 등이, 생산자 이론 중 규모의 경제, 범위의 경제, 비용이론, 기업이윤의 극대화 등이, 시장구조이론 중에서는 완전경쟁시장, 과점시장, 독점시장 등에 관한 이론, 게임이론 등이 빈번히 활용되고 있다. 그 밖에도 기술표준, 저작권 등의 경제학적 측면을 다루는 영역도 미디어 산업론 연구에 기여하는 바가 커지고 있다.

미디어 산업론의 초기 연구들은 대체로 미디어 상품의 생산과 소비, 그것의 시장활동을 다루는 미시경제학에 초점을 두고 있지만, 미디어 산업에서 테크놀로지의 도입, 국내외 시장의 생산과 소비 환경 등의 중요성이 커지면서 거시경제학적 연구도 중요성이 커지고 있다. 거시경제학은 총생산, 전체 고용수준, 국가수입, 전체 물가수준, 경제성장률 등과 같은 큰 규모의 경제활동체계를 다룬다. 또한, 개별 국가의 미디어 산업은 국제경제에 민감해져 가고 있으므로, 미디어 산업에서 국제경제학적 차원도 간과될 수 없는 측면이다. 미디어 기업의 해외시장 진출은 물론이고, 외국 미디어 기업의 국내시장 침투도 흔한 일이 되다 보니, 정부가 시장개방에 대한 정책을 어떻게 세우며, 외국과의 무역협정을 어떻게 맺는지는 미디어 산업에 큰 변수로 작용한다.

또한, 미디어 정책 결정 과정에는 미디어 생산과 소비와 관련된 자본주의 권력관계에 대한 비판적 논의가 개입되어 있어, 미디어의 정치경제학적 연구들도 미디어 산업 연구에서 중요한 의미를 갖는다. 정치경제학은 미디어 산업론보다는 비판 커뮤니케이션 연구들의 이론적 배경이 되지만, 미디어 시장에서의 생산과 소비의 권력구조를 비판적으로 다루고 있어서(Mosco, 1996), 정책적 이슈와 무관하지 않았다. 정치경제학을 배경으로 한 영역은 영국의 문화연구가들과 네오마르크스주의 계열의 학자들에 의해 연구되기 시작했다. 이 영역의 연구들은 미디어 시스템과 커뮤니케이션 정책의 정치문화적 영향을 다루었으며, 미디어 테크놀로지, 시장집중 등의 전통적인 경제학적 문제를 정치경제학적 이슈와 연관시켰다. 미디어 정치경제학은 "커뮤니케이션 제도, 미디어 소유와 통제, 미디어의 생산, 유통 및 수용 과정, 그리고 커뮤니케이션과 자본주의 재생산 간의 관계에 대한 분석을 통해 권력의 문제를 다루는 데 주력했다"(Wasko, 1993; 문상현, 2009 재인용).

(2) 경영학 이론

미디어 정책 쟁점뿐 아니라, 경쟁시장에서의 미디어 기업의 이윤추구가 중요해지면서 경영학적 접근의 중요성이 커지고 있다. 미디어 산업론적 연구에 활용되는 경영학 이론의 영역은 경영전략론, 경영조직론, 기업형태론, 마케팅 등 매우 광범위하지만, 고르게 활성화되어 있다기보다는 경영전략론에 집중되는 경향을 보이고 있다. SWOT 분석, 경쟁우위를 위한 차별화와 포지셔닝 전략(positioning strategy), 자원기반분석(resource-based view: RBV), 구조-행위-

성과 분석(structure, conducts and performances: SCP), 전략적 제휴, 블루오션 전략 등은 기업의 경쟁전략을 다루는 경영전략론의 대표적 이론들로 미디어 산업론에서 기업의 전략적 선택을 다루는 연구에 이론적 틀을 제공했고, 시장 상황의 분석을 위한 분석방법으로도 활용되었다.

다채널의 유료방송시장, 인터넷 포털 시장, 스마트 미디어의 애플리케이션 시장 등 미디어 산업에서의 경쟁이 본격화되면, 경영전략론의 이론들은 미디어 기업들의 경쟁우위, 대체관계, 보완관계 등의 경쟁관계를 분석하는 연구에서 유용한 접근방법으로 활용되곤 했다. 특히, 자원기반분석(Barney, 1991)은 기업 내부의 자원의 특성을 분석하여 기업 간 차이를 설명하려고 했다는 점에서 다른 경쟁전략과 차별성을 갖는다. 2000년대 들어서 미디어 산업이 디지털 테크놀로지 활용과 더욱 밀접해지면서, 기존의 미디어 기업이 스스로 새로운 영역의 역량을 강화시키기도 했지만, 국내외의 신생역량을 가진 기업들과 제휴를 맺는 경우가 늘어나면서 전략적 제휴에 대한 관심도 증가했다. SWOT 분석과 포지셔닝 분석(Ries & Trout, 1993)은 경영, 정책, 공학 등 다방면에서 활용되는 경쟁분석방법으로, 새로운 시장과 기업의 진입이 활발한 미디어 산업에서 비교적 신속하게 시장에서의 경쟁역량을 분석하는 방법으로 채택되어왔다.

경영조직론과 기업형태론의 접근은 미디어 기업의 조직특성이나 소유구조의 특성에 따른 의사결정과정, 기업성과 등을 다루는데, 신문사 조직의 연구에서 종종 활용되었다. 영화, 음악, 엔터테인먼트 산업에서 소비자 행동 분석과 마케팅은 예산 측면에서도 큰 비중을 차지하고 있으며, 사업의 성패에 중요한 역할을 하고 있어, 소비자 행동론과 마케팅 이론을 도입한 연구들도 점차 늘어나고 있는 추세다. 아직은 경영학의 일부 영역만 미디어 산업 연구에 활용되고 있지만, 미디어와 콘텐츠 산업 영역을 기업 이윤추구의 시각에서 다루는 것이 중요해지고 있어서, 점차 경영학 전 분야에 걸쳐 확대될 전망이다.

그 밖에도 미디어 분야 노동인력에 관한 연구, 테크놀로지 개혁의 채택과 확산 등의 영역도 언론학과 경영학의 공통적 관심의 영역이라고 볼 수 있다. 미디어 분야 노동인력에 대한 연구들은 정부에서 발간하는 관련 산업백서에서 미디어 기업과 콘텐츠 제작사 인력 등의 현황에 대해 주로 기술적으로 연구되어왔는데, 미디어 산업 인력수급의 양적·질적 평가에 기여하고 있다. 테크놀로지의 도입과 채택을 다룬 개혁 확산이나 기술수용모델 등은 언론학과 경영학은 물론이고, 공학이나 정책학에서도 공통적으로 채택해온 이론으로, 새로운 테크놀로지가 쏟아져 나오는 미디어 환경에서 유용한 분석방법이 되고 있다.

(3) 수용자 이론

미디어 산업에 대한 연구의 상당한 부분은 언론학 영역에 속하는 수용자 연구에 근거하고 있다. 수용자 연구는 수용자가 미디어 상품을 어떻게 이용하고, 어떤 상품을 선호하며, 어떤 상품들 간에 대체 가능하다고 느끼며, 어떤 상품들 간에는 대체 가능하지 않다고 느끼는지 등의 주제들을 다루고 있다. 수용자 연구는 집단적 차원의 수용자와 누적적 차원의 수용자를 대상으로 하는 연구로 구분할 수 있다(Webster & Lichty, 1991).

수용자를 집단적 차원에서 다루는 연구의 대표적인 유형이 시청률 분석이다. 시청률이나 점유율 등은 광고주에게 제공하는 수용자 크기의 자료이며, 방송사 내부에서는 프로그램의 성공 정도를 평가하는 지표이기도 하다. 시청률이 높다는 것은 광고주가 많은 소비자들에게 그들의 상품을 어필(appeal)할 수 있는 기회를 그만큼 많이 갖는다는 의미이다. 그러나, 시청률은 개인 수용자의 미디어 이용의 변화를 잡아내지는 못한다. 예를 들면, A라는 프로그램의 지난 주 방영분의 시청률이 33.00%라는 사실은 텔레비전 보유가구 중 특정 시간에 A를 시청한 가구의 수를 비율로 나타낸 수치이다. 이 자료는 개별 시청자들이 A라는 프로그램을 얼마나 고정적으로 시청하는지, 얼마나 긴 시간을 집중하여 시청하는지를 말해주지는 못한다. 이처럼 시청률은 프로그램이 얼마나 많은 시청자를 모았는지는 말해주지만, 개별 수용자들이 취하는 선택의 흐름을 보여주지는 못한다. 전통적인 미디어에서 시청률이나 구독률과 같은 집단적 차원의 수용자 측정에 근거한 연구는 주요한 부분을 차지해왔지만, 다채널화되고 세분화되어가는 미디어 환경에서 구체적으로 정의된 소비자를 원하는 광고주들에게는 만족스러운 자료를 제시하지 못하기도 한다. 집단적 차원의 수용자 연구에서 개인의 선택과 선택패턴의 변화는 무시되고, 집단적 수치로 나타난 수용자의 크기에만 관심이 집중된다.

반면, 누적적 차원의 수용자 연구는 수용자 만족 연구, 수용자 충성도 연구, 미디어 이용행태 연구(시청의 흐름, 미디어 동시이용, 선택의 패턴 등) 등을 다룬다. 예를 들면, 웹사이트 A를 즐겨 이용하는 이용자들이 다른 어떤 웹사이트를 동시에 즐겨 이용하는지, 웹사이트 A를 방문한 이용자는 다른 어떤 웹사이트로 이동하는지 등의 문제들은 누적적 차원의 수용자를 다루는 연구에 해당한다.

미디어 이용의 패턴은 단순히 이용자 이용행태 연구로 그치는 것이 아니라, 채널 간, 미디어 기업 간의 제휴 등에도 활용될 수 있는 자료이다. 디지털 시대의 미디어에서 미디어 간의 융합이 활발히 일어나고 있으며, 각종 부가서비스의 제공이 활발해지고 있다. 예를 들어, 고급 자동차 웹사이트는 어떤 방송 프로그램이나 웹사이트에 링크가 되어야 효율적이며, 주식 정보 서비스는 어떤 미디어를 통해서 제공되는 것이 효율적인지 등을 판단하려면 결국 누적적 차원에서 수용자의 미디어 이용패턴에 대한 이해가 선행되어야 한다.

(4) 미디어 공익성 이론

미디어 상품에 대한 가치평가는 다른 일반 상품에 비해 어렵다. 다른 산업에서 이성적인 소비자들은 좋은 물건에 더 많은 돈을 지불하는 데 반해, 미디어 상품의 소비자들은 때로는 나쁜 상품에 더 많은 돈을 지불하기도 한다는 사실이다. 좋은 상품, 나쁜 상품은 지극히 주관적이지만, 자동차를 사려고 할 때 우리는 엔진 결함이 있는 자동차에 비싼 가격을 지불하면서 구입하려고 하지는 않는다. 그러나 미디어 상품에 관해서는 다른 선택기준을 가지기도 한다. 사람들은 잘 만들어진 60분짜리 텔레비전 다큐멘터리 한 편은 무료라도 시청하지 않으면서, 값싸게 만들어진 동영상 포르노그라피를 온라인으로 보기 위해 돈을 지불하기도 한다. 좋은 미디어 상품의 구매를 위해 사람들이 돈을 지불하지 않으려고 하면, 좋은 미디어 상품의 생산이 둔화되어 급기야는 시장에서 사라지게 된다. 사회마다 정책운영방식에는 차이가 있지만, 그런 이유로 정부는 미디어 시장에 개입하여, 미디어 기업, 특히 방송기업에 공익성의 책임을 부과하려고 한다.

정부 개입에 대해, 경제적 비효율성을 초래하며 결과적으로는 공익성에 기여하지 못한다는 비판도 있다. 디지털 시대에 미디어 산업에 대한 정부 개입은 더욱 거센 저항에 부딪히게 되는데, 그 주된 이유는 다채널화로 인해 미디어 선택의 폭과 채널 선택의 폭이 크게 확장되어, 제한된 몇 개의 채널들이 서비스를 하던 시대와는 환경이 다르다는 것이다. 특히, 방송에서 전파공탁의 개념이 약해진 게 사실이다. 전파공탁의 개념은 방송 가능한 전파는 제한되어 있으며, 민간 혹은 공영 기업이 그 전파를 사용하는 권리를 가졌다고 하더라도, 그 권리는 개별 기업의 소유가 아니라, 공익적 가치를 위해 미디어 기업이 사용하도록 시민들이 위임한 것이란 주장이다. 변화하는 미디어 환경에도 불구하고, 현재까지 미디어 산업 연구에서 공익성은 빠뜨릴 수 없는 부분이며, 미디어 상품의 질적 차원, 여러 의미의 다양성, 각종 미디어 정책 등을 논할 때 빠지지 않고 거론된다.

(5) 이론적 배경과 미디어 산업론의 연구주제

앞서 보았던 미디어 산업론의 이론적 배경과 그에 따른 대표적인 연구주제를 〈표 2-2〉에 요약했다. 경제학 이론을 배경으로 하여 미디어 산업의 구조, 공급 및 이용자의 소비 등의 연구주제들이 다루어지며, 경영학 이론을 배경으

〈표 2-2〉 미디어 산업론의 이론적 배경과 연구주제

이론적 배경	세부 영역	연구주제
경제학 이론	시장이론, 소비자 이론, 생산자 이론, 시장경쟁이론, 비용이론, 시장효율성 이론 등	미디어 산업의 구조/ 미디어 기업의 경쟁과 독과점/ 미디어 산업의 노동과 인력/ 미디어 서비스의 공급과 소비/ 콘텐츠 생산, 유통, 소비/ 글로벌 미디어 시장과 무역협정 등
경영학 이론	경쟁전략론, 경영조직론, 기업체계론, 소비자 행동론, 마케팅론, 경영관리론 등	미디어 기업의 인수합병/ 콘텐츠 생산 전략/ 유통전략/ 마케팅 전략/ 인력수급전략/ 가격전략/ 파이낸싱 전략 등
수용자 이론	집단적 수용자 연구, 누적적 수용자 연구 등	수용자의 미디어 선택과 이용패턴/ 수용자의 콘텐츠 수용과 이용패턴/ 시청률 분석/ 미디어 테크놀로지와 수용자의 새로운 트렌드 등
공익성 이론	방송공익성 연구, 언론의 사회적 책임 이론, 공공정책연구 등	채널 인허가/ 미디어 정책 관련 공익성 평가/ 공영방송제도/ 인수합병평가/ 의무채널제도/ 편성정책/ 콘텐츠 심의 등

로 하여 미디어 기업의 기업전략과 사업전략 등의 연구주제들이 다루어진다. 수용자 연구에 근거해서 미디어 이용자 선택과 이용행태의 변화를 계량적으로 파악하는 연구들이 진행된다. 이를 통해서 미디어 경제학과 미디어 경영학 연구들은 미디어 시장의 현황을 파악할 수 있으며, 미래시장을 예측하게 된다. 공익성 이론은 그 자체로는 미디어 산업의 경제적 측면을 다루고 있지 않지만, 미디어 정책이 경제학적 효율성을 추구할 때, 공익적 가치와 균형을 이룰 수 있는지 정책적 판단을 하는 데에 가치판단의 기준을 제공한다.

2) 분석수준

미디어 산업론의 분석수준을 브루크(Bruck, 1993)는 미시적 수준, 거시적 수준, 메타수준으로 유형화했다. 〈표 2-3〉은 각각의 분석수준이 주로 관여된 영역, 분석단위, 연구목적 등을 정리하고 있다. 미시적 수준에서는 미디어 기업, 채널, 수용자를 분석단위로 하여, 가격결정이나 이윤추구와 관련된 주제들을 다룬다. 거시적 수준에서는 미디어 산업, 미디어 정책, 국가경제 시스템과 관련된 주제들을 다룬다. 메타수준이란 여기서는 미시적·거시적 수준으로

〈표 2-3〉 분석수준에 따른 분류

	분석수준		
	미시적 수준	거시적 수준	메타수준
연구 방법	• 미시경제학 • 수용자 연구 • 경영학	• 거시경제학 • 국제경제학 • 정치경제학	• 커뮤니케이션 생태학
분석 단위	• 미디어 기업 • 채널 • 수용자 • 미디어 서비스 및 콘텐츠	• 미디어 산업 구조 • 미디어 정책 • 국가경제 시스템 • 글로벌 미디어 산업 구조	• 커뮤니케이션 시스템 • 정치·사회·문화 시스템
연구 목적	• 시장진입 결정, 생산과 공급 결정, 가격결정, 이윤극대화 전략 등	• 산업구조와 공정경쟁정책, 무역협정, 해외진출 지원 정책 등	• 공익성 정책, 테크놀로지의 도입, 문화와 사회적 가치의 재생산, 민주적 성과 등

주: Bruck(1993: 11)에 근거하여 재구성한 것임.

나눌 수 없는 영역을 말하는데, 이 수준에서는 커뮤니케이션 시스템, 정치·사회·문화 시스템 등을 분석단위로 보고 있으며, 공익성, 민주적 성과, 가치의 재생산 등과 같이 보다 가치지향적인 주제를 다룬다.

3. 경제학적 관점으로의 전환

1) 미디어 경제학의 도입 배경

앞서 보았듯이, 다양한 이론적 배경에 기초하여 미디어 산업론이 연구되고 있지만, 그중에서 미디어 경제학은 미디어를 산업적 관점에서 다루게 한 본격적인 출발이며, 중심적 위치를 차지하고 있다. 따라서, 미디어 경제학의 학문적 도입 배경과 언론학에서 새로운 관점을 제시한 점들에 대해서 좀 더 이야기하고자 한다.

미디어 경제학은 미디어 운영자들이 수용자, 광고주, 사회의 정보·오락의 욕구와 필요를 어떻게 충족시켜주느냐 하는 문제를 다루며(Picard, 1989), 미디어 산업이 다양한 필요와 욕구를 충족시키기 위해 미디어 콘텐츠를 생산함에 있어, 희소한 자원을 어떻게 사용하는가를 연구한다(Albarran, 1996). 미디어 경제학은 '다양한 미디어 산업에 생산물을 제작하여 판매하는 기업활동과 재정을 다루는 학문'으로 정의되기도 했으며[Alexander, Owers, & Carveth(eds.), 1998], '다양한 미디어에서 운영자, 실무자, 결정권자들의 선택을 이끌어내고, 제한하는 역할을 하는 변화무쌍한 경제적 요소들에 대한 연구'(Doyle, 2002)로 정의되기도 했다.

그간 미디어 경제학은 이윤극대화를 추구하는 기업으로서의 미디어, 상품으로서의 콘텐츠, 소비자로서의 수용자 등 경제학적 관점들로 언론학의 여러 영역들 사이에서 정체성을 만들어왔다. 미디어 경제학이 전제한 관점은 미디어, 콘텐츠, 수용자 등의 언론학적 개념을 이윤극대화, 상품, 소비자 등의 경제학적 용어로 대체한 데에 불과한 것은 아니었다. 미디어 경제학은 기존 언론학의 관점에서 생경스러웠을 수도 있는 개념들을 전면에 내세움으로써 거부감을 유발시키기도 했던 반면, 기존의 언론학이 간과했거나 외면했던 관점을 뚜렷하게 부각시키는 데에 성공했다. 알바란(Albarran, 1998)은 미디어 경제학의 언론학에 대한 기여를 네 가지로 요약한 바 있는데, (ㄱ) 미디어 경제학은 경제적 기관으로서의 미디어를 이해하는 수단을 제공하며, (ㄴ) 미디어 산업의 글로벌화에 대한 이해를 돕고, (ㄷ) 주류 미디어에 대한 다양한 대안을 제공하고, (ㄹ) 현대 언론학 연구에 간학문적 관심을 제공하는 것으로 정리했다.

피카드(Picard, 2004)가 미디어 경제학의 역사를 정리한 것을 요약하면 다음과 같다. 1980년대 이전의 초기 연구를 살펴보면, 프랑스에서 1978년 데물린(Desmoulins)이 처음으로 경제적 관점에서 미디어 산업에 관한 연구저서를 냈고, 니에또(Nieto)가 1960년대 후반부터 스페인어 잡지에서 미디어의 경제적 측면에 대한 글을 쓰다가 1985년에 미디어 경제학의 스페인어 책을 저술한 바 있다. 미국에서는 1974년 오웬 등(Owen, Beebe, & Manning, 1974)이 『텔레비전 경제학(Television Economics)』을 저술했고, 콤페인과 고머리(Compaine

& Gomery, 2000)는 미디어 기업의 소유에 대한 포괄적인 연구를 했다. 그 외에도 많은 연구들이 나왔는데, 1988년에는 ≪미디어 경제학 저널(Journal of Media Economics)≫이 발간됨으로써, 미디어 경제학의 본격적인 논의의 장이 마련되었다. 이후에도 와일드만, 피카드, 리트만, 알바랜 등의 연구가 이어졌다. 1980년대 중반 이후, 미디어 산업에 대한 관심이 높은 한국, 대만, 중국 등 동북아시아 지역에서도 미디어 경제학 연구가 활발히 이루어졌다. 1990년대 이후에는 미디어 경제학이 대학의 언론학 관련 학과에서 하나의 프로그램으로 자리를 잡아가기 시작함으로써, 독립된 학문영역으로서의 정체성을 확립해갔다.

미국에서 미디어 경제학의 중요성이 1980년대와 1990년대의 미디어 기술과 규제제도의 변화의 시기에 미디어 산업의 재구조화가 진행되는 가운데 더욱 부각되었던 것처럼[Alexander, Owers, & Carveth(eds.), 1998], 한국에서 미디어 경제학에 대한 관심이 커진 것도 1990년대 중반에 있었던 케이블방송의 도입과 무관하지 않다. 이 시기에 한국 미디어 수용자들은 비로소 유료방송인 종합유선방송을 이용할 수 있게 되었는데, 이러한 미디어 환경 변화는 언론학에서 미디어 경제학적 접근에 대한 관심과 필요성을 높였다. 그때까지 우리 사회는 시청자를 미디어 기업이 유치해야 할 고객으로 생각해본 적도 없었고, 방송을 언론이 아닌 서비스로 생각해본 적도 없었고, 방송 프로그램을 보기 위해 돈을 지불할 수도 있다고 생각해본 적도 없었다. 더군다나, 1980년 11월 민영방송이 신군부에 의해서 통폐합됨으로써, 공영방송만 남게 되어, 그 후로 방송은 시장경쟁으로부터 완전히 자유로운 상태를 10여 년 동안 유지하게 되었다. 그러다 보니, 1990년대 중반 케이블방송의 도입을 위해서는 기존과 다른 방식으로 언론의 가치에 대해서 논하고, 관련 정책을 마련하고 운영해야 했는데, 미디어 정책기관도 언론학계도 이 점에 대해서 적잖은 부담을 가질 수밖에 없었다. 이러한 시점에 미디어 경제학적 접근은 기존의 언론학으로 접근하기에는 한계가 있었던 유료방송의 소유, 인수합병, 방송권역,

서비스 요금, 편성, 프로그램 수급, 광고제도 등의 미디어 정책을 수행할 이론적 근거를 제공할 수 있었다. 1990년대 중반 이래 20여 년 동안, 한국 미디어 산업에는 여러 종류의 새로운 미디어 플랫폼이 등장하고 사라지기도 했던 일련의 과정에서 미디어 경제학은 관련 산업과 정책논의를 위한 이론적 논거를 제공했다.

미디어 경제학의 비교적 초기에 오웬 등(Owen, Beebe, & Manning, 1974)이 저술한 『텔레비전 경제학(Television Economics)』과 오웬과 와일드만(Owen & Wildman, 1992)이 저술한 『영상 경제학(Video Economics)』 등은 텔레비전 산업, 특히, 케이블방송 산업의 정책에 많은 부분을 할애하고 있어, 1990년대 국내 케이블방송 관련 규제와 탈규제의 정책적 논의에 이론적 틀이 되었다. 방송사 소유 및 편성 관련 규제는 방송사업자에게 공익적 의무를 부과하는 취지에서 행해졌고, 방송광고 관련해서도 산업적 성장보다는 방송공익성을 우선시하는 규제 중심적 정책이 실시되던 당시의 한국 방송환경에서 경제적 합리성에 기초한 규제와 탈규제의 논의를 보여준 미디어 경제학이 미디어 정책을 다루는 새로운 관점을 제공했다는 사실은 분명하다.

학문적 영역으로 볼 때, 미디어 경제학은 언론학 영역인 미디어를 대상으로 하고 있으며, 경제학이란 이론적 토대 위에 서 있다. 미국의 초기 미디어 경제학자들은 이 새로운 융합학문적 영역을 경제학이나 언론학의 한 편으로 편입시키기보다는 제3의 영역으로 두기를 원했던 것으로 보인다. 하지만, 대학교육의 전공 분화가 제3의 영역을 수용할 만큼 세분화되지 않아, 미디어 경제학은 그것에 대한 수요가 더 큰 언론학으로 편입되었다.

미디어 경제학은 보호무역의 철폐, 시장경쟁 등을 주창한 미국 신고전주의 경제학적 전통 아래 개척된 영역으로, 이를 한국 언론학의 한 영역으로 받아들이는 과정에서 가치관의 갈등은 불가피했다. 미디어 기업의 활동을 경제학적 합리성에 근거해서 이해하려고 하고, 미디어 콘텐츠를 시장에서 소비되는 상품으로 이해하려는 미디어 경제학적 관점은 사회적 가치에 고착된 한국 미디어 정책의 한계를 극복할 실마리가 되었다는 점에서 언론학자들에게 매력적으로 다가왔다. 반면, 신고전주의 경제학에 근거한 미디어 경제학적 접근이 결과적으로 미국 글로벌 미디어 기업의 입장을 지지하고, 제3세계에서의 시장 잠식을 정당화한다는 점 때문에 비판적인 시선도 있었다. 거기다가, 미국의 초기 미디어 경제학적 접근이 이론적으로나 방법론적으로나 경제학 이론에 뿌리를 두고 있어, 언론학자들이 이를 언론학의 한 분야로 수용하는 데에 적잖은 거부감과 어려움을 갖기도 했다.

국내 언론학 학술지를 통해서 언론학과 미디어 경제학의 교류에 대한 논의가 기획된 적이 몇 차례 있었다. 2001년 학술지 ≪언론과 사회≫ 제9권 제2호에서 '커뮤니케이션과 인접학문: 매체경제학과 경제학'이란 주제가 기획되었는데, 언론학자 김은미(2001)의 「매체경제학을 어떻게 이해할 것인가」와 경제학자 김균(2001)의 「외부자가 본 매체경제학」, 김휴종(2001)의 「매체경제학에 바라는 것들」이란 논문들이 나란히 실렸다. 이 기획에서 언론학 분야에서 미디어 경제학을 연구하는 언론학자의 시각과 경제학자가 바라본 미디어 경제학의 문제점들이 논의되었다. SBS에서 발간한 ≪미디어 경제와 문화≫ 제2권 제2호에서 피카드(Picard, 2004)는 "The Development of Media Economics"라는 논문을 통해서 미국 미디어 경제학의 생성과 발전과정을 정리했고, 김은미·박소라(2004)는 "Doing media economics research in Korea where non-market forces are dominant"라는 논문에서 비경쟁시장이 지배적인 한국 미디어 환경에서 미디어 경제학의 역할에 관해 논한 바 있다. 2010년대에 스마트 미디어, OTT, MCN 등의 영향력이 글로벌 미디어 시장을 휩쓸면서, 한국 미디어 산업에서도 경쟁시장이 비경쟁시장을 앞지르게 되었다. 이러한 산업 환경의 변화는 산업현장에서의 쟁점과 정책적 쟁점을 만들어내기 마련이어서, 언론학에서 미디어 산업론의 역할이 더 확장되는 배경이 된다.

2) 미디어 경제학의 기본 전제

미디어 경제학이 기존 언론학과 차별적으로 전제한 바를 세 가지로 요약하면, (ㄱ) 이윤극대화를 추구하는 미디어 기업, (ㄴ) 상품으로서의 콘텐츠, (ㄷ) 상품과 소비자로서의 수용자 등을 들 수 있다. 미디어 경제학의 이러한 기본 전제들은 기존 언론학이 견지해온 언론 현상과 미디어 현상을 바라보는 관점의 전환을 가져왔는데, 미디어 경제학이 언론학에 미친 영향은 여기서부터 시작된다.

(1) 이윤극대화를 추구하는 미디어 기업

언론학은 오랫동안 미디어 기업을 이윤추구의 주체로 파악하기보다는 사회적 가치를 실현시켜야 하는 사회적 제도로서 파악했다. 전통적인 언론학은 미디어 기업이 메시지를 통해서 사람들에게 어떤 가치를 전달하고 정치적·사회적 영향력을 행사한다는 점에 시선을 집중하고, 미디어 기업이 갖는 사회적 영향력의 크기와 영향력을 행사하는 메커니즘, 그것을 통제할 수 있는 윤리관 등에 초점을 맞추었다. 예를 들어, 바그디키안(Bagdikian, 1983)의 저술 『미디어 독점(Media Monopoly)』 등은 미디어가 경제적인 측면 때문에 어떻게 메시지를 왜곡하는지를 다루었지만, 미디어 산업이 경제적 측면에서 어떻게 작동하는지를 논하지는 않았다. 이윤추구라는 민영 미디어 기업의 궁극적 목적은 가치의 문제에 밀려 이면으로 들어갔지만, 결국 의도적이든 비의도적이든 간에 이윤추구의 목적은 미디어 기업에 내재화되어, 주요 결정, 업무 수행 및 평가에 영향을 줄 수밖에 없다. 미디어 경제학은 미디어 기업이 이윤추구를 하는 조직이라는 점을 있는 그대로 수용하여, 그들의 이윤추구활동이 가격책정, 상품과 서비스 전략, 시장 진입과 퇴출, 인수합병 등과 얽혀 있는 부분들에 대해서 연구한다.

1990년대 이전까지만 해도 한국 방송에서 비경쟁적 요소들이 압도적이어서 미디어 기업을 경제학적 관점에서 다루는 것은 무의미했다. 미디어 기업이 민영기업이라면, 그 궁극적 목적이 이윤추구에 있음은 분명한 일이지만, 한국 미디어 기업들은 기업으로서의 당연한 목적을 전면에 드러내지 못했다. KBS를 제외하면 주요 신문과 방송은 민간기업으로 성장해왔지만, 1980년 일간지들이 통폐합되고, MBC가 공영화되고, TBC(동양방송)가 KBS에 통폐합되면서, 민영 미디어 영역은 한때 크게 위축되었다. 또한, 1981년 1월 20일에 방송의 공공성 확보와 전파수익의 사회 환원을 근거로 해서 한국방송광고공사가 설립되면서, 지상파방송사는 불확실성에 기초한 영상산업에서 필연적으로 발생하는 위험(risk)을 크게 줄인 반면, 경쟁력 있는 글로벌 미디어 기업으로 성장할 수 있는 가능성도 동시에 줄였다. 이 같은 비경쟁적 시장에서 미디어 경제학 접근은 의미를 가지기 어렵다.

1990년대로 넘어가면서 민영방송인 SBS가 등장하고, 케이블방송이 시작되면서, 한국의 방송기업은 비로소 다소의 경쟁을 경험하게 되었고, 미디어 현상을 경제학적 관점에서 접근하려는 시도가 뒤따랐다. 그럼에도 불구하고, 2000년대 중반에 이르도록 지상파방송사의 지배적 구조는 계속되었고, 케이블방송, 위성방송, 위성 DMB 등의 유료방송 플랫폼들은 가입자 확보를 위해 질적 경쟁이 여의치 않게 되자 가격 경쟁에 매달렸다. 유료방송의 출혈경쟁은 이용자로 하여금 저렴한 가격에 방송서비스를 이용할 수 있도록 했지만, 결과적으로 한국의 방송 생태계를 훼손시켜 양질의 콘텐츠가 생산되기 어렵게 만들었으며, 한국 방송산업의 글로벌 경쟁력을 약화시켰다. 같은 맥락에서, 김은미·박소라(Kim & Park, 2004)도 한국 미디어 시장에서 "시장원리보다는 정치적 논리, 중앙집권적 시장구조, 방송광고 규제모델 등 비시장요소가 더 중요하게 작용하고 있어, 미디어 경제학의 유용성이 간과될 수 있는" 환경임을 지적한 바 있다.

2000년대 중반 이후부터 미디어 산업에서 큰 변화가 나타나 전에 없는 경쟁시장이 조성되고 있다. 한류 콘텐츠 제작을 위한 해외 투자유치 및 유통, 4

개 종편의 허가, 유튜브, 넷플릭스, 아마존 등으로 대표되는 글로벌 OTT 시장의 성장 추세, tvN·JTBC 등이 제작한 비지상파 드라마와 오락 프로그램의 성공, 1인 미디어를 산업화한 MCN 등은 미디어 산업에서 시장의 원리가 중요해지고 있음을 말해주고 있다.

특히, 비지상파 프로그램의 인기 상승은 한국 방송시장의 경쟁환경의 변화를 자극하고 있다. 2017년 1월에 tvN에서 방영한 드라마 〈도깨비〉는 지상파 방송의 드라마에서도 도달하기 쉽지 않은 시청률 20%대를 넘어섰다. 이는 tvN의 '응답하라' 시리즈, 〈시그널〉, 〈또 오해영〉 등의 비지상파 채널의 히트작들에 이은 시청률 성공이다. 미디어 시장에서 비지상파 민영 미디어 기업의 비중이 급증하는 추세이며, 이들은 이윤을 추구하고 경쟁하며 성장을 추구하는 진정한 기업으로서 면모를 갖추어가고 있다. 따라서, 한국 미디어 시장에서 비시장요소의 영향력이 과거보다 줄어들면서, 이윤극대화를 추구하는 미디어 기업과 미디어 시장을 다루는 미디어 경제학적 접근의 유용성이 커지고 있다.

(2) 상품으로서의 콘텐츠

미디어 경제학의 기본적인 전제의 하나는 미디어 콘텐츠를 상품으로 다루는 것이다. 시장에서 미디어 콘텐츠가 생산·유통·소비되는 데에 따른 각종 현상을 이해하기 위해서는 콘텐츠의 수요와 공급, 가격의 형성, 생산과 유통 방식 등에 대한 이론적 접근이 필요하다. 이를 위해서는 콘텐츠를 거래되고 소비되는 상품으로 이해하고, 미디어 콘텐츠의 상품적 속성에 대해 이해해야 한다.

미디어의 공익적 역할이 강조되는 풍토에서 미디어 콘텐츠를 상품으로 보는 시각은 미디어 기업의 궁극적 목적을 이윤추구로 보는 시각보다 훨씬 더 큰 논쟁거리가 된다. 미디어 경제학적 접근은 미디어 기업이 생산하여 유통하는 콘텐츠를 상품으로 간주하므로, 매스미디어가 사람들의 인식과 태도에 미치는 영향을 다루어온 언론학자들이나 언론의 가치와 역할에 대해서 논해 온 저널리즘 학자들을 당혹스럽게 했다. 미디어 기업이 미디어 콘텐츠를 상품으로 간주하는 사실 자체를 전통적 영역의 언론학자들이 부정하지는 않았지만, 미디어 콘텐츠가 갖는 여러 가지 측면들 중에서 상품적 가치를 부각시키는 것에 대해서는 다소의 거부감이 있는 것이 사실이다.

미디어 콘텐츠를 통해 공익적 가치를 실현하는 데에 초점을 둔다면, 수용자가 알아야 하는 것, 수용자에게 알려야 하는 것 등 '수용자에게 필요한 것'에 무게가 실리는 반면, 상품적 가치에 초점을 둔다면, 소비자가 무엇을 선택할지, 어떻게 활용할지 등 '소비자가 원하는 것'에 더 큰 관심이 모이게 된다. 미디어 경제학자들은 공익이라는 까다로운 개념을 다루기 위해 이를 경제적 효율성의 의미에서 '소비자 잉여(consumer surplus)'로 조작적 정의를 내리기도 했다(Spence & Owen, 1975; Napoli, 2001). 소비자 최대지불의사와 가격의 차이로 소비자가 갖는 혜택을 설명하는 소비자 잉여 개념은 수용자 복지를 경제학적으로 해석해냄으로써 유용했지만, 미디어 공익성 가치를 충분히 반영하고 있지는 않았다. 이 두 관점의 차이는 여전히 현실적으로 양립 가능하지 않다고 생각될 만큼 간극이 크다. 미디어 현장에서는 소비자에게 필요하면서도 소비자가 원하는 콘텐츠를 기획하려는 시도가 있어왔지만, 미디어 산업을 바라보는 패러다임을 바꾸어놓는 데에까지 미치지는 못했다. 두 시각은 여전히 미디어 콘텐츠에 관한 이론적 혹은 정책적 논의에서 대립적 위치에 있는 것만은 분명하다.

경제학적 접근과 공익적 접근에서 가치의 괴리를 보이는 미디어 콘텐츠를 다룰 때 정책과정은 상당히 복잡해지는 경향을 보인다. 이런 경우는 자주 발견되는데, 의무편성채널제도의 경우가 그 대표적인 사례이다. 이상우·서민식·박용석(2009)은 HHI 지수를 통해서 공익채널 의무편성제도 전후를 비교해, 케이블방송 서비스에서 장르 다양성이 다소 증가했으나, 그 차이가 미미하여 공익채널 의무편성제도의 도입이 케이블방송 서비스의 다양성에 크게 기여하지는 않았다고 보았다. SO는 공익성 채널의 의무편성제도를 SO의 채널편성권에 대한 침범이라고 보고, 의무편성채널을 가입자들이 선호하는 채널묶음에 포함시키기를 꺼리게 되어, 오히려 다양성이 낮아지는 결과를 낳기도 했다. 유사한 지적을 한 연구들이 계속 이어졌지만, 공익채널로 지정하는 채널의 수가 조금 줄어들었을 뿐, 2019년에도 12개 공익채널 및 장애인복지채널이 지정되어 있고, 3개의 종교채널, KBS1TV, EBS, SO지역채널 1개 등이 의무편성채널로 지정되어 있다. 정책결정자 입장에서는 이 두 가지 다른 가치 중 어느 하나도 포기할 수 없는 것이지만, 두 시각을 공평하게 지지하기란 쉽지 않다.

미디어 콘텐츠를 상품으로 보는 미디어 경제학적 접근은 언론현상과 미디어 현상에 대한 미디어 공익 접근의 오류를 수정한 결과가 아니라, 미디어 공익 접근이 간과했거나 외면한 측면을 직접적으로 다룬 것이라고 볼 수 있다. 김희경·심미선(2013)은 "수용자를 위해 마련된 공익채널정책에서 수용자가 배제되는 아이러니가 발생했다"면서, "수용자의 선호와 선택을 무시한 공익채널 선정이 공익채널의 정당성을 위협할 것"(87쪽)이라는 비판적 의견을 제시한 바 있다. 상품적 가치가 충분하지 않은 미디어 콘텐츠라도 사회적으로 중요하다면 생산해야 한다는 미디어 공익 접근은 시장에서 선택되지 않는 상품을 계속 생산하여 공급함으로써 발생하는 비효율성을 지적한 미디어 경제학적 접근을 통해서 비로소 정책적 균형이 조정될 수 있다.

(3) 상품과 소비자로서의 수용자

수용자 개념은 언론학에서 다차원적으로 접근되어왔는데, 수용자에 대해 어떻게 개념적 정의를 내리느냐에 따라 '효과모델(effect model)', '상품모델(commodity model)', '시장모델(marketplace model)' 등 세 가지로 설명한 바 있다(Webster & Phalen, 1997). 효과모델은 전통적인 언론학에서 수용자를 인식하는 방식으로 미디어의 메시지가 수용자에게 효과를 미쳤는지, 그 효과는 어떤 형태로 나타나는지, 어떤 조건 아래 효과가 나타나는지 등 대한 관심을 다룬다. 이에 비해, 상품모델은 수용자의 크기나 구성요소를 통해서 본 수용자의 가치에 중점을 두고 있으며, 시장모델은 미디어 시장에서 수용자가 행하는 소비자로서의 선택에 중점을 둔다. 이러한 수용자에 대한 인식의 확장은 미디어 경제학적 관점으로부터 지적 자극을 받은 바가 크다.

미디어 경제학적 접근은 미디어 수용자를 상품(good)과 소비자(consumer)로 인식하고 있는데, 이는 미디어 기업의 주수입원과 관련되어 있다. 미디어 기업의 주수입원은 수용자 판매, 서비스 판매, 콘텐츠 판매 등 세 가지 유형으로 구성된다. '수용자 판매' 개념은 미디어와 광고주가 수용자를 상품으로 거래하고 있다는 시각(Owen & Wildman, 1992; Napoli, 2003)을 반영하고 있다. '서비스 판매'는 유료방송 혹은 OTT 서비스 가입자들로부터 가입료와 월이용료를 받고 미디어 서비스를 제공하는 것을 의미하며, '콘텐츠 판매'는 유료방송 서비스, 방송사의 다시 보기 서비스, OTT 서비스 등에서 VOD 형식으로 개별 콘텐츠의 다운로드나 스트리밍 서비스의 이용권을 판매하거나 CD, DVD 등과 같이 콘텐츠 패키지를 판매하는 것을 의미하는데, 이러한 판매방식과 관련한 전략적·정책적·학술적 논의는 소비자로서의 미디어 수용자에 대한 인식을 필요로 한다.

상품으로서의 수용자는 수용자가 미디어와 광고주 간 거래대상이라는 광고수익모델에 기초하고 있다. 별도의 제도적 개입이 없다면, 광고수익모델에서는 미디어가 얼마나 많은 수용자를 모아서 광고에 노출시킬 수 있는지에 의해서 광고가격이 책정된다. 이때 미디어, 수용자, 광고주 사이에서 콘텐츠 가격이 책정되거나 거래되는 시장이 형성되지 않으며, 다만 미디어와 광고주가 수용자를 상품으로 거래함으로써, 미디어가 콘텐츠에 대한 직접적인 대가를 받지 않고도 콘텐츠를 생산하여 수용자에게 제공할 수 있는 것이다.

소비자로서의 수용자에 대한 인식 형성은 미디어와 수용자 사이에서 유료방송 서비스 가입, 비디오 판매 및 대여, VOD 서비스, 게임 아이템 판매 등과 같은 콘텐츠에 대한 수용자의 직접적인 지불에 의한 거래가 형성된 결과이다. 영화나 인쇄매체에서 수용자는 전체 혹은 부분적으로 직접지불을 하고 있으며, 유료방송 플랫폼과 OTT가 온디맨드 서비스를 실시하게 되면서 직접지불의 영역이 점차 커지고 있는 추세이다. 플랫폼 서비스, 채널, 콘텐츠 등에 대한 수용자의 선택과 지불의지, 시장점유율을 확대하기 위한 미디어 기업의 시장경쟁 등에 관한 쟁점 등도 수용자를 소비자로 보는 인식에 기초하고 있다.

그러나, 수용자를 상품과 소비자로 인식하는 것은 수용자의 선호와 선택을 가치 중립화함으로써, 미디어 수용자 권익과 권리 보호, 미디어 공익성 등을 위한 미디어 정책과 갈등적 관계가 된다. 예를 들면, 소수자 문화 및 권익 보호, 전통문화와 고급문화의 보호, 산업적 육성을 위한 특정 장르(예를 들면, 국산 애니메이션, 국산 영화 등)의 보호 등과 관련된 정책들은 대체로 낮은 시청률에도 불구하고 프로그램이 생산되고 제공되어야 한다는 사회적 가치를 구현하기 위한 것인데, 수용자를 상품과 소비자로 인식한다면 수용자의 선호와 선택은 시장에서 결정되는 것이 효율적이며 정책적인 시장 개입은 자원 분배의 비효율성을 초래할 것이라는 생각으로 이어지게 된다.

제3장

영상미디어 산업의 기본 구조

1. 미디어 산업의 주요 주체들*

1) 네 주체들의 역할과 쟁점 변화

미디어 산업에서는 미디어, 수용자, 광고주, 정책결정자 등의 주요 주체들이 서로 다른 이해관계를 가지고 역동적으로 상호작용을 해왔다. 미디어의 산업을 구성하는 주요 주체들이 미디어 산업에서 추구하는바, 미디어 산업에서의 주요 역할, 융합미디어 환경에서 직면한 새로운 역할과 쟁점 등을 살펴보면서 미디어 산업의 기본 구조를 파악하려고 한다.

(1) 미디어

미디어의 일차적 관심은 미디어 기업의 성격에 따라, 이윤추구, 정치적 영향력, 사회문화적 영향력, 혹은 공익적 기여 등이 될 수 있다. 이윤추구는 민

* 임정수, 『영상미디어 산업의 이해』 개정판 3쇄(2016) 제2장과 임정수, 「미디어 경제학의 한국 언론학에 대한 학문적 기여와 새로운 역할 모색」, ≪언론정보연구≫, 54권 2호(2017), 7~38쪽에 기초하여 재구성했다.

영 미디어 기업의 일차적 목표이기도 하지만, 상업적 성격을 겸한 공영 미디어에서도 중요한 부분이 된다. 반면, 미디어 산업을 경제적 논리에 의해서만 이해할 수는 없는데, 그것은 미디어가 갖는 정치적·사회적·문화적 영향력 때문이다. 국고 혹은 공적자금에 의해서 전적으로 후원되는 특수 목적의 미디어 기업이라면 이윤추구보다는 영향력 혹은 공익적 기여 등에 일차적인 관심을 둘 것이다.

미디어 산업에서 미디어 기업의 전통적인 역할은 다음과 같이 요약된다. 첫째, 미디어 콘텐츠의 생산 및 유통의 주체로서의 역할이다. 방송플랫폼 영역(예: 올레TV, BTV, 유플러스, cj헬로비전, 티브로드, 스카이라이프 등)은 채널을 패키징하여 수용자들에게 서비스를 제공하고, 콘텐츠 영역은 콘텐츠를 제작하거나 패키징하여 플랫폼에 채널형태(예: PP채널, 종편보도채널)로 공급해왔다.

둘째, 미디어는 문화의 생산 및 유통을 담당하고 있다. 미디어는 미디어 콘텐츠의 생산과 유통을 통해서 동시에 한 사회의 문화를 생산하고 유통하는 역할을 수행해왔다. 텔레비전은 '안방극장'이란 별칭으로도 불리며 수용자들의 일상의 희노애락을 함께해왔으며, 드라마, 대중음악, 예능 프로그램 등을 통해서 대중문화의 중심적 역할을 해왔다. 텔레비전 방송은 2000년대에 드라마 한류와 K-POP 한류를 이끌면서, 한국 대중문화를 상품화하는 기초를 다졌다.

셋째, 미디어는 광고 비히클(vehicle)로서의 역할을 수행한다. 현대 사회에 매스미디어가 산업으로 성장할 수 있었던 것은 바로 미디어의 주된 수익모델로 광고를 채택했기 때문이다. 미디어는 콘텐츠와 함께 광고를 실어 보냄으로써 수용자를 광고주에게 인도해주고, 그 대가로 광고주로부터 재정적 후원을 받으며, 수용자에게 무료 내지는 싼값에 콘텐츠를 제공할 수 있다.

넷째, 신규 미디어 기술의 개발 및 도입의 역할을 수행한다. 미디어의 발전은 최근만이 아니라, 그 어느 시대에도 과학기술의 발전과 깊이 관련되어 있었다. 금속인쇄술, 무선전신, 라디오, 전화, 텔레비전, 인터넷, 스마트 미디어, 사물인터넷 등에 이르기까지 미디어의 새로운 국면은 늘 커뮤니케이션 기술의 성장과 함께했다. 텔레비전만 하더라도, 흑백TV, 컬러TV, HDTV, 디지털 전환, UHDTV, SUHDTV 등으로 진화해가고 있는 중이며, 텔레비전 방송사는 새로운 기술의 도입과 보급의 역할을 수행해왔다.

미디어 테크놀로지 변화가 주도한 미디어 융합환경에서 미디어 산업의 주요 주체들의 새로운 역할이 강조되는데, 미디어 영역에서의 새로운 역할을 살펴보겠다. 첫째, 주류 미디어 기업은 스마트 미디어 환경을 구체적으로 구현해내기 위한 새로운 기술과 서비스 개발에 매진해야 한다. 사물인터넷, 가상현실, 증강현실 등의 기술적 개념들을 주류 미디어에 접목시켜보려는 시도들이 모두 성공적이지는 않겠지만, 다음 단계의 미디어 기술로 발전해가기 위해서는 필연적으로 거쳐야 할 일들이다.

둘째, 미디어는 테크놀로지 변화에 따른 새로운 비즈니스 모델과 수익모델을 개발하는 역할을 하고 있다. 온라인 미디어, 모바일 미디어에 대한 의존도가 크게 높아지면서 전통적인 광고수익이 위축되기 시작하자, 미디어 기업은 유료방송 및 OTT를 통한 수용자 직접지불방식의 VOD에 관심을 가지게 되었고(곽동균·김재철, 2015; 이상우·김창완, 2009; 임정수, 2013), 방송콘텐츠의 2차 창구로 인식되어온 OTT를 1차창구로 활용하기도 했다. 또한, 미디어는 새로운 기술에 기반을 둔 다양한 부가서비스를 시도하여 새로운 수익모델을 찾아내는 역할도 하고 있다.

셋째, 미디어 기업은 글로벌 미디어 시장의 변화에 대응함으로써 국내 미디어 산업을 발전시키는 데에 기여해야 한다. 2010년대 들어, 방송과 영화산업을 주도해온 미국의 메이저 스튜디오 이외에 구글, 아마존, 애플, 넷플릭스, 페이스북 등 온라인 기반의 글로벌 기업들이 급성장했다. 국내 미디어 기업은 글로벌 미디어 기업과의 관계 속에서 이들의 움직임을 예의주시해야 했다.

(2) 수용자

미디어 산업에서 수용자가 추구하는 두 가지 주요 목표는 선호하는 콘텐츠를 이용하는 것과 유익한 콘텐츠를 이용하는 것이다. 미디어 콘텐츠에서 선호하는 것과 유익한 것에 대한 판단은 이용자의 주관적 판단에 따른 것이므로, 미리 예측하기는 쉽지 않으며, 콘텐츠 이용의 정도나 반응에 대한 사후조사를 통해서 파악할 수 있다. 또한, 선호하는 것과 유익한 것 간에는 이용자의 판단이 항상 일치하지는 않기 때문에, 미디어의 전략 수립에는 필연적으로 어려움이 따른다.

미디어 산업에서 수용자의 전통적인 역할을 네 가지로 정리해볼 수 있다. 첫째, 미디어 산업에서 미디어와 광고주 사이에서 거래되는 상품으로서의 수용자 역할이 있다(Owen & Wildman, 1992). 미디어는 미디어 상품에 광고를 실어 보내도록 광고주를 유인하기 위해 수용자를 많이 확보해야 하고, 광고주는 미디어가 확보한 수용자의 크기와 질에 따라 광고비를 지출한다. 수용자 크기와 질을 판매하는 것이다. 방송콘텐츠가 생산되기 위해서는 비용이 발생하며, 그 비용을 누군가가 지불해야 생산이 가능해지는데, 이때 광고수익모델은 수용자가 직접 부담을 하는 것이 아니라, 광고주로 하여금 간접 지불하게 하는 것이다. 미디어나 광고주에게 닐슨이나 TNmS와 같은 시청률 리서치 회사들이 생산해내는 수용자 데이터는 수용자 시장에서 거래를 위한 화폐(the coin of exchange)와 같은 역할을 한다. 수용자 데이터의 판매자와 구매자는 그들이 거래하는 상품의 가치를 파악하기 위해서 수용자 데이터를 구매할 수밖에 없다(Napoli, 2003: 19).

둘째, 미디어 상품 구매자로서의 수용자 역할이 있다. 지상파방송은 전적으로 광고에 의존하지만, 유료방송의 경우는 가입자의 수신료와 광고를 주수입원으로 두고 있으며, VOD 서비스로부터 기간별 정액제 혹은 건당 이용료를 받고 있다. 지상파방송 시대에는 방송은 무료 서비스였지만, 케이블방송으로 시작된 유료방송과 온라인에서의 OTT 서비스에서 방송콘텐츠를 이용하려면 수용자는 미디어 콘텐츠의 구매자가 되어야 한다.

셋째, 수용자는 광고에 노출됨으로써, 광고상품을 소비할 수 있는 잠재고객이다. 수용자들이 소비자로 전환될 수 있다는 것을 전제로 광고주들은 미디어를 재정적으로 후원하고 있다. 잠재고객으로 수용자를 인식하는 것은 전통적인 미디어뿐 아니라, OTT 서비스에서도 광범위하게 적용되고 있다. 또한, 그러한 인식은 PPL(product placement)과 같은 방식으로 콘텐츠 속에 다양한 광고기법들이 파고드는 이유이기도 하다.

넷째, 수용자는 미디어의 역할 수행을 감시한다. 수용자는 미디어에 대해 원하는 것을 요구하기도 하고, 잘못된 점에 대해서는 시정을 촉구하기도 한다. 과거에는 수용자가 미디어에 영향력을 효과적으로 행사하지 못하는 경우가 많았다. 상호작용적인 미디어가 나오기 이전에 매스미디어의 수용자는 주어진 미디어 콘텐츠 중에서 선택하고 이용할 뿐이고, 단지 이용하지 않는 것으로만 수동적인 거부권을 행사할 수 있었다. 매스미디어 산업의 초창기에는 미디어 기업과 광고주들이 수용자의 수가 그들의 사업에서 거래되는 주된 상품임을 인지했지만, 수용자들의 영향력은 직접적이지 않았으며, 수용자의 이익은 기업의 주요 결정 시 고려되지 않는 것이 대부분이었다.

수용자가 미디어 활동의 주체로서 부각되기 시작한 것은 옴브즈맨 제도와 같은 시민운동의 영향에서라기보다는 닐슨(Nielsen Inc.)이나 아비트론(Arbitron Inc.) 같은 시청률 리서치 회사에 의해 수용자의 존재가 가시화되면서부터라고 할 수 있다. 한 채널이 다른 채널에 비해 수용자의 수가 많다는 것은 광고료나 사용료의 책정에 영향을 미치게 되므로, 미디어 기업들은 수용자 크기의 작은 변화에도 민감해질 수밖에 없고, 미디어 콘텐츠의 생산 및 유통은 수용자를 모으는 데에 집중된다. 그렇다고 하더라도, 수용자 크기의 중요성이 부각되는 것이 수용자의 능동적 주체로서의 위상을 만들어주지는 못한다. 미디어 기업은 수용자의 선호에 부합하려고 노력을 하겠지만, 다른 시각에서 볼 때, 수용자의 선호란 것이 순수하게 수용자 자신으로부터 나온 것인지, 미디어에 의해 만들어진 선호인지 선후(先後)를 이야기하기는 힘들다.

융합미디어 환경에서 수용자에게는 구매자로서의 역할과 참여자 및 생산자로서의 역할이 더 강조되고 있다. 첫째, 콘텐츠에 대한 직접지불이 증가함에 따라, 구매자로서의 수용자 역할의 비중이 더 커지고 있다. 수용자들은 오랫동안 무료로 텔레비전을 시청해왔는데, 최근 들어서 주문형 서비스의 활성화로 콘텐츠 유료화가 활발해짐에 따라, 수용자들은 미디어 상품도 일반 상품처럼 돈을 지불해야 한다는 생각에 적응해나가고 있다. 그러나, OTT 동영상 콘텐츠는 물론이고, 스마트 애플리케이션 시장에서도 무료 서비스가 큰 부분을 차지하고 있음을 볼 때, 콘텐츠 유료화는 여전히 넘어야 할 높은 장애물이 있는 것으로 보인다.

둘째, 융합미디어 환경에서 수용자는 직접 미디어 콘텐츠를 생산함으로써 콘텐츠의 생산자이자, 소셜네트워크를 통해서 유통시키는 미디어 참여자의 역할을 하고 있다. 이러한 변화에 따라, 수용자의 능동성에 대한 개념도 참여적 능동성을 포함하는 개념으로 확대되었다(심미선, 2008; 이수영·내가영, 2011; 이수영·좌영여, 2011; 임정수 2008). 생산자, 참여자로서의 수용자 활동은 텍스트와 이미지 중심의 블로그에서 시작해서 동영상 중심의 유튜브, 페이스북 등으로 이어졌으며, 구글, 애플, 페이스북 등을 통한 VR과 AR 콘텐츠 생산과 참여로까지 이어지고 있다.

(3) 광고주

광고주들이 궁극적으로 추구하는 것은 가능한 한 많은 타깃 소비자(target consumer)에게 자사의 광고가 노출되게 하는 것이다. 미디어 상품에 노출되는 수용자들이 곧 광고에 노출된다고 전제하기 때문에, 광고주는 자사의 광고가 실리는 미디어 상품에 대한 수용자의 선호와 반응에 민감하다. 매스미디어 산업을 미디어 콘텐츠가 아닌 '수용자'를 사고파는 산업이라고까지 표현한 것은 과장이 아니다. 광고주들은 그들이 지출한 광고료가 얼마나 효율적으로 쓰였나를 평가하고, 다음 광고거래에 직접적으로 반영하려고 한다. 광고주들이 타깃으로 하는 소비자들이 광고를 실어 보내는 미디어 콘텐츠를 이용하는 수용자층과 얼마나 일치하며, 얼마나 많은 수용자들이 그 콘텐츠에 접근하고 있느냐 하는 것이 광고주들의 주된 관심이다. 또한 광고주는 인기 있는 프로그램이나 지명도 높은 인사가 출연하는 프로그램에 동승하여 광고상품의 이미지를 높이고자 한다.

매스미디어는 광고수익모델을 통해서 성장할 수 있었고, 광고는 매스미디어를 통해서 발전했다. 광고수익이 없었다면 미디어 콘텐츠의 질을 향상시키기 힘들었을 것이며, 기업들이 미디어 산업에 뛰어들 계기를 마련하지 못했을 것이다. 그런 상호 간의 긴밀한 의존관계로 인해 광고주와 미디어는 서로에게 큰 영향을 미치고 있다.

광고주는 텔레비전 산업에서 미디어 스폰서이자, 수용자의 콘텐츠 이용에 대한 간접지불자 역할을 수행해왔다. 인쇄미디어는 대체로 광고에 의한 간접지불방식과 이용자 직접지불방식을 동시에 채택하여 직접지불금액을 낮추는 용도로 광고를 활용했다. 오웬과 와일드만(Owen & Wildman, 1992)은 콘텐츠 생산과 유통에서 광고주에 의한 간접지불보다 수용자의 직접지불이 시장을 더 효율화한다고 보았는데, 미디어 융합환경은 수용자 직접지불이 보편화된 환경을 조성하고 있다.

융합미디어 시대에 광고주들은 타깃 소비자에게 보다 효율적으로 다가갈 다양한 방법을 갖게 됨으로써, 불특정 다수를 대상으로 비싼 광고비를 지불해야 하는 지상파 텔레비전 광고에 대한 관심이 낮아졌다. 2015년 지상파방송사의 방송사업 매출액 중 광고매출액이 55%를 차지하는데, 전반적인 감소세에 있다. 3사 모두 2014년에 광고매출액이 큰 폭으로 감소(KBS 9.8%, MBC 6.9%, SBS 7%)했고, 2015년에도 MBC는 다소의 증가가 있었지만, KBS와 SBS는 지속적으로 감소했다(방송통신위원회, 2016a). 지속적인 경기침체도 광고매출액 감소의 원인이지만, 전반적인 지상파방송 시청점유율의 감소, 불특정 다수 대상의 광고방식에 대한 광고주들의 회의(懷疑)가 원인으로 작용했을 것으로 보인다. 2015년에는 지상파 텔레비전 광고시장이 위축됨에 따라, 광고총량제가 도입되고, 간접광고, 가상광고의 허용범위를 확대하는 방송광고 관련한 방송법령 개정도 있었지만, 획기적인 효과를 기대하기에는 한계가 있었다.

(4) 정책기관

미디어 산업의 정책결정자가 정책을 수립·결정·집행하는 과정에서 직면하는 독특한 문제들이 있다(Napoli, 2001). 첫째, 미디어 정책은 개별 조직이나 기업을 넘어서 사회적·문화적·정치적 영향력을 잠재적으로 내포하고 있다. 둘째, 어떤 미디어 정책이 순수하게 경제적인 차원인지, 순수하게 사회적인 것인지를 범주화하기가 힘들다. 미디어에 관한 경제적 규제는 자연독점(natural monopoly), 부적절한 정보 흐름과 같은 시장실패(market failure), 표준화 등과 같은 미디어 산업의 문제들에서 기인한다. 한편, 미디어의 사회적 법규는 매스미디어의 공공성, 약물중독, 성범죄, 게임중독, 청소년 문제 등의 사회적·도덕적 쟁점과도 관련되어 있다. 그러나, 이 두 영역은 별개로 일어나는 것이 아니다. 독점의 문제가 공익성의 문제를 유발시키기도 하고, 도덕적 이유로 행해지는 규제가 미디어 기업의 경제활동을 위축시켜 경제적 측면에 영향을 미치기도 하는 것이다.

정책기관은 공익성과 경제적 효율성의 갈등 조율자, 신기술 개발 및 도입 및 표준화, 규제정책 수립 및 추진, 진흥정책 수립 및 추진 등의 역할을 수행해왔다. 미디어 융합환경에서도 정책기관의 기본적인 역할에 큰 변화가 발생하지는 않았지만, 미디어 산업의 각 영역이 산업화되고, 글로벌 미디어 기업의 영향력이 커지면서, 정책기관은 유료방송 가입자수 점유율, 매출액 점유율, 시장점유율 등과 관련한 탈규제를 통해 성장 중심적인 정책이 필요하다는 요구를 받고 있다. 그러나, 탈규제는 플랫폼 간의 경쟁 심화, 중소형 미디어 기업의 협상력 약화 등의 문제점을 안고 있어서 정책기관의 고민이 깊어진다.

정책기관은 해외진출 콘텐츠 제작 및 유통 지원 및 각종 규제 개선 등을 통해서 글로벌 시장의 변화에 대응해야 하는 새로운 역할도 떠안고 있다. 중국의 영향력이 커지면서 국내 콘텐츠 기업의 대중국 협상력은 극심하게 낮아진 상태인데, 이러한 상황을 극복하기 위한 대책을 정부 차원에서도 마련해야 할 시점이다(유세경·고양, 2015; 이순임·강병환, 2015).

테크놀로지는 언제나 미디어 생산과 소비 양식에 지대한 영향을 주기 때문에, 미디어 정책기관은 새로운 미디어 테크놀로지의 발의, 도입과 표준화, 이용의 확산, 산업 활성화 지원 등과 관련한 역할을 수행해왔다. 텔레비전 방송의 디지털 전환, UHD 표준 도입, VR·AR·AI 등과 같은 새로운 테크놀로지 도입과 확산 과정의 쟁점들이 계속 발생한다. 새로운 미디어 테크놀로지는 그와 관련된 콘텐츠, 유통플랫폼, 효과적인 네트워크와 디바이스 등의 산업 생태계가 조성되어야 결실을 거두기 때문에, 새로운 테크놀로지의 등장에 따른 정책기관의 역할은 미디어 생태계를 결정하는 정도는 아니라도 상당히 중요하다.

〈표 3-1〉 미디어 산업의 주요 주체들의 주요 역할과 쟁점의 확장

주체	궁극적인 목표	전통적인 역할	융합환경에서의 새로운 역할
미디어	• 이윤극대화 • 정치적 영향력 • 사회문화적 영향력 • 공공이익	• 미디어 콘텐츠의 생산 및 유통 • 광고의 비히클 • 문화의 생산과 유통 • 신규기술의 개발 및 도입	• 미디어 융합환경에서의 기술과 서비스 개발 • 새로운 형식의 콘텐츠를 산업화 • 다양한 수익모델 개발 • 다양한 광고모델 개발 • 글로벌 시장 환경에 대응
수용자	• 선호하는 콘텐츠 이용 • 유익한 콘텐츠 이용	• 미디어와 광고주가 거래하는 상품 • 콘텐츠 구매자 • 광고주의 잠재적 고객 • 미디어 수행의 감시자	• 콘텐츠 생산자 • 미디어 참여자 • 콘텐츠 구매자(이용자 직접지불의 증가)
광고주	• 타깃 소비자에게 노출 • 자사 브랜드 및 상품의 이미지 제고	• 미디어 스폰서 • 콘텐츠 이용에 대한 간접지불자	• 맞춤형 광고모델 개발 • 가상광고 등 다양한 광고방식 활용
정책 기관	• 미디어 공익성 추구 • 다양성 추구 • 공정경쟁 유도 • 미디어 산업 활성화 유도 • 신규기술 도입 유도	• 공익성과 경제적 효율성의 조율자 • 신규기술 개발 및 도입 및 표준화 • 규제정책 수립 및 추진 • 진흥정책 수립 및 추진	• 탈규제, 성장지향적 정책의 요구를 받음 • 새로운 테크놀로지 관련 제도 마련 • 글로벌 시장에 대한 정책적 대응

2) 주요 주체들의 관계

미디어 산업의 주체들이 어떻게 관계를 맺고 있는지를 지상파 텔레비전 산업을 중심으로 먼저 살펴보겠다. 지상파 텔레비전의 콘텐츠 생산과 제공의 비용을 누가 부담하는가? 지상파 텔레비전 콘텐츠는 비경합적인 콘텐츠 상품인데다가, 지상파 신호의 기술적 특성상 비배제성을 가지고 있어서 순수 공공재이다.[1] 따라서, 한 시간짜리 지상파 네트워크 텔레비전 프로그램에 대해 시청자에게 부과된 가격은 0원이다. 누구도 그 상품에 대해서 돈을 지불하려고 하지 않기 때문에 수요와 공급의 시장이 형성되지 않으며, 따라서 가격도 형성되지 않는다. 그렇지만, 일단 그 상품이 생산되었다면 비용은 분명히 들어갔고, 누군가는 그 비용을 부담했다. 상업적 지상파 텔레비전에서 시청자를 대신해 시청에 대한 돈을 지불하는 자는 다름 아닌 광고주이다.

그럼 광고주의 광고비용은 누가 지원하는가? 시청자들이 광고를 통해 자극받아 광고주의 물건을 소비함으로써 광고비용을 후원한다고 볼 수 있다. 즉, 시청자는 프로그램 시청에 대한 지불을 직접 하지 않고 광고주를 통해서 간접적으로 하고 있다. 그러나, 텔레비전을 긴 시간 동안 시청하는 사람이 광고주에게 더 큰 이익을 주는 사람이라는 보장은 없다. 결국 사용자가 사용한 만큼에 해당하는 돈을 지불하는 형태는 아니다.

그렇다면, 광고주는 프로그램 제작비에 따라서 편당 광고비를 내는가? 전혀 아니다. 광고주는 콘텐츠의 제작비용에 근거하여 광고비를 지불하는 것이 아니라, 수용자 크기와 속성에 근거해서 광고비를 지불한다. 광고주가 사려고 하는 것은 프로그램이 아니라, 그 프로그램의 시청자이기 때문이다. 결국, 〈그림 3-1〉에서 보듯이, 지상파 텔레비전 산업에서 미디어와 수용자, 수용자

1) 미디어 콘텐츠의 공공재적 속성은 이 책의 제4장 '영상콘텐츠의 상품적 속성'에서 보다 자세히 설명된다.

〈그림 3-1〉 광고수익모델에서의 미디어, 수용자, 광고주 간의 관계

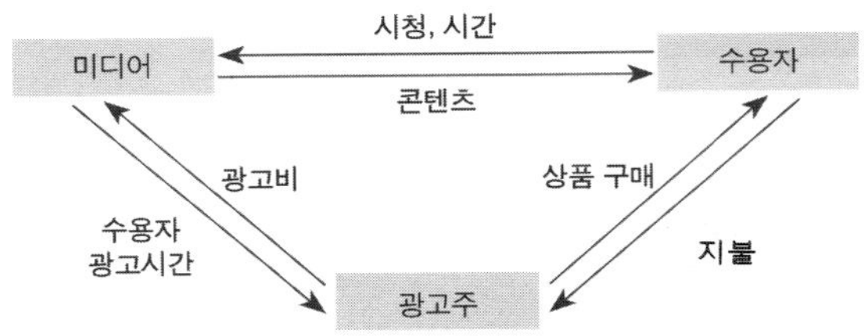

와 광고주, 광고주와 미디어 사이에서 한 번도 프로그램 자체가 거래되거나 프로그램 가격이 책정된 적은 없다. 이제 미디어 산업을 미디어와 광고주 사이에서 수용자를 상품으로 거래하는 산업(Owen & Wildman, 1992)이라고 하는 말은 조금도 과장이 아님을 알 수 있다.

광고수익모델에서 미디어 주체들의 관계에 콘텐츠 제작사를 포함시키고 콘텐츠 유료화를 고려하면, 〈그림 3-2〉와 같이 된다. 텔레비전 방송사를 중심으로 보자면, 콘텐츠 제작사는 외주제작을 맡은 독립제작사가 되지만, 광범위한 미디어 영역을 보자면, 방송 프로그램 프로덕션뿐 아니라 온라인 콘텐츠 서비스 개발자, 게임개발자, 웹소설과 웹툰 작가, UCC 생산자, MCN, 스마트 미디어 애플리케이션 개발자 등도 콘텐츠 제작사에 포함된다. 이들은 생산한 콘텐츠를 미디어에 공급함으로써 수입을 올리게 되는데, 콘텐츠의 공급은 단

〈그림 3-2〉 콘텐츠 제작사와 콘텐츠 유료화를 추가한 미디어 주체들의 관계

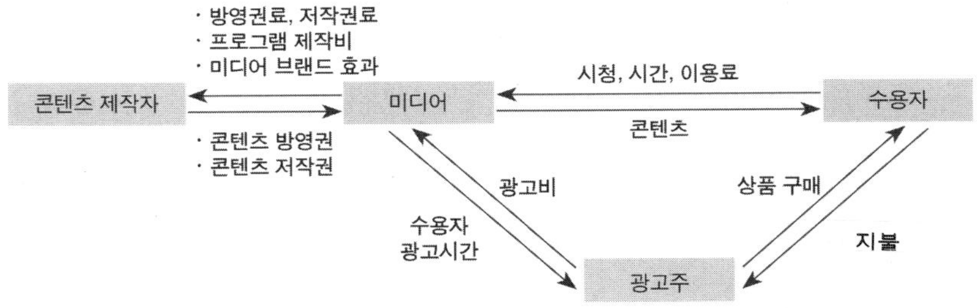

순하청의 형태도 있으며, 생산된 콘텐츠 저작권의 이용권을 제공하거나 저작권의 일부 혹은 전부를 양도하는 형태도 있다. 미디어는 저작권 이용권이나 저작권 양도의 대가로 콘텐츠 제작자에게 방영권료 혹은 저작권료를 지불하며, 계약에 따라서는 수익배분을 하기도 한다. 그러나, 비상업적으로 개인이 생산한 UCC나 스마트폰 애플리케이션의 경우는 직접적인 대가 없이 미디어 플랫폼에 제공되기도 하는데, 이들은 금전적 대가보다는 생산과 공유의 즐거움, 온라인상에서의 명성, 미디어 브랜드의 후광효과를 기대한다.

유료방송, 인터넷, 스마트 미디어 등에서 콘텐츠의 유료화가 다양한 형태를 띠고 있는데, 이러한 서비스들은 완전 유료 서비스에서 광고와 유료 서비스를 병행하는 방법까지 다양하다. 콘텐츠 서비스의 유료화가 확대되고 있지만, 여전히 영상콘텐츠와 인터넷 콘텐츠의 다수는 광고수익모델의 무료 서비스 방식을 채택하고 있다. 심지어, 인터넷과 스마트 미디어에서도 무료 콘텐츠의 유통이 유료 콘텐츠의 유통을 앞서고 있다. 2009년에 안드로이드 마켓[2]에 있는 애플리케이션의 62.2%가 무료였다. 또, 애플 앱스토어에 올라와 있는 애플리케이션의 77%가 유료임에도 불구하고, 다운로드 중 70%는 무료 애플리케이션이었다. 시장조사업체 랭키닷컴이 2011년 12월 안드로이드 단말기 이용자 4만 명을 대상으로 조사한 결과, 이용자수를 기준으로 한 상위 300개 애플리케이션 중 유료 애플리케이션은 단 5개에 불과한 것으로 나타났다(파이낸셜뉴스, 2012.1.12).

2) 2012년 3월 7일부터 '구글 플레이'로 이름이 변경되었다.

2. 가치사슬로 본 미디어 산업의 생태계

1) 가치사슬이론

가치사슬이론은 미디어 기업들의 가치활동의 분석과 미디어 산업 생태계의 변화에 따른 가치의 이동 등을 진단하기 위한 모델로 빈번하게 사용되어왔다. 예를 들면, 텔레비전 프로그램의 생산에서 패키징을 거쳐 전송되는 과정을 가치사슬로 모델링하여, 매 단계에서 미디어 기업의 가치활동을 이해해보려는 시도가 많이 있었다. 또, 다수의 연구들은 스마트 미디어 환경에서 콘텐츠를 생산하여 유통시키고 최종 소비자에게 도달시키는 과정을 기존의 미디어 환경과 비교하여 가치활동이 어떻게 변화하고 있는지를 설명하기도 했다.

기업활동은 상품이나 서비스를 기획, 생산, 운반, 유통, 마케팅, 판매하는 등의 다양한 활동으로 구성된다. 가치사슬이론은 부가가치를 생산하는 일련의 기업활동과정을 규명함으로써, 각 단계에서 가치를 생산하려는 기업활동의 경쟁우위를 분석하고, 차별화 요인을 찾아내고 비교 분석하는 등의 기업경쟁전략의 이론적 틀을 제공한다. 하버드대학교 경영대학원의 마이클 포터(Michael Porter) 교수는 기업의 경쟁우위를 위한 전략을 모색하는 접근방법으로 가치사슬을 이용하는 모델을 제안했다(Porter, 1985: 33~61).

가치는 구매자가 상품이나 서비스의 소비를 위해서 지불할 수 있는 돈을 말한다. 기업은 비용보다 높은 가치를 창출해내고자 한다. 전체 가치를 보여주는 가치사슬은 가치활동(value activities)과 매출 총이익(margin)으로 구성되어 있다. 가치활동은 기업이 수행한 물리적·기술적으로 뚜렷한 활동들을 말하며, 매출 총이익은 가치활동들의 전체 가치와 전체 비용의 차이를 말한다.

포터는 가치활동을 주활동과 보조활동으로 구분하여 정의했다. 주활동은 조달물류(inbound logistics), 생산운영(operations), 판매물류(outbound logistics), 마케팅과 판매, 서비스 등의 다섯 가지 활동으로 구성되며, 보조활동은 기업

인프라, 인적자원관리, 기술발전, 조달(procurement) 등의 4개로 구성된다.

(ㄱ) 주활동

- 조달물류: 생산에 필요한 재료를 공급받고, 저장하고, 상품의 생산자에게 공급하는 기업활동
- 생산운영: 공급받은 재료를 최종 상품으로 바꾸는 기업활동
- 판매물류: 제조된 상품을 모으고, 저장하고, 판매자에게 공급하는 단계의 활동
- 마케팅과 판매: 구매자가 상품을 구매할 수 있도록 광고, 프로모션, PR 등을 통해서 상품의 의미를 제공하는 기업활동과 채널 선별 채널관계, 가격책정 등의 판매활동
- 서비스: 보수, 부품 공급 등 상품의 가치를 유지하고 강화시키는 기업활동

(ㄴ) 보조활동

- 기업 인프라: 총무, 기획, 재무, 회계, 정부관계, 품질관리 등의 기업활동
- 인적자원관리: 역량 있는 인재를 발굴하고 채용하고 교육하는 등과 관련한 기업활동
- 기술발전: 상품 자체의 질적 향상과 상품생산과정의 효율성을 높이는 기술을 발전시키는 기업활동. R&D는 기술발전의 대표적인 형태
- 조달: 상품생산을 위한 재료의 구입, 인력, 시설 등의 인프라 준비 등과 같은 기업활동

포터는 기업의 경쟁우위를 진단하기 위해서 특정 산업에서 경쟁하고 있는 기업의 가치사슬을 정의할 필요가 있다고 보았다. 산업의 특성에 따라 변형된 형태의 가치사슬이 적용될 수 있으며, 각 단계별로 하부 단계의 가치사슬을 만들어볼 수 있다. 그렇게 함으로써, 각 단계에서 중점을 둘 활동이 무엇이

며, 어떤 장점과 약점을 가지고 있는지, 그것들을 통해 어떤 차별화를 시도할 수 있는지 등을 분석해낼 수 있다.

가치사슬모델은 기업의 경쟁역량 분석을 위해서 시작했지만, 미디어 산업에서 영역 간 가치활동의 흐름을 이해하기 위해 유용하여 미디어 연구에서도 빈번하게 차용해왔다. 미디어 산업이 콘텐츠 생산과 패키징으로 구성된 상류기업(upstream)과 지상파방송사, 종합유선방송사, 인터넷망 사업자, 텔레비전 제조업자 등의 하류기업(downstream)으로 이루어져 있어, 미디어 산업을 연구하는 학자들은 미디어 산업의 구조가 가치사슬모델을 적용하기에 적합한 것으로 보았다(Todress, 1999: 4~10).

2) 미디어 산업의 가치사슬

개별 미디어 산업 간의 체계가 동일하지 않으므로, 미디어 산업에서 상류기업에서 하류기업으로 이어진 가치사슬을 하나의 형태로 제시하기는 간단하지 않지만, 전반적인 영상미디어 산업의 가치사슬을 이해하기 위해서 콘텐츠 생산(contents production), 패키징(packaging), 네트워크(distribution network), 디바이스(device)의 CPND 모델로 〈그림 3-3〉에 정리해보았다.

〈그림 3-3〉 영상미디어 산업의 가치사슬

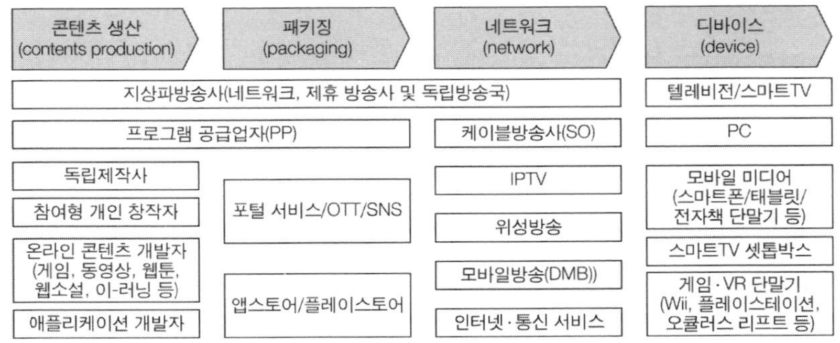

(1) 콘텐츠 생산

영상미디어 콘텐츠의 생산영역은 지상파방송사, 프로그램 공급업체(PP), 독립제작사, 온라인 콘텐츠 공급업자(CP), 게임업체, 애니메이션업체, 이-러닝(e-learning) 콘텐츠 개발업체, 음반사, 영화사, 애플리케이션 개발자, 참여형 개인 창작자 등을 포함한다. 지상파방송사와 PP는 콘텐츠 생산과 더불어 패키징까지 다루고 있다.

매스미디어 시대의 콘텐츠 생산은 주로 일정 규모를 갖춘 기업이 수행했지만, 디지털 미디어 기술의 발전으로 개인 창작자가 콘텐츠 생산에 참여할 기회가 늘어났다. 인터넷에서 블로그, UCC, SNS 등이 활성화되면서 누구나 콘텐츠 생산자가 되는 데에 별다른 제약이 없어졌다. 실제로 개인이 온라인에서 콘텐츠 창작활동을 통해서 명성을 얻은 다음, 정식 음반을 내거나 책을 출판하는 사례도 드물지 않다. 또, 스마트 미디어의 보급과 함께 애플리케이션 개발에도 개인이 참여한다.

(2) 패키징

패키징은 생산된 콘텐츠를 서비스될 수 있는 형태로 묶는 것인데, 콘텐츠에 따라서 의미하는 바가 다소 다르다. 지상파 네트워크, PP, DMB 채널 등에서의 패키징은 다양한 소스로부터 생산된 프로그램을 편성하는 것이자, 여러 콘텐츠를 하나의 채널 브랜드로 묶어서 제공하는 것을 의미한다. 한편, 개별 콘텐츠를 선택할 수 있도록 하는 온라인 서비스인 네이버 TV캐스트, 아프리카TV, 유튜브, 넷플릭스 등도 패키징 영역에 해당한다. 온라인 서비스는 기존의 방송서비스와는 달리 편성시간에 구애를 받지 않기 때문에, 콘텐츠 수용능력을 획기적으로 확장시켜, 독립제작사나 개인 창작자가 방송서비스의 좁은 병목을 우회하여 이용자에게 콘텐츠를 제공할 수 있도록 했다.

또한, 과거의 온라인 서비스가 방송이나 극장용 영화의 2차창구역할이었다면, 점차 1차창구로서 온라인 전용 콘텐츠 제공에 눈을 돌리고 있다. 2014년

10월 KBS의 〈간서치열전〉, 2015년 9월 CJ E&M의 〈신서유기 1〉 등은 당시의 시장전통을 깨고, 1차창구로 네이버 TV캐스트에 선공개한 후 방송에 편성한 초창기 사례이다. 2010년대 중후반에 넷플릭스, 아마존 등 글로벌 OTT 사업자들은 OTT를 1차창구로 한 콘텐츠 유통을 일반화했다.

(3) 네트워크

영상콘텐츠 산업에서 네트워크 영역은 분배망 사업을 의미하는데, 지상파방송 사업자, 케이블 텔레비전의 SO 사업자, IPTV 사업자, 위성방송사, DMB, 인터넷과 통신사업자 등 주로 플랫폼 사업자가 수행한다. 유료방송 플랫폼 사업자는 채널들을 패키징하여 최종 소비자에게 서비스하며, 통신과 인터넷망 사업자들은 네트워크 인프라를 구축하고, 가입회원들에게 서비스를 제공한다.

플랫폼 사업은 결국은 콘텐츠를 기반으로 할 수밖에 없어서, 플랫폼 사업자들은 콘텐츠를 안정적으로 확보하기 위해 생산이나 패키징 영역을 수직적으로 결합하는 경우가 많다. 지상파방송사가 그 대표적인 예로 제작(생산), 편성(패키징), 송출(망)의 수직적 결합을 이루고 있다. 케이블방송에서도 SO(분배망)와 PP(패키징)가 수직적 결합형태인 MSP를 형성하고 있으며, 위성방송도 자체 채널을 확보하고자 했다.

(4) 디바이스

영상미디어 산업에서 디바이스 영역의 텔레비전과 PC 중심 시대를 지나 스마트 미디어 시대로 들어섰다. 스마트 미디어는 가상현실과 증강현실과 같은 인간의 경험 확장을 지향하는 기술을 수용하면서 발전해가고 있다. 텔레비전 중심 시대에는 텔레비전을 생산하는 디바이스 영역은 전자산업이었고, 방송서비스 영역은 매스미디어 산업으로 사실상 별개였다. 그러나, 스마트 미디어 시대로 들어서면서, 스마트폰이나 스마트TV에 제휴된 OTT 플랫폼이 기본적으로 세팅되어 있어, 디바이스 영역이 콘텐츠, 플랫폼 영역과 깊은 관계를 갖고 있다.

디바이스 사업을 중심으로 하여 플랫폼과 콘텐츠 영역으로 확장한 예가 있다. 애플은 아이폰3s를 출시하여 스마트 미디어 시대를 열었는데, 그것은 디바이스 자체만으로 가치를 높인 것이 아니라, 앱스토어, 애플뮤직, 다양한 애플리케이션 등과 함께함으로써 가치를 갖는다. 또한, 온라인 서비스 플랫폼을 중심으로 콘텐츠와 디바이스 영역으로 확장하고 있는 사례들도 있다. 페이스북은 스마트TV 셋톱박스인 애플TV를 시작으로 TV세트인 아마존TV, 삼성TV 등에 전용 비디오앱을 런칭하여 광범위한 광고수익을 기대하면서 영상스트리밍 서비스를 제공한다. 아마존은 유통사업으로부터 시작해서 TV세트를 자체 출시하고, 아마존TV를 통해서 다양한 OTT 서비스뿐 아니라, 아마존 보유 콘텐츠를 서비스한다. 반면, 한국은 영역별 경계가 뚜렷한 편이어서, 삼성전자, LG전자 등의 국내 디바이스 영역의 사업자들은 플랫폼과 콘텐츠 영역의 경쟁역량을 갖추고 있지 않는 한편, 국내 통신사, 온라인 사업자들도 디바이스 영역으로 확장할 가능성이 낮다.

3) 병목현상과 수직결합적 전략[3)]

과거 지상파 텔레비전에서의 콘텐츠 유통을 보면, 미디어 플랫폼의 수가 제한적이어서 영상콘텐츠가 이용자에게 도달하기까지 매우 좁은 병목을 통과해야 했다. 개인 혹은 어떤 제작사가 방송용 콘텐츠를 만든다고 하더라도, 패키징 단계를 통과하기가 쉽지 않았다. 지상파 텔레비전 방송에서 외주정책이 적용되기 시작한 1990년대 초까지 프로그램의 생산은 방송사가 직접 수행했다. 그때까지는 수입 프로그램을 제외한 방송사 외부의 창작자가 제작한

3) 이 책의 제8장 '시장진입과 기업결합'에서 자세히 다루고 있다.

프로그램이 방송될 가능성은 거의 없었다고 볼 수 있다. 외주제도 실시 이후에도 지상파 프로그램의 생산에 참여하는 제작사는 여전히 제한적이다. 이처럼 콘텐츠가 패키징 단계를 거쳐 분배망에 도달하려면 지극히 경쟁적인 좁은 병목을 통과해야 했다. 패키징 단계와 분배망이 형성하고 있는 좁은 병목은 영상미디어에서 가장 극심했지만, 잡지, 신문 등의 인쇄미디어에서도 여전히 존재했다. 주류 미디어의 좁은 병목을 피해서 대안적 미디어로서의 지하언론(underground media)이 존재해왔지만, 높은 고정비용, 기술적 제약, 주파수 희소성, 콘텐츠 생산의 고비용 등으로 인해 영상미디어보다는 인쇄미디어에서 더 활발할 수밖에 없었다.

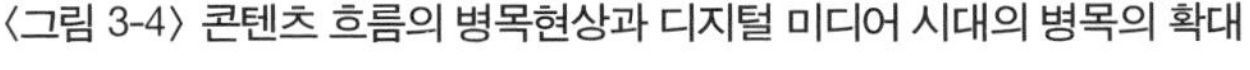
〈그림 3-4〉 콘텐츠 흐름의 병목현상과 디지털 미디어 시대의 병목의 확대

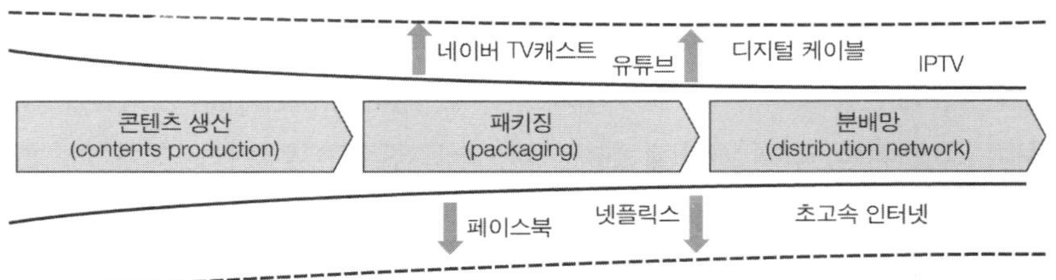

미디어 산업의 가치사슬에서 콘텐츠 흐름의 병목현상을 극복하기 위한 가장 대표적인 전략은 수직결합을 형성함으로써 콘텐츠 유통의 흐름에 대한 통제력을 강화하는 것이다. 수직결합은 재료에서 생산, 유통, 판매에 이르는 일련의 과정에서 각 영역들의 일부 혹은 전부의 결합을 의미한다. 예를 들면, 콘텐츠 제작 영역이 패키징 영역의 채널사업과 결합하는 것으로, 미국의 메이저 스튜디오가 채널을 설립 및 인수한 것이 전형적이다. 유료방송 플랫폼 사업자와 유력한 채널사업자 간의 수직결합으로는 SO와 PP의 결합으로 MSP를 구축하는 것이 대표적인 예이다. 넷플릭스, 아마존 등이 콘텐츠 제작에 나선 것은 온라인 플랫폼 사업자들이 콘텐츠 제작역량을 확보한 예가 된다. 콘텐

츠 생산영역 주도의 패키징 혹은 플랫폼 영역의 결합, 패키징 영역 주도의 플랫폼 영역의 결합은 콘텐츠 유통의 좁은 병목을 통과하는 안정적인 통행권을 받기 위한 전략으로 볼 수 있다. 한편, 패키징 영역 혹은 플랫폼 영역 주도로 콘텐츠 영역을 수직 결합하는 것은 유력한 콘텐츠를 안정적으로 확보 및 선점하기 위한 전략으로 볼 수 있다. 이처럼 수직결합은 어느 한 영역의 기업이 주도적 위치에서 진행하게 되지만, 결국은 결합하는 양측 기업의 이해관계가 맞아떨어질 때 성사된다고 볼 수 있다.

수직결합적 기업은 거래비용(transaction cost)을 줄이고, 사업의 불확실성을 낮춤으로써, 안정적인 계획과 전략을 구사할 수 있다. 그 결과로서, 수직결합적 기업은 협상력을 높일 수 있으며, 신규 시장진입자의 시장진입을 저지할 수 있는 힘을 갖게 된다. 반면, 비수직결합적 기업들은 상대적으로 높은 비용을 지불하게 되며, 수직결합적 기업들 간의 콘텐츠 수급과 가격에 대한 공동행위(Cartel)[4]를 직면할 수도 있어, 협상력이 저하되고, 사업의 불확실성이 높아지게 된다. 이처럼 수직결합이 공정경쟁에 중대한 영향을 미칠 수 있기 때문에 공정거래위원회 등의 정부기관은 기업의 인수합병 최종 승인에 개입한다.

4) 느슨해진 가치사슬

미디어의 디지털화, 인터넷 초고속화, 웹의 진화, 스마트 미디어, 애플리케이션 마켓의 활성화 등은 미디어 콘텐츠 흐름에서 병목현상을 완화시킨 결정적인 계기가 되었다. 미디어 디지털화는 플랫폼의 채널 수용력을 증가시킴으

---

4) 「공정거래법」 제19조는 ① 가격의 결정·유지·변경, ② 상품·용역의 거래조건이나 지급조건 결정, ③ 상품·용역 거래의 제한 ④ 거래지역·상대방 제한, ⑤ 설비 증설·장비도입 제한 등의 행위를 합의해 할 경우 '부당한 공동행위'로 규정하고 있다. 또한 경쟁을 실질적으로 제한하는 경우, 명시적인 합의가 없더라도 부당한 공동행위를 하는 것으로 추정할 수 있다. 그러나 산업합리화나 산업구조조정, 중소기업의 경쟁력 향상 등을 목적으로 할 경우에는 예외적으로 공동행위로 적용받지 않을 수 있다.

로써, 콘텐츠 수용력도 크게 늘였다. 획기적 병목 완화는 개인이든 기업이든 누구나 콘텐츠를 자유롭게 업로드할 수 있는 이용자 생산과 참여의 개방형 웹 환경으로 인해 실현되었다. 이러한 기술적 진화는 트위터, 페이스북, 카카오톡 등 다양한 SNS로 확장되어갔다. SNS는 스마트폰의 활성화를 계기로 일상생활은 물론이고 정치, 사회운동, 상거래, 동영상 및 음악 서비스 등의 주요한 부분이 되어갔으며, 매우 짧은 시간에 현대 커뮤니케이션의 새로운 형태로 완전히 자리 잡았다.

산업적 측면에서 영상콘텐츠 유통의 병목이 확대된 점은 중요한 의미를 갖는다. 첫째, 유통의 병목이 넓어짐에 따라, 콘텐츠 생산의 주체가 다양해질 수 있다. 고비용의 방송 프로그램이 지상파 네트워크나 PP와의 편성계약 없이도 제작될 수 있게 되었고, 개인 창작자가 생산한 콘텐츠도 유통될 수 있는 경로가 확보된 것이다. 둘째, 콘텐츠 생산자가 방송 패키징 사업자를 우회하여 플랫폼에 도달할 수 있게 되면서, 그동안 제한적 경쟁자를 상대해오던 채널사업자들은 한편으로는 경쟁력 있는 콘텐츠를 확보해야 하고, 다른 한편으로는 온라인 시장 진출을 도모하는 등 환경 변화에 대응해야 한다. 셋째, 유료방송 플랫폼은 텔레비전 서비스를 이탈하는 코드커팅(cord-cutting) 혹은 저가형으로 전환하는 코드세이빙(cord-shaving) 이용자들을 직면하게 되었다. 넷째, 온라인 플랫폼 사업자에게는 경쟁력 있는 콘텐츠 확보가 무엇보다 중요해졌으며, 안정적으로 콘텐츠를 확보하기 위해서 콘텐츠 제작역량을 강화하는 전략을 선택해야 한다.

전통적인 언론사의 역할은 아직 남아 있지만, 이제 누구나 콘텐츠를 생산하여 최종 소비자에게 제공하는 데에 기술적·제도적 제약은 없다. 일본의 저널리스트인 사사키 도시나오(佐々木俊尚)는 그의 저술 『신문, 텔레비전의 소멸(テレビ消滅)』에서 방송과 신문에 남아 있을 것으로 기대되는 언론의 역할마저 일축하면서 생명이 끝났다고 단언한 바 있다. 그는 신문의 편집권을 통한 뉴스가치의 결정권(게이트키핑)에 대해서 기자들만 그것의 권위를 붙잡고자 할

뿐, 미디어 이용자에게는 의미 없는 일이라고 했다(사사키 도시나오, 2009). 다소의 과장이 있다손 치더라도 병목현상의 완화는 미디어 산업의 전반적인 구도에 장기적으로 큰 변화를 가져올 것이다.

3. 양면시장

1) 양면시장이론

양면시장(two-sided market)에 관한 이론은 신용카드, 미디어 시장, 온라인 쇼핑몰, 인터넷 포털 등과 같은 플랫폼 중심의 시장을 설명하기 위해 제시되었다. 로체와 티롤(Rochet & Tirole, 2003)의 논문 「양면시장에서의 플랫폼 경쟁(Platform competition in two-sided markets)」과 아이젠만, 파커, 알스틴(Eisenmann, Geoffrey, & Alstyne, 2006)의 논문 「양면시장을 위한 전략(Strategies for two sided markets)」 등에서 양면시장의 개념이 구체화되었다.

양면시장이 성립하기 위해서는 첫째, 상호연결을 필요로 하는 입점 사업자 집단과 소비자 집단 등 2개 이상의 이용자 집단이 존재해야 한다. 둘째, 한 측면에서의 이용자 증가는 다른 측면의 이용자에게 가치상승을 가져오는 교차 네트워크 외부성(cross network externality)을 가져야 한다. 셋째, 높은 거래비용으로 인해 양측의 이용자 집단은 직접거래를 포기할 수밖에 없고 플랫폼을 매개로 거래해야 한다는 조건이 선행되어야 한다(Evans, 2003).

예를 들면, 온라인 쇼핑몰 사업자는 2개의 이용자를 갖는데, 하나는 상품의 공급자 집단이고, 다른 한 측은 그 상품을 소비하는 이용자 집단이다. 런칭한 브랜드와 제품을 다양하게 확보해야 이용회원의 수를 늘릴 수 있을 뿐 아니라, 이용회원의 수를 늘려야 더 다양하고 많은 입점 사업자를 확보할 수 있다. 이는 쇼핑몰 사업자의 입장에서 볼 때, 어느 한 측의 이용자수를 늘림으로써,

다른 측의 이용자에게 더 큰 효익을 제공할 수 있게 됨을 의미한다. 온라인 쇼핑몰 사이트의 사업자는 상품의 소비자를 모음으로써, 입점 사업자에게서 런칭비와 판매 수수료를 받을 수 있다.

양면시장에서 가격은 플랫폼과 이용자의 수요와 공급에 따른 것이 아니라, 양측 이용자의 크기, 소비력, 소비성향 등에 달렸다. 플랫폼 사업자는 양측의 이용자에 대한 어떤 가격전략을 통해서 경제효율성을 끌어올릴 수 있을지 고심해야 한다. 양면시장에서는 두 이용자 집단에게 부과하는 수수료 할당이 불균형적인 경우가 많으며, 각각에 부과하는 수수료 비중은 서로 연관되어 있다. 한쪽 이용자에게 부과된 가격을 매우 낮거나 무료로 책정함으로써, 그 이용자 집단을 확보한 다음, 다른 쪽 이용자에게는 이미 확보된 이용자 집단에 접근하는 데에 상대적으로 높은 가격을 부과할 수도 있다. 플랫폼 사업자는 어느 쪽 이용자 집단을 우선적으로 확보할지에 따라 다른 전략을 구사하게 될 것이다(Calilaud & Jullien, 2003). 만일, 두 이용자 집단에 부과하는 수수료 비중이 연관되지 않고 상호독립적이라면, 양면시장이라기보다는 2개의 단면시장으로 봐야 한다(Rochet & Tirole, 2003; 장대철·정영조·안병훈, 2006).

2) 영상미디어 산업의 양면시장

가치사슬이론은 콘텐츠 생산에서 패키징, 네트워크, 디바이스 등을 거쳐 이용자에게 제공하는 가치의 선형적인 흐름에 작용하는 각 영역 간의 역학관계를 설명하는 반면, 양면시장이론은 광고시장과 미디어 수용자를 동시에 접하는 광고 기반 미디어 시장, 콘텐츠 생산자와 콘텐츠 이용자를 동시에 직면하는 온라인 플랫폼 시장에서 발생하는 교차 네트워크 외부성과 가격전략을 설명하는 데에 유용하다.

영상미디어 산업에서 발견되는 양면시장의 한 유형은 광고 기반 미디어 시장으로, 〈그림 3-5〉에서 A에 해당한다. 광고 기반 미디어의 한 측면에는 콘텐

〈그림 3-5〉 영상미디어 산업의 양면시장

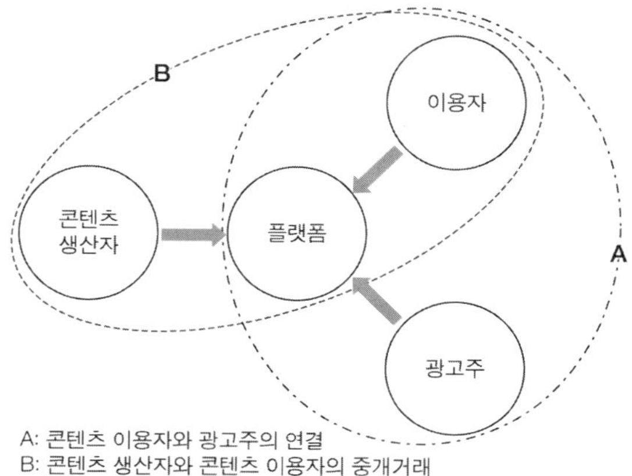

츠를 제공함으로써 모은 수용자 집단이 있으며, 다른 한 측면에는 수용자수에 근거해서 모은 광고주 집단이 있다. 이 시장에서 수용자 집단의 크기가 클수록, 광고주 집단의 크기도 커지게 되는 교차 네트워크 외부성을 갖는다. 순수 광고모델 미디어 시장에서 이용자는 콘텐츠 이용에 대해서 지불하지 않으며, 제3자인 광고주가 대신 지불하는 구조를 띤다. 미디어는 무료를 미끼로 콘텐츠 이용자를 끌어모아서, 그 수용자 크기와 구성에 근거해서 광고주와 거래를 한다. 따라서, 제한적 지역 기반 미디어와 비교해볼 때, 광고 기반의 유튜브와 같은 글로벌 온라인 동영상 플랫폼은 양면시장에서 교차 네트워크 외부효과를 그 어느 때보다 극대화할 수 있다.

영상미디어 산업에서 나타나는 양면시장의 또 다른 유형은 중개시장의 역할로 〈그림 3-5〉에서 B에 해당한다. 스마트 애플리케이션 마켓에서처럼 한 측면은 애플리케이션 생산자, 다른 한 측면은 애플리케이션 이용자를 갖는 양면시장이 여기에 해당한다. 넷플릭스와 같은 OTT도 영상콘텐츠 생산자와 이용자를 연결시켜주는 중개 플랫폼 역할을 하고 있다. 이들 플랫폼은 다양한 양질의 콘텐츠를 확보해야 더 많은 이용자를 확보할 수 있으며, 더 많은 이용자를 확보할 때 더 풍부한 콘텐츠를 확보할 수 있게 된다. 중개 플랫폼들은 플랫폼 접근권에 대한 요금, 거래에 따른 중개 수수료 등의 수입을 올리게 된다. 교차 네트워크 외부효과가 발생하는 양면시장에서 중개거래역할을 맡은 플랫폼 사업자가 어느 한쪽 이용자 집단 혹은 두 이용자 집단 모두에 과도한 가격을 책정하게 되면, 전체 시장이 위축되는 결과를 낳을 수 있다.

제4장

영상콘텐츠의 상품적 속성

1. 공공재적 속성

1) 비경합성과 비배제성

미디어 산업의 생태와 미디어 기업의 전략적 행위를 이해하기 위해서는 먼저 미디어 산업에서 생산 및 유통되는 영상콘텐츠 상품의 공공재적 특성과 그것의 의미를 이해해야 한다. 모든 영상콘텐츠가 순수 공공재는 아니지만, 공공재적 속성을 공유하고 있는데, 그로부터 영상미디어 산업의 주요한 작동방식이 형성되어왔다. 광고수익모델, 후속시장효과(windowing effect), 콘텐츠와 미디어 서비스의 가격책정, 유료방송시장, 미디어 시장에 대한 정부 개입 등에 대한 논의는 기본적으로는 영상콘텐츠의 공공재적 속성에 근거한다.

공공재를 이해하기 위해서 미디어 관련 상품과 서비스를 경합성(rivalry)과 배제성(exclusiveness)을 중심으로 유형화해보겠다. 경합성은 한 사람의 소비가 다른 사람의 소비에 영향을 미치는 것을 말한다. 따라서, 경합성이 있는 상품을 소비하기 위해서는 상품이 소진되기 전에 다른 사람들보다 먼저 소비하거나 다른 사람들보다 더 높은 돈을 지불해야 한다. 배제성은 상품의 소비를 위한 대가를 지불하지 않는 사람을 소비로부터 배제시킬 수 있는 것을 말한다. 경합성과 배제성 여부를 중심으로 4개의 유형화가 가능한데, 그 각각에 대해 영상미디어 산업과 관련지어 살펴보겠다.

〈표 4-1〉 경합성과 배제성에 따른 영상미디어 상품의 유형화

	경합적	비경합적
배제적	**사유재** 광고시간	**자연독점** 케이블방송 서비스, 전파
비배제적	**공유자원** 무료 와이파이	**공공재** 지상파서비스

(1) 사유재

사유재는 경합성과 배제성을 동시에 갖는다. 한 사람의 소비는 다른 사람의 소비의 기회를 줄이게 되며, 지불하지 않는 사람은 소비할 수 없는 재화를 말한다. 일반적으로 가게에서 구입할 수 있는 상품들은 사유재에 해당한다.

미디어 영역에서 사유재에 해당하는 예로는 '광고시간'이라는 상품을 들 수 있다. 광고시간은 채널별로 광고 수주에 따라 다소 늘리거나 줄일 수 있어도 결국은 유한하여, 한 광고주가 특정 광고시간을 사용하기 위해 돈을 지불하게 되면, 다른 광고주는 그 시간을 사용할 수 없게 되므로 경합성을 갖는다. 또한 광고시간을 사용하고자 하는 광고주는 그 시간의 가치에 해당하는 돈을 지불해야 한다.

(2) 자연독점

비경합적이지만, 배제성을 가진 상품을 자연독점적 상품으로 볼 수 있다. 누군가의 소비가 다른 사람의 소비에 영향을 주지 않지만, 지불한 사람만 사용할 수 있는 상품을 말한다. 전형적인 자연독점으로는 수도, 가스, 전기 등의 공공서비스를 들 수 있다. 이런 공공서비스들은 초기 인프라 비용이 매우 커서, 생산규모가 클수록 생산단가가 지속적으로 낮아지는 효과가 뚜렷하다.

따라서, 이런 유형의 시장에서 후발 기업의 시장진입으로 인한 경쟁의 형성은 단위비용을 높여 후발 기업의 시장진입을 봉쇄하거나 후발 기업이 신규 진입하더라도 기존 기업과 합병하거나 한 기업이 퇴출됨으로써 자연스럽게 독점시장이 된다.

특허기술이나 유료 VOD 콘텐츠는 비경합성과 배제성을 가지고 있고, 초기 생산비용이 커서 동일한 상품의 후발 기업이 진입하기는 어려워, 상품의 속성상 자연독점적이라고 할 수 있다. 그러나, 다른 기업들이 출시한 대안적 상품을 통해 시장에서 경쟁이 발생할 수 있으므로, 완전한 자연독점적 상태를 지속적으로 유지하기는 어렵다. 전파의 경우는 자연독점으로 보는 관점과 공유자원으로 보는 관점이 양립하지만, 현재까지는 모든 국가에서 정부가 주파수 대역별 독점사용권을 할당하는 방식으로 관리하고 있어 공유자원으로 보기는 어렵다.

미디어 영역에서는 통신서비스나 지역별 시장에서의 케이블방송 서비스를 들 수 있다. 통신망 구축은 막대한 인프라가 투입되기 때문에 자연독점적 성격을 갖지만, 시장의 규모가 크다면 자연독점적 상태에서 과점체제로 옮겨 가기 마련이다. 케이블방송의 경우도 서비스 속성상 자연독점적이지만, 언제나 자연독점상태를 유지할 수 있는 것은 아니다. 2000년 방송법으로 케이블 텔레비전의 동일 지역 복수SO정책을 실시했는데, 독점지역의 매출액 성과가 경쟁지역보다 높고, 티어(tier)의 개수도 독점지역이 약간 더 많은 것으로 나타났다(권호영, 2004). 이후 위성방송 등의 대안적 방송서비스가 등장하면서, 동일 지역 내 SO 효율화를 위한 합병이 추진되었다. 그럼에도 불구하고, 케이블방송 서비스에서 지역시장이 복수의 SO를 수용할 만큼 충분히 큰 경우에는 수도서비스와 같은 극단적인 자연독점적 효과가 나타나지는 않기도 했다. 또한, 케이블방송 서비스는 지역시장에서 위성방송 혹은 IPTV 등의 유료방송 플랫폼 사업자와의 경쟁적 관계를 형성하게 되므로, 독점적 기업이 가지는 가격결정력을 충분히 가지지 못한다.

(3) 공유자원

공유자원(common resources)은 공기, 하천, 무료 도로 등 소유권이 특정 개인이 아닌 사회 전체에 있는 자원을 의미하는데, 이런 자원들은 경합성을 갖지만, 배제성은 갖지 않는 것이 특징이다. 사람들에게 효용가치는 크지만, 개인이 부담하는 비용은 매우 낮기 때문에 사회가 부담해야 한다. 영상미디어 분야에서 전형적인 공유자원으로 분류될 수 있는 상품은 많지 않은데, 무료 와이파이 서비스가 공유자원의 성격을 갖는다고 볼 수 있다. 인쇄미디어로는 무가지 신문이 공유자원에 가깝다.

(4) 공공재

자유방임주의를 주창한 영국의 경제학자 애덤 스미스(Adam Smith, 1723~1790)는 정부가 맡아야 할 일로서 국방, 사법행정, 그리고 공공사업 및 공공시설 등의 세 가지를 들고 있는데, 이것들은 모두 민간부문에서는 수행할 수 없는 일들이다. 국방·경찰·소방·공원·도로 등과 같이 정부에 의해서만 공급될 수 있는 것이라든가 혹은 정부에 의해서 공급되는 것이 바람직하다고 사회적으로 판단되는 재화 또는 서비스가 공공재이다.

사유재는 일반적으로 시장기구를 통하여 공급되는 반면, 공공재에는 보통 시장가격은 존재하지 않으며 수익자 부담 원칙[1])도 적용되지 않는다. 예를 들어, '내'가 지불하지 않아도 국가는 국방서비스를 할 것이고, 그 점을 모든 사람들이 알게 되면 누구도 자발적으로 그 비용을 지불하지 않으려고 할 것이다. 그 결과, 국방서비스의 시장은 형성되지 않으며, 국방을 위한 예산이 확보되지 않는다. 그렇다고 국방을 포기할 수 없는 일이어서, 국가는 국방예산을

1) 수익자 부담 원칙은 공공사업 등에서 특별히 이익을 받은 사람이 소요비용의 일부 혹은 전부를 부담한다는 원칙이다. 일반 조세가 공익을 근거로, 이익이나 혜택을 직접적으로 입지 않는 사람들에게도 부과되는 것과는 차이가 있다.

확보하기 위해 세금을 징수하게 된다.

공공재는 비경합성과 비배제성의 두 가지 기본적인 속성을 지니고 있다. 비경합성은 어떤 상품에 대한 누군가의 소비가 다른 사람의 그 상품에 대한 소비를 저해하지 않는 것을 말한다. 예를 들면, 어떤 도로 위로 다른 차가 이미 달렸다고, 나의 차가 그 도로를 이용하지 못하는 게 아니다. 또 다른 예로, 텔레비전 드라마를 내가 시청하고 있다고 해서 다른 사람들이 그 드라마를 시청할 수 없게 되지는 않는다. 즉, 비경합성은 어떤 상품의 소비를 위해서 타인과 경쟁할 필요가 없는 상품적 속성이다.

공공재의 또 다른 특성은 일단 생산되어 공급되면, 그 누구도 어떤 이유(이를테면, 소비의 대가를 지불하지 않았다는 이유)로 그 상품의 소비나 혜택으로부터 제외되지 않는다는 비배제성이다. 예를 들면, 정부는 세금을 내지 않는 사람조차도 국방의 서비스에서 차별적으로 배제시킬 수 없음을 말한다. 또 다른 예를 들면, 지상파방송 프로그램의 시청은 수신안테나와 텔레비전 수신기를 가진 사람이라면 수신료 납부 여부와 무관하게 권역 내에서는 누구나 가능하다.

공공재의 이 두 가지 속성을 볼 때, 지상파 텔레비전의 수신과 시청에 대해서는 가격을 책정할 수 있는 시장 형성이 되지 않는다는 점을 알 수 있다. 지상파방송 프로그램을 제작하고 송출할 수 있으려면 재원이 필요하지만, 수신 및 시청에 따른 실수요자의 지불을 기대할 수는 없다. 따라서, 강제 징수되는 수신료, 광고주의 간접지불로부터 얻는 광고수익, 국고, 공적기금 기부금, 정부지원 등이 지상파방송의 재원이 될 수 있다. 지상파방송사가 그중 어떤 재원에 의존하느냐에 따라 방송사의 성격이 정해지는데, 국고 의존형이면 국영방송, 수신료 및 기부금 의존형이면 공영방송, 광고수익 의존형이면 상업방송 등으로 분류해볼 수 있다. 영국의 BBC는 순수하게 수신료 의존형의 전형적인 공영방송인 반면, 공사(公社)형태의 KBS는 수신료와 함께 광고도 주수입원으로 하는 절충형이다.

2) 공공재의 시장수요곡선

사유재는 경합적이고 배타적인 상품으로 더 많은 사람이 소비할수록 더 많이 생산해야 하고, 그에 따라 총생산비용이 증가하지만, 공공재의 총생산비용은 소비자의 수에 연동(連動)하지 않는다. 사유재와는 달리, 공공재의 생산에서 한 명이 사용하든 만 명이 사용하든 총생산비용의 변화가 없으며, 수요에 따라 생산량과 투입비용을 조정하기 어렵다. 예를 들면, 지상파 텔레비전 드라마는 일단 제작되면, 제작비용은 그것을 소비하는 시청자수와는 상관없이 확정적이다.

공공재와 비공공재의 시장수요곡선의 비교는 미디어 상품의 공공재의 성격을 명확히 드러낸다. 공공재와 비공공재의 시장수요곡선을 간단히 비교하기 위해 소비자는 A와 B 두 집단이 있다고 가정하자. 수요곡선은 소비자의 지불의지곡선(willingness-to-pay curve)이라고 보면 된다.

〈그림 4-1a〉 비공공재의 시장수요 〈그림 4-1b〉 공공재의 시장수요

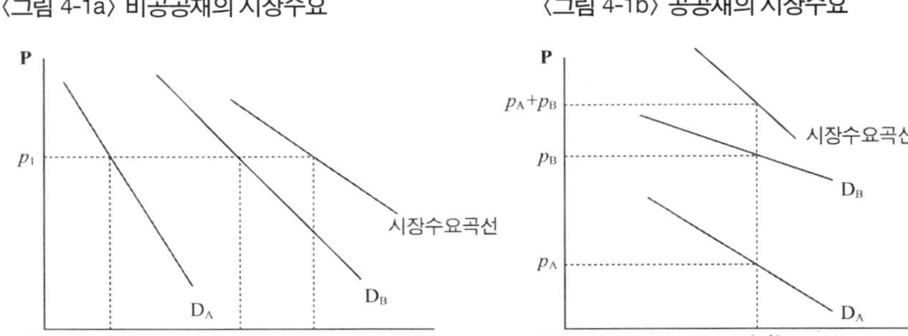

자료: 나성린·전영섭(2001: 60).

비공공재의 시장수요곡선은 〈그림 4-1a〉에 나타나 있다. 비공공재 상품의 가격이 p_1일 때, 소비자 A는 자신의 효용 극대화를 위해 q_A만큼 구매할 의사가 있고, 소비자 B는 q_B만큼 구매할 의사가 있다. 이때, 주어진 가격 p_1에서

개별 소비자의 수요량을 합하면, q_A+q_B가 된다. A와 B가 모두 주어진 가격 p_1에서 원하는 만큼 소비하기 위해서는 적어도 q_A+q_B만큼 생산되어 시장에 공급되어야 하고, 그에 따른 비용이 발생하게 된다.

반면, 〈그림 4-1b〉에서 보듯이, 공공재의 시장수요곡선은 한 소비자의 소비가 다른 소비자의 소비를 방해하지 않기 때문에, 수요에 따라 공급을 늘려나가는 방식이 아니다. 따라서, 개별수요곡선을 수직으로 합하여 총수입을 계산해낸다. 소비자 A가 q_1(예를 들면, q_1=1)만큼 소비하기 위한 최대지불의지는 p_A이고, 소비자 B가 q_1만큼 소비하기 위한 최대지불의지는 p_B이다. 따라서 이 공공재 상품에 대해서 소비자들이 지불할 수 있는 최대 금액은 p_A+p_B라고 할 수 있다. 이 공공재를 시장에 공급하는 업체는 q_1만큼 생산 공급하여, p_A+p_B까지 수입을 올릴 수 있다는 말이 된다. 이는 A가 이 상품에 대해서 p_A를 지불하고 소비해도 그 효용가치가 사라지지 않고, B도 소비할 수 있기 때문에 가능하다. 이때, 공공재의 가격을 p_A 혹은 p_B로 책정하는 것은 한계비용과 무관하며, A와 B의 지불의지의 차이를 반영하는 것으로 볼 수 있다.

공공재의 경우에 몇 명이 소비해도 비경합적 성격을 가지고 있어서, 한계비용은 0이거나 거의 0에 가깝다. 지상파방송의 프로그램이나 온라인 게임의 경우 한계비용은 0이라고 할 수 있으며, 영화의 경우는 필름의 프린트 비용과 유통비용 등이 수요의 증가에 따라 발생할 수 있어서 완전한 0은 아니지만 영화제작비의 규모에 비추어볼 때 한계비용은 거의 0에 가까운 수준이라고 할 수 있다. 영화 상영도 디지털 방식으로 바뀌면서 한계비용은 0에 보다 가까워지고 있다. 그러나, 콘텐츠 상품이 물질적 형태를 갖는 신문이나 책은 한계비용이 적잖이 발생한다. 종이, 잉크, 창고 보관, 배송 등에 관련한 비용이 수요에 따라 증가하게 된다.

공공재의 속성을 보다 쉽게 이해하기 위해 〈그림 4-2a〉와 〈그림 4-2b〉를 비교해보자. 〈그림 4-2a〉에서 아이스크림 1개당 가격은 P_a로 고정되어 있으므로, 아이스크림 1개를 팔면 판매자는 P_a를 벌고, 2개를 팔면 $2P_a$를 번다. 이 경

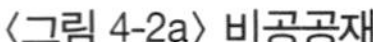
〈그림 4-2a〉 비공공재

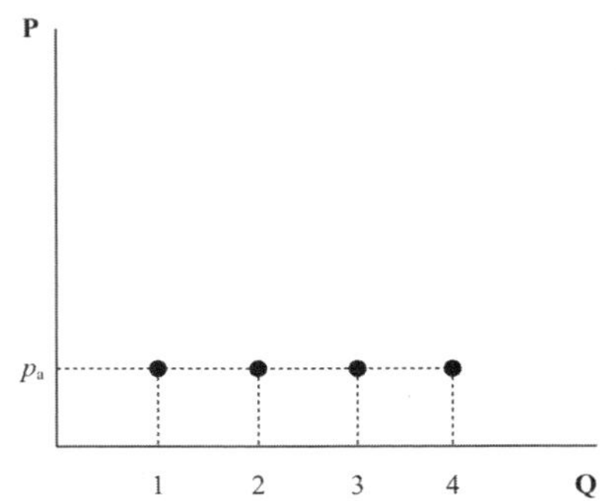

〈그림 4-2b〉 공공재

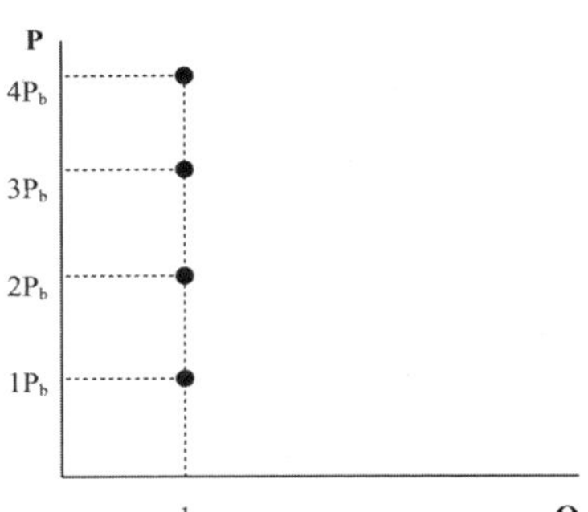

우, 판매자는 아이스크림 2개를 확보하고 있어야 두 번째 소비자에게 팔 수 있다. 즉, 적어도 2개를 팔기 위해서는 2개의 아이스크림을 확보하기 위한 비용이 발생한다.

반면, 〈그림 4-2b〉에서 관람료가 P_b인 1편의 영화의 경우에, 2명의 관객이 영화를 관람하면 $2P_b$만큼 수입을 올리고, 3명의 관객이 관람하면 $3P_b$만큼 수입을 올린다. 2명의 관객에게 이 영화를 보여주기 위해 2편의 영화가 제작되는 것은 아니므로 〈그림 4-2a〉에서와는 달리 생산량 Q는 1로 고정되어 있다. 하나의 상품(영화)에 대해서 관객들은 각자 지불하지만, 비경합성을 지닌 이 상품은 한 번 생산되는 것으로 충분하다. 단, 관람료를 지불하지 않으면 영화를 관람할 수 없다. 이처럼 비경쟁적이지만, 배제가능성을 지닌 상품을 준공공재(quasi-public goods)라고도 한다.

〈그림 4-2a〉의 아이스크림은 사유재에 해당하고, 〈그림 4-2b〉의 영화는 관람료에 의해서 이용을 제한하고 있지만, 비경합성을 지닌 공공재적 성격을 지닌 상품이다. 아이스크림의 가격책정에는 아이스크림을 생산하는 데에 투입되는 비용이 고려되지만, 한계비용[2]이 0에 가까운 영화에서 관람료와 제작비

2) 한계비용은 한 단위의 재화를 더 생산함에 따라 추가된 비용을 말하는데, 공공재에서는 소비자

용의 관계는 명확하지 않다. 100억 원 제작비를 들인 영화와 20억 원 제작비를 들인 영화의 관람료가 5배나 차이가 나지는 않으며, 대체로 개봉관에서는 비슷한 가격이 책정된다. 가격책정에 관해서는 제5장에서 다시 설명하기로 하고, 이런 점에 관심을 기울이며 계속 미디어 콘텐츠의 공공재적 속성에 대해 살펴보겠다.

3) 무임승차, 시장의 실패, 그리고 정부의 실패

공공재에 관한 가장 중요한 과제는 정책결정기구를 통하여 공공재의 적정한 규모를 정하는 일이다. 만일 사람들이 그 공공재의 가치에 상응하는 만큼의 조세를 부담하는 데 반대하지 않는다면, 공공재의 규모는 이를 적정수준으로 하여 결정할 수 있다. 그러나, 공공재의 비배제성에 따라 소비를 위해 지불하지 않아도 소비로부터 배제되지 않기 때문에, 가능하면 다른 사람이 대신 지불하게 하고 스스로는 무료로 사용하려는 심리가 생기는데, 이른바 '공짜 승객(free-rider)'의 문제가 바로 그것이다. 미디어 콘텐츠의 공공재적 속성은 시장에서 효율적인 공급을 힘들게 한다. 모든 사람이 무임승차의 기대감을 가지기 때문에 누구도 먼저 지불하려고 하지 않는데, 그렇게 되면 공공재의 시장공급은 어려워진다.

무임승차문제는 간단한 게임이론을 적용해서 이해할 수 있다. 2명의 소비자 A, B가 있고, 공공재의 생산비용은 10원인데, 혼자서 이를 모두 부담하려면 10원을 내야 하고, 두 사람이 반반씩 나누려면 5원씩 내면 된다. 5원에 해당하는 효용은 8단위이고, 개별 소비자가 생산된 공공재로부터 얻는 효용은 15단위라고 할 때를 가정해보자. 〈표 4-2〉는 이와 같은 상황에서 소비자의 전

가 1명 더 증가함에 따른 비용의 증가로 이해하면 된다. 공공재는 비경쟁성으로 인해, 한계비용이 0에 가깝다(MC≒0).

략에 따른 효용을 보여준다.

〈표 4-2〉 무임승차문제(표의 수치들은 소비자가 얻는 효용단위)

		소비자 B	
		생산비 지불	무임승차
소비자 A	생산비 지불	7, 7	-1, 15
	무임승차	15, -1	0, 0

주: 박진근·신동천·김영세(1998: 525).

(ㄱ) 아무도 지불하지 않아서 생산되지 않으면, A, B 모두 당연히 0단위의 효용을 얻게 된다.

(ㄴ) A와 B가 각각 5원씩 지불하면, 각각 15단위의 효용을 얻게 되지만, 지불한 비용인 5원에 해당하는 8의 효용을 잃게 되어, 각각 7의 효용을 얻게 된다(15−8=7).

(ㄷ) A만 10원을 지불하게 되면, 그는 15단위의 효용을 얻지만, 10원에 해당하는 16단위의 효용을 잃게 되어 결국 효용이 -1이 되고, B는 아무것도 지불하지 않고, 15단위를 얻게 된다.

먼저 B가 생산비를 부담한다는 것을 전제해보자. A도 같이 생산비를 부담한다면 A는 7의 효용을 가지지만, 무임 승차하면 15의 효용을 가지므로, A는 무임승차의 전략을 채택할 것이다. 이번엔 B가 무임 승차한다고 가정해보자. A가 10원을 지불하면, -1의 효용을 얻고, 같이 무임 승차하면 0의 효용을 가지므로, -1보다는 0의 효용을 택하여 A는 무임 승차하려고 할 것이다. 어느 경우에도 A는 무임승차를 선택하는 것이 이익이다. B도 같은 전략적 이유로 무임승차를 하는 전략이 이익이 된다. 결국 어느 누구도 생산비 10원을 지불하려고 들지 않아서 공공재의 공급이 힘들어진다. 각각 5원씩 지불하는 것이 사회적으로는 가장 이익이지만, 서로가 신뢰하지 못하여 공공재의 공급은 좌절된다.

이 같은 공공재의 비효율성 때문에, 공공재에 있어서의 정부 개입이 정당화되는 것이다. 시장이 제 기능을 하지 못하여 비효율적으로 운영될 때, 이를 시장실패(market failure)라고 한다. 이를 타개하기 위하여, 정부는 크게 네 가지 방법으로 시장에 개입하는데, 규제, 과세, 보조, 우대 등이 그것이다. 정부 개입의 유형을 다음과 같이 정리해볼 수 있다(정회경·김지운, 2005).

정부의 규제는 세 가지 형태로 이루어진다. 기술적 규제, 시장구조의 규제, 기업행위의 규제로 나눌 수 있다. 기술적 규제는 주파수 지정, 전송 및 압축 기술의 표준화 등을 들 수 있다. 시장구조의 규제는 기업소유권, 독과점, 채널 허가, 방송사업면허 등을 포함한다. 기업행위의 규제는 내용의 도덕적 기준 마련, 가격책정 등의 기준 마련을 포함한다. 보조는 연구비 무상지원, 제작비 지원, 관공서에서의 신문 일괄구매 등이 이에 해당한다. 우대는 미디어 산업을 지원하는 정책들을 의미한다. 세제특혜와 잡지 등의 정기간행물 산업에서 우편료의 혜택 등이 이에 해당한다. 과세는 미디어 사업자를 지원하기 위해 소비자에게 부과하는 세금이나 미디어 기업이나 기업가에게 주어지는 세금 혜택 등을 포함한다.

시장의 실패를 해결하기 위한 정부의 시장 개입이 공공재 시장의 비효율성을 해결해주는 만병통치약은 아니다. 정부의 정보 부족이나 소비자(수용자) 이익에 대한 몰이해(소비자를 보호하려는 의도의 정책이 오히려 소비자를 힘들게 하는 경우), 규제의 경직성, 정책결정자의 이해관계에 따른 결정 등의 이유들로 인해 취지와는 달리 정부의 시장 개입이 소비자 후생의 차원에서 문제를 더욱 악화시키기도 하며, 자원과 소득 분배의 비효율성을 낳기도 한다. 이런 현상을 '정부의 실패(government failure)'라고 부른다.

4) 콘텐츠 유료화

지상파방송의 프로그램은 비경합성과 비배제성을 모두 갖춘 전형적인 공공재이다. 시청자들은 지상파 텔레비전 프로그램을 아무리 흥미롭게 보고 있더라도 프로그램당 시청료를 지불하라고 한다면 그 액수의 많고 적음과 상관없이 강한 거부감을 보일 것이다. 또, 인터넷의 정보를 유용하게 사용하면서도 각 정보당 돈을 지불하라고 한다면 다른 무료 사이트를 찾아 나설 것이다. 누군가가 비용을 지불해야만 그런 서비스들을 이용할 수 있다는 것을 모든 사람들이 인정하면서도 스스로는 지불하려고 하지 않는다. 만일 내가 먼저 지불했는데, 다른 사람들은 한 푼도 지불하지 않고 서비스를 이용한다면 억울하기 때문에 선뜻 먼저 지불하려고 하지 않는다. 혹시, 남들이 먼저 지불한다면, 나는 가만히 있다가 돈 들이지 않고 서비스를 받을 수 있다는 기대감이 있다. 지상파방송에서는 비배제성을 완화시키기가 기술적으로나 사회적 합의 측면으로나 어려움이 있었지만, 유료방송 서비스에서는 미디어 콘텐츠의 비배제성을 완화시킴으로써 무임승차문제와 같은 공공재가 갖는 비효율성을 어느 정도는 극복할 수 있다. 또한, VOD 서비스는 텔레비전 콘텐츠의 비배제성을 상당히 제거함으로써 영상콘텐츠 시장의 비효율성을 극복하고자 한다.

그러나, 콘텐츠 유료화는 큰 저항에 부딪히기 마련이고, 대안적 무료 서비스들이 존재하는 한 효과를 극대화하기 어려운 점이 있다. 예를 들면, 2005년 출범한 유튜브는 기본적인 수익모델로서 줄곧 광고모델을 유지해왔으며, 광고 없이 음악과 동영상을 이용할 수 있는 유료 서비스인 유튜브 레드는 2015년에서야 서비스를 시작했고, 한국에서는 2016년 12월에 시작했다. 넷플릭스는 개별 콘텐츠에 요금을 부과하는 방식을 피하고, 월정액제로 무제한 이용 서비스를 제공한다. 디즈니 플러스와 같은 OTT 서비스들도 같은 방식을 따른다. 이 같은 글로벌 OTT는 이용자의 이탈을 방지하고, 새로운 유입을 위해서 콘텐츠 제작에 막대한 예산을 투입한다. 넷플릭스는 2018년 한 해 동안 무려 약 80억 달러를 700여 편의 콘텐츠 제작에 투입했다. 넷플릭스와 디즈니 플러스는 각자의 오리지널 콘텐츠를 독점적으로 보유함으로써 유료 가입자를 확보하고 유지하려는 전략을 구사할 수밖에 없다.

2. 경험재적 속성

영상콘텐츠의 성공과 실패는 예측하기가 지극히 어렵다. 영상콘텐츠에 투입된 요소들만 봐서는 콘텐츠가 시장에서 성공할지 정확히 예측하기 어렵다. 최고의 작가, 배우, 감독이 모여서 작업한 영화가 실패한 예는 얼마든지 있다. 2007년 나온 미국 영화 〈인베이전〉은 네 차례나 리메이크된 탄탄한 스토리를 가졌고, 할리우드 최고급 스타인 니콜 키드먼과 대니얼 크레이그가 주연했음에도 불구하고 제작비의 20%도 회수하지 못한 채 흥행에 참담하게 실패했다. 2002년에 제작된 〈플루토내시〉는 에디 머피가 출연했고, 1억 달러가 투입된 고비용의 영화임에도 불구하고, 440만 달러의 수입만 내고 막을 내려야 했다.

미디어 콘텐츠의 성공요인을 파악하려는 노력은 계속되어왔지만(Litman, 1998), 이러한 결과는 과거의 성과를 설명할 수는 있을지언정 미래의 결과를 예측하는 데에는 한계가 있었다. 이러한 수요의 불확실성은 감독이나 배우가 자신의 모든 영화에서 일정한 수준을 유지한다는 보장이 없고, 사회적 분위기도 변하고, 소비자의 취향도 변하는 등 외생적인 불확실성(exogenous uncertainty)이 매우 높기 때문에 발생한다. 즉, 미디어 콘텐츠 수요의 불확실성은 그때그때 소비자들이 직접 경험해야만 상품의 가치를 알 수 있는 경험재(experience goods)적 속성을 가지고 있는 데에 기인한다.

경험재는 본질적으로 밴드웨건효과(bandwagon effect)와 캐스케이드 효과(cascade effect)를 갖는다. 밴드웨건효과는 유행에 동조하여 소비하는 행태를 퍼레이드에서 악대차의 음악소리에 구경꾼들이 모여들어 따라다니는 것에 비유한 것이다. 캐스케이드 효과는 주식시장에서 어느 한 시점에 매물이 폭포수처럼 쏟아지면서 시세가 폭락하는 현상을 말하는 데서 유래한 용어인데, 어떤 현상의 효과가 누적되어 증가하거나 감소하는 현상을 말한다. 소비자들은 그들이 옳은 판단을 하고 있다는 확신 없이 그 상품을 소비하는 데 돈과 시간을 쓰게 된다는 말이다. 소비자들은 경험재를 소비할 때의 불확실성을 줄이기 위해서, 다른 소비자들의 누적된 경험을 활용할 수밖에 없다.

경험재적 속성으로 인해 미디어 콘텐츠의 생산과 유통에는 일반 상품에 비해 투자의 위험부담이 더 크게 작용하게 된다. 위험을 줄이려는 노력은 콘텐츠 제작, 패키징, 분배의 전 과정에서 여러 가지 형태로 나타난다. 지상파 네트워크사에서의 제작, 편성 및 송출의 수직적 결합, 스튜디오와 네트워크사, 스튜디오와 PP, PP와 SO, PP와 위성방송 등에서 빈번하게 일어나는 수직결합도 근본적으로는 거래하는 상품(미디어 콘텐츠)의 경험재적 속성에 기인한다. 제작과정에서는 성공적 원작의 영상화, 성공한 영화나 텔레비전 프로그램의 리메이크 및 스핀오프 등을 통해 성공의 경험을 최대한 활용하려 한다.

콘텐츠의 경험재적 속성은 온라인 플랫폼 서비스에도 영향을 미친다. OTT 서비스들은 무료이용기간을 제공함으로써, 서비스 이용의 긍정적인 경험을 이끌어내 보려는 전략을 구사하기도 한다. POOQ은 처음 서비스를 시작할 때 3개월 무료이용기간을 제공하기도 했으며, 넷플릭스는 처음 가입할 때 무료 1개월 서비스를 제공했으며, 더 이상 원치 않으면 언제든지 해지신청이 가능하도록 했다.

3. 상품의 질에 대한 소비자들의 이중적 평가

수요의 불확실성을 유발하는 영상콘텐츠의 또 다른 상품적 속성은 상품의 질이 소비량과 항상 직결되지는 않는다는 점이다. 자동차나 컴퓨터와 같은 상품은 소비자들의 질에 대한 평가와 소비선호의 상관성이 높지만, 영상콘텐츠의 경우에는 질적인 측면을 높이 평가하면서 선택하지 않기도 하고, 낮게 평가하면서 선택하기도 한다.

선호하는 영상콘텐츠와 필요하다고 판단한 영상콘텐츠에서도 차이가 난다. 교육적 프로그램이나 사회적 쟁점 관련한 프로그램에 대해서는 제작이 필요한 영상이라고 생각하는 경향이 있지만, 그런 시청자 반응이 프로그램 시청률에 그대로 반영되지는 않는다. 방송 프로그램을 상업적인 목적으로 평가하는 방법으로는 시청률이 가장 일반적인데, 그것은 사람들이 무엇을 선호하는지를 보여주기는 하지만, 사람들에게 필요한 것이 제공되고 있는지에 대한 지표가 되지는 않는다. 이런 점들을 고려해서 프로그램의 질적인 평가지표가 만들어지기도 한다.

예를 들면, 프로그램 공익성 지표(PSI)는 프로그램 완성도, 정보성, 오락성 등에 대해서 패널조사를 실시하여 만든 공영방송의 프로그램 공익성 평가지표이다. '시청자 평가지수(KI)'는 시청률 경쟁을 지양하고 방송 프로그램의 질적 향상을 도모하기 위해 만들어져 방송통신위원회가 매년 발표하는데, 채널별로 7개 항목(흥미성, 다양성, 창의성, 신뢰성, 유익성, 공정성, 공익성)에 대한 시청자 만족도 지수(Satisfaction Index: SI)와 품질지수(Quality Index: QI)의 산술평균(KCC Index: KI)이다. 영국은 감상 만족도 지수(AI)를, NHK는 '프로그램 평가점수'를 발표하기도 하는데, 이들은 모두 시청률이 보여주는 의미의 한계점을 보완하려는 시도로 볼 수 있다.

이러한 영상콘텐츠의 속성은 기업의 전략과 정책기관의 미디어 정책 수립에 어려움을 던져준다. 공익성을 추구하는 편성정책이 시청자들로부터 외면당하여 무용지물이 되는 경우도 있다. 우수 프로그램으로 지정된 공익적 프로그램의 시청률이 바닥을 치기도 한다. 그러다 보니, 미디어 기업은 선정적이고 청소년에 유해하다는 시비에 휘말리면서도 시청률에 유리할 것으로 예상되는 프로그램을 편성하기도 하는 것이다. 소위 '막장 드라마'라고 불리는, 불륜, 출생의 비밀, 복수 등과 같은 선정적 내용을 다룬 드라마가 주목받는 것도 같은 맥락이다.

4. 소비의 네트워크 외부효과

미디어 상품은 소비의 네트워크 외부효과(network externality)를 갖는 속성이 있다. 네트워크 외부효과에는 긍정적 네트워크 외부효과와 부정적 네트워크 외부효과가 있는데, 이런 시장을 통하지 않는 효과들을 통제하기 위해 보조금 제공 혹은 과부하 부담금 부과 등의 방법이 채택된다(나성린·전영섭, 2001; Stiglitz, 1997).

긍정적 네트워크 외부효과는 동일한 상품을 소비하는 소비자들의 수가 증가할 때, 소비자의 효용을 증가시키는 것을 말한다. 전화의 경우, 한 사람만 전화를 가지고 있다면 효용가치가 없다. 전화 이용자가 늘어날수록 각 전화 이용자에게서 전화의 효용가치가 높아지게 된다. 컴퓨터 워드프로그램도 마찬가지다. 다른 사람들은 모두 같은 워드프로그램을 사용하는데, 혼자만 다른 프로그램을 써서 문서파일을 전달해 다른 사람들이 읽을 수 없다면 그 프로그램의 효용가치는 매우 낮다. 이 경우에 각 소비자는 다른 사람들의 이용에 따른 긍정적인 효과를 누리고자 하는 반면, 사람들은 남보다 앞서서 이용함으로써 다른 사람들에게 이득을 나누어주고자 하지는 않는다. 따라서, 초기 이용자에 대해서는 충분한 보상이 주어져야만 소비를 유인할 수 있다. 페이저(pager), 휴대전화, 스마트폰 등이 처음 시장에 출시되었을 때 보조금 정책을 실시했던 것도 긍정적 네트워크 외부효과를 위해 초기 이용자를 확보하기 위함이었다.

방송시장에서도 이용자들이 증가해야 콘텐츠에 대한 투자가 이루어질 수 있고, 플랫폼 사업이 번성할 수 있다. 또한, 네트워크 외부효과로 유료방송에서 가입자수가 증가하면 각 가입자가 더 좋은 콘텐츠와 서비스를 받을 수 있게 된다. 이용자의 증가는 안정적 네트워크의 제공과 풍부한 콘텐츠와 질 높은 서비스 제공의 결과이자 동기가 된다.

온라인 미디어 시장에서 네트워크 효과는 매우 극대화된다. SNS는 이용자들의 네트워크를 통해서 가치가 생산·유통·소비되는 시장구조를 가지고 있다. 다수의 SNS가 시장에 공존하지만, 한두 개의 서비스가 한동안 주도하다가 새로운 패러다임을 제시하는 대안적 서비스로 주도권이 넘어가는 양상을 반복해서 보인다. 2010년까지는 싸이월드 미니홈피가, 2012년부터는 페이스북이 주도하는 양상이다. 2006년 시작한 트위터는 단문 서비스와 리트윗 등으로 높은 뉴스 전파력을 과시했으나, 2014년 이후 페이스북과 인스타그램 등의 위세에 눌려 쇠퇴의 길로 들어섰다. 이들 서비스는 긍정적 네트워크 외부효과로 인해, 빠른 속도로 성장했다가 빠른 속도로 쇠퇴하곤 한다.

부정적 네트워크 외부효과는 이용자수가 늘어날수록 상품의 효용가치가 감소하는 경우를 말한다. 인터넷 초창기에 이용자의 이용량이 인터넷의 수용능력(capacity)을 넘어서면서, 과부하로 인한 통신의 단절도 발생하고 전송속도도 느려지기 일쑤였다. 통신의 단절이나 전송속도의 저하는 이용자 각자의 이용이 초래한 불편함이지만, 그 불편함은 나만 겪는 것이 아니고, 다른 사람들도 겪는 것이다. 즉, 각자가 저지른 일에 대한 대가는 모든 사람이 나누어 분담하게 되는 것이다. 따라서, 과부하에 상관없이 이용자들은 자제하지 않고 접속을 계속 시도할 것이다. 부정적 네트워크 외부효과 아래 과다 이용이 발생하므로, 이 부정적인 효과를 감소시키기 위해서 과부하 가격설정방식이 채택될 수 있다. 즉, 비부하 기간에 가격을 저렴하게 적용하고 과부하 기간에 가격을 상향 조정하는 방식으로 과다 이용을 저지할 수 있다.

5. 디지털 콘텐츠의 복제 용이성

과거에 정품이 복제품보다 월등히 우월한 적이 있었다. 인쇄매체에서는 필사본이 중심이 되다가 금속활자술의 발명과 함께 대량생산이 가능해졌고, 복사기의 등장으로 값싸게 복제가 가능해졌다. 그러나, 인쇄물의 복사본은 정품에 비해 질이 많이 낮기 때문에 정품과 쉽게 구분되고 정품을 대체할 수 없었다. 음반산업에서 정품 카세트테이프를 대신해서 길거리표 복제 카세트테이프가 숱하게 만들어지고 판매되었지만, 질적인 차이로 인해서 정품을 대체하지는 못했다. 이런 과거의 사례들은 정품과 복제품의 차이에 대해서 이용자들이 다른 가치를 부여하고 있었기 때문에 값싼 복제품의 범람에도 불구하고 정품에 적정가격이 책정될 수 있었다.

그러나, 미디어 디지털화에 힘입어, 복제는 용이해졌고, 복제품은 정품의 질에 바짝 다가갔다. 영상콘텐츠의 복제는 과거와는 비교도 할 수 없을 정도로 완벽해져 가고 있다. 디지털 영상콘텐츠의 복제 용이성은 정품과 복제품의 경계를 무너뜨리게 되었고, 상품적 가치의 차이를 좁혔다. 이런 현상은 정품의 가격을 복제품의 가격대 이상으로 책정하는 것을 어렵게 만들어버렸다.

예를 들어, 텔레비전 드라마 정품 1편의 이용료를 2000원으로 책정할 때, 이용자들은 해당 프로그램 20편을 시청한다면 4만 원을 지불해야 한다. 기꺼이 그 돈을 지불하고 정품을 구입하는 사람도 있겠지만, 많은 이용자들은 드라마 시청에 쓰기에는 작은 금액이 아니라고 생각하며 대안적인 이용방법을 찾을 것이다. 만일 해당 프로그램의 복제품을 온라인에서 무료로 이용할 수 있는 방법이 있다면, 이용자의 선택에 갈등이 발생한다. 선택을 위해서 이용자가 고려하는 것은 불법성 여부와 처벌수위, 정품과 복제품의 질적 차이, 정품과 복제품의 가격 차이, 복제품이 시장에서 등장하기까지의 지연시간, 복제품 이용에 대한 주변의 시선 등이 될 것이다. 여기서 가장 중요한 비중을 차지하는 선택결정요인은 정품과 복제품의 가격 차이와 질적 차이가 될 것이다. 질적인 면에서 복제품이 정품에 접근할수록 정품의 경쟁력은 낮아지며 적정가격을 형성하기가 어려워진다. 정품 콘텐츠의 공급자는 이용자가 무료나 무료에 가까운 불법 서비스를 포기하고 정품을 구매할 수 있도록 할 만한 양질의 서비스와 적정가격선을 찾아야 한다.

정품과 복제품의 경계가 허물어지면서, 미디어 콘텐츠 제작자들의 생산의 욕이 저하되고 콘텐츠 산업 전반이 침체될 수 있다는 주장과 함께, 이러한 현상은 거스르기 어려우므로 변화에 적응해서 새로운 수익모델과 규제모델을 찾아야 한다는 주장도 공존했다.

음반사들은 불법복제, MP3, 콘텐츠 공유 사이트 등에 강한 거부감을 보였고, 2001년부터 시작한 '소리바다' 사건에서처럼 법적 대응에 나서기도 했지만, 결국 온라인 매체는 기존 음악산업을 잠식하기만 한 것이 아니라, 음악산업의 새로운 유통망이 되었다. 멜론, 사운드클라우드 등과 같은 온라인 음원 사이트는 이제 음악 유통의 중심이 되었다. 영상산업에서도 유사한 현상이 나타나고 있어, 유튜브는 출범 초기부터 기존 방송콘텐츠 기업들과의 저작권 분쟁을 치렀지만, 지금은 영상콘텐츠 기업들의 주요 파트너가 되었다.

디지털 콘텐츠의 복제 용이성으로 인해 콘텐츠 저작권자의 독점권을 보호하는 저작권법이 효과적으로 시장에서 작동하지 않게 되자, 레식(Lessig, 1999)은 디지털 시대에는 법으로 콘텐츠 복제품의 유통을 저지하는 데에 한계가 있으며, 지적재산권 관련법 이외의 기술적 방안을 모색해야 한다고 주장했다. 그런 맥락에서, 2010년대 후반에는 블록체인기술이 온라인상에서의 음악, 영상 등 콘텐츠 저작물의 저작권 문제 해결을 위한 대안기술의 하나로 부각되었다. 블록체인기술은 블록에 정보를 담아 체인형식으로 연결하여 거래에 참여하는 모든 이용자들에게 거래내역장부의 사본을 보내줌으로써 탈중앙 집중형으로 정보를 공유하는 분산형 저장기술이다(Tapscott & Tapscott, 2016). 블록체인기술을 저작권 보호에 적용하면, 모든 거래가 공개되고 추적이 가능해져 투명해지고, 데이터의 위변조 및 해킹은 거의 불가능해진다(이강효, 2017).

제5장

가격책정(pricing)

1. 가격책정의 방식

1) 콘텐츠와 서비스의 가격책정

우리나라 드라마가 해외에 수출될 때, 같은 작품이라도 나라마다 다른 가격에, 그것도 상당히 큰 가격 차이로 팔려 나간다. 어떻게 시장에 따라 이렇게 큰 가격 차이가 가능한가? 결론부터 말하자면, 이는 공공재적 속성을 가진 영상콘텐츠 상품의 가격이 비용이 아닌 수요에 근거하기 때문이다. 일반적인 상품은 수출하는 생산비용, 물류비용, 관세, 수요 등에 따라 다른 가격이 책정되기 마련이지만, 미디어 콘텐츠의 가격은 일반 상품의 가격책정방식이 아니라, 소비시장의 지불의지(willingness to pay)에 의해서 정해진다.

상품이나 서비스의 가격책정방식은 크게 비용에 근거하는 방식, 수요에 근거하는 방식, 경쟁자 가격에 근거하는 방식 등이 있다. 비용에 근거하는 방식을 따르면, 직접비용(direct cost), 간접비용(indirect cost), 이윤(profit margin) 등을 합해서 가격으로 책정한다. 직접비용은 재료, 생산량에 따라 추가되는 인건비 등의 생산요소에 대한 비용이고, 간접비용은 작업장 임대료, 건설비, 기계설비, 생산량과 상관없이 고용하게 되는 노동력에 대한 인건비 등과 같이 생산량에 따라 변하지 않는 고정비용(fixed cost)을 말한다. 이윤은 비용을 초과하여 벌어들이는 수입을 의미한다. 비용에 이윤을 합해서 가격을 책정한다는 점은 합리적으로 보이지만, 모든 상품에 이런 방법을 적용할 수 있는 것은 아니다. 예를 들면, 누군가의 소비가 상품의 효용가치를 감소시키지 않는 공공재적인 속성을 갖는 미디어 콘텐츠의 가격은 비용에 근거해서 책정하기는 어렵다. 그 경우에 한계비용이 0에 가깝고, 수요에 대한 정확한 예상을 할 수 없으며, 단위당 고정비용을 계산하기 어려워, 비용이 아닌 수요에 근거한 가격책정방식이 사용된다.

수요에 근거하는 가격책정방식은 수요의 변동에 가격이 얼마나 큰 폭으로 변동하는지를 보여주는 수요의 가격탄력성을 고려하여 가격을 책정하는 방식이다. 이것은 시장의 지불의지에 따라 가격이 결정된다는 말이다. 콘텐츠 시장의 지불의지는 시장의 규모, 소득수준, 소비문화, 출시시점, 희소성 등 다양한 요인들에 의해 결정된다. 따라서, 동일한 상품이나 서비스라도 시장의 지불의지에 따라 다른 가격의 책정이 가능하다. 지불의지가 다른 지역시장별 가격차별화의 예로 보면, 2016년 기준으로, 한국의 드라마가 중국에는 편당 평균 9500달러에 수출된 반면, 베트남에는 2000달러에, 몽골에는 307달러에 수출되었다(방송통신위원회, 2017b: 201). 또, 시차를 둔 가격차별화도 콘텐츠 시장에서 보편화된 방식인데, 극장용 영화가 극장관람료, VOD 요금, PP영화 채널 등으로 시차를 둔 다른 시장에서 가격이 낮아지다가 무료 시장인 지상파 방송까지 흘러가는 현상을 말한다. 이러한 지역별 가격차별화와 시차에 따른 가격차별화는 비용에 근거했다면 가능하지 않는 가격전략이다.

경쟁자 가격에 근거한 가격책정방식은 경쟁자 가격을 중심으로 자사 상품의 경쟁력을 고려하여 다소 낮은 가격, 다소 높은 가격, 혹은 유사 가격을 책정하는 방식이다. 유료방송 플랫폼들의 서비스 가격책정이 이 방식을 따른다. 유료방송 플랫폼 서비스는 한계비용 산출이 불가능해서 비용에 근거할 수도 없으며, 소비자 지불의지가 낮아 무턱대고 소비자 지불의지를 따를 수도 없다. 유료방송 플랫폼들은 경쟁사의 가격수준을 고려하지 않을 수 없다. 예를 들면, 2001년 동일 지역 복수SO허용이 되어 출혈경쟁이 일어나면서, 케이블방송의 가입자 월평균 이용료(ARPU)가 2000년대 초반에는 5000원대에 이르기도 했고, 지역에 따라서는 4000원대 이하를 형성하기도 했다. 다른 예로, 2010년대 IPTV의 비결합상품이 1만 3000원 전후의 가격을 형성하면서, 디지털 케이블방송도 HD 패밀리형(약 180개 채널) 기준으로 1만 3000~1만 6000원 전후의 가격을 형성하게 되었고, OTT 서비스인 넷플릭스도 HD 스탠더드 서비스 기준으로 1만 2000원에 가격이 형성되었는데, 이는 경쟁사 가격에 근거한 것이라고 볼 수 있다.

2) 준공공재의 가격책정

미디어 콘텐츠가 공공재적인 속성을 가지고 있다는 것은 제4장에서 이미 설명했지만, 실제로 TV VOD 서비스, OTT 서비스, 영화극장 등에서는 미디어 콘텐츠에 대해서 지불하지 않는 이용자를 배제할 수 있다. 극장에서 상영되는 영화는 비경합적이기는 하지만, 요금을 지불하지 않는 자를 관람으로부터 배제할 수 있다. 유료방송 플랫폼이나 OTT 서비스에서 유료로 제공되는 VOD도 마찬가지이다. 여기서 공공재를 구성하는 두 요건인 비경합성과 비배제성 중 하나가 완화된 형태인 준공공재(제4장 참고)를 이해해야 한다.

비경합성과 비배제성을 동시에 가진 순수 공공재도 있지만, 현실에서는 두 요건 중 하나가 다소 완화된 형태인 준공공재를 접할 기회가 더 많다. 복잡한 무료 도로와 같이 비배제성은 충족하지만, 비경합성이 완화된 형태의 준공공재가 있다. 반면, 막히지 않는 고속도로와 같이 비경합성을 충족하지만, 비배제성이 완화된 형태의 준공공재도 있다. 지상파방송에서 송출하는 프로그램은 비경합성과 비배제성을 모두 충족시키는 전형적인 순수 공공재이지만, 극장에서 상영하는 영화, 유료방송 플랫폼 서비스나 OTT 서비스에서 유료로 제공하는 VOD는 비배제성이 완화된 준공공재 형태이다.

순수 공공재는 제4장에서 공공재의 무임승차와 시장의 실패를 설명하면서 이미 다루었듯이, 시장의 원리에 맡겨졌을 때에 공공재에 대한 수요는 있지만 누구도 그것을 소비하기 위해 지불하려고 하지 않기 때문에 시장이 형성되지 않는다. 경제활동에 참여한 생산자와 소비자가 경제적 합리성에 근거해서 행동한 결과로 발생한 시장의 실패를 극복하기 위해서, 콘텐츠 산업은 크게 두 가지 방법으로 대처했다.

첫째는 미디어 광고로, 콘텐츠의 직접적인 수혜자가 직접 지불하지 않고, 광고주가 콘텐츠를 매개로 하여 자사의 상품이나 서비스를 수용자에게 노출시키기 위해서 콘텐츠 생산에 필요한 비용을 간접 지불하는 방식이다. 100% 광고로 콘텐츠 비용을 조달하는 방식 아래 콘텐츠는 순수 공공재라고 할 수 있다.

둘째는 거래비용, 혼잡비용, 서비스 비용 개념을 도입하여, 공공재에 가격을 책정함으로써 준공공재화하는 방식이다. 영상콘텐츠는 생산하기 위해 초기 비용이 크게 투입되지만, 한 단위의 생산(혹은 소비)을 위한 한계비용은 0이므로 가격책정이 어렵다. 하지만, 여기서 거래비용, 혼잡비용, 서비스 비용이 발생한다면 그것을 근거로 소비자에게 지불을 요구할 수 있다.

거래비용은 생산된 재화나 서비스를 시장에서 거래하기 위해 발생하는 비용으로, 협상, 정보 수집과 처리, 계약준수의 감시 등을 하는 데에 드는 비용을 말하는데, 영상콘텐츠에서도 거래비용은 발생한다. 다양한 시장에 진출할수록, 더 큰 시장에 진출할수록, 더 많은 사업파트너를 상대할수록 거래비용은 증가하므로 이에 근거해서 공공재에 가격을 책정할 수 있게 된다.

혼잡비용은 재화나 서비스 이용자들이 증가하면서 혼잡함으로 인해 발생하는 불편함을 의미하는데, 영화극장이 그 대표적인 예이다. 영화관람료는 영화제작비에 근거하지 않고, 좌석 확보에 따른 대가로 지불된다. 영화관은 관람시간, 관람석, 상영관 등의 차별화를 통해서 조조할인, 프리미엄관 가격 등을 책정하기도 한다.

서비스 비용은 생산된 콘텐츠가 이용자들에게 제공될 수 있도록 망을 제공하고, 셋톱박스를 설치하고, 전송서비스를 제공하는 등에 따른 비용을 의미한다. 공공재인 영상콘텐츠를 이용할 때에도 서비스 비용은 발생하고, 케이블방송, IPTV 등의 서비스를 제공하는 데에 따른 이용료를 부과할 수 있는 것이다.

2. 가격차별화

1) 가격차별화 전략의 기본 원리

미디어 콘텐츠는 공공재적 속성을 가지고 있어서 수요에 따라 생산량을 늘리는 방식이 아니다. 또한, 특정 콘텐츠는 유사품과 직접적 경쟁을 하기보다는 독점적 시장을 형성하게 된다. 예를 들면, 유니버셜 픽처스, 레전더리 픽처스, 앰블린 엔터테인먼트 등이 제작하고 유니버셜 픽처스가 배급한 영화 〈쥬라기월드: 폴른킹덤〉(2018)은 시장에 단 한 편 제작되어 나오며 다른 경쟁사가 출시한 유사품과 경쟁하지 않는다. 물론 시장에는 다른 영화들이 상영되고 있고, 그중에는 유사 장르의 영화가 있을 수 있겠지만, 관객이 영화관람을 결정하는 시점에 유사품들 사이에서 제품의 질과 가격을 비교하여 하나를 선택하는 경쟁시장이 아니다. 따라서, 미디어 콘텐츠의 가격책정을 이해하기 위해서는 독점시장의 가격책정모델을 적용해볼 수 있다. 독점기업은 시장독점력을 최대한으로 활용하여 이윤을 극대화하기 위해, 한 상품에 대해 서로 다른 개별 소비자나 소비자 집단에게 상이한 가격을 책정하기도 하는데, 이를 가격차별화(Price Discrimination)라고 한다. 독점기업이라고 해서 가격을 마음대로 정하는 것은 아니며, 수요곡선을 따르게 된다. 가격차별화의 몇 가지 기본 유형을 보겠다.

제1차 가격차별화(first degree price discrimination) 혹은 완전가격차별화(perfect price discrimination), 혹은 개인화된 가격차별화(personalized pricing) 등으로 불리는 가격책정방식은 1개를 구입하는 경우, 2개를 구입하는 경우, 3개를 구입하는 경우의 가격을 다르게 책정하여, 소비자가 지불할 의사가 있는 돈을 최대로 받아내는 가격책정이다. 완전가격차별화를 보여주는 〈그림 5-1b〉를 단일가격하의 〈그림 5-1a〉와 비교하면서 보자. 〈그림 5-1b〉에서 보면, 판매량에 따라 수요자의 지불의지를 최대한으로 반영하여 다른 가격을 책정하고 있다. 그러나, 완전가격차별화는 소비자의 수요곡선(지불의지)을 정확히 알아야 하기 때문에 현실적으로는 불가능하다.

〈그림 5-1a〉 독점기업의 가격책정 〈그림 5-1b〉 완전가격차별하의 독점기업의 가격책정

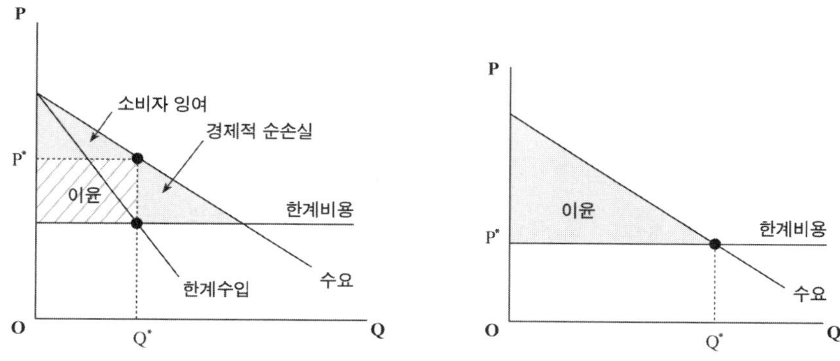

만일, 인공지능(AI)을 이용한 콘텐츠 추천 알고리즘이 더 발전해서 시장지불의지의 변동과 개별 이용자의 지불의지를 파악한 후에 이용자 맞춤형으로 요금을 부과한다면, 완전가격차별화에 다소 접근할 수는 있을 것이다. 기술적으로 가능하다고 하더라도 이용자 소비와 지불관행을 감안한다면, 곧바로 적용되지는 않을 것이다.

제2차 가격차별화(second degree price discrimination, block pricing)는 보다 현실적인 방법으로, 일정량 이상을 구입하면 낮은 가격을 부과하는 방법이다.

예를 들면, 1개 이상 5개 이하를 구입할 때, 6개 이상 10개 이하를 구입할 때, 10개 이상을 구입할 때를 구분하여 가격을 다르게 책정하는 방식이다. 이때, 10개 이상을 구입하면 단가는 가장 저렴해진다. 가격블록을 많이 가질수록 잠재적인 이윤은 많아지고, 소비자 잉여도 커지게 되며, 결국 완전가격차별화로 수렴된다. 그러나, 블록이 늘어나면 가격체계가 너무 복잡해진다.

제3차 가격차별화(third degree price discrimination, group pricing)는 시장분할(market segmentation)로, 소비자를 여러 그룹으로 구분하여 각 그룹마다 다른 가격을 책정하는 것이다. 놀이공원 입장료가 평일과 주말이 다른 경우가 이에 해당하며, 놀이공원에서 성인과 어린이의 가격이 다른 것도 같은 맥락이다. 계속해서 설명할 미디어 시장에서의 후속시장효과나 수출대상국별 가격차별화 등은 제3차 가격차별화 전략의 연장선상에서 이해할 수 있다.

2) 다양한 가격차별화

(1) 후속시장 가격차별화

창구화 효과(windowing effect)로도 불리는 후속시장효과는 시차를 두고 가격을 차별화하면서 상품을 출시하는 것을 말하며, 영상콘텐츠 기업의 전통적인 이윤극대화 전략으로 활용되어왔다. 한계비용이 0에 가까운 영상콘텐츠의 공공재적 속성은 후속시장을 통한 이윤극대화를 가능케 한다. 후속시장효과는 콘텐츠를 다양한 미디어 창구에 시차를 두고 다른 가격에 상품을 출시하여 미디어 기업의 이윤을 극대화하는 가격차별화(intertemporal price discrimination) 전략이다.

공공재적 속성을 가진 미디어 콘텐츠는 초기 상품개발 및 제작비용이 상대적으로 많이 들어가는 대신 한계비용은 무시할 수 있는 수준(MC≒0)이어서 후속시장효과를 내기에 적합하다(Stokey, 1979). 미디어 상품은 일단 제작이 되면, 이용자의 수와는 상관없이 제작비용은 고정된다. 따라서, 이용자의 수가 늘어남에 따라 이용자 한 사람이 분담해야 하는 비용은 분산되어 줄어든다. 이용자가 늘어나면 광고수입과 사용료 수입이 늘어나는 것은 당연한 결과이고, 반면 전체 비용의 증가는 없으므로 이윤은 증가하는 것이다. 즉, 후속시장을 통해 규모의 경제(economies of scale)를 이루게 된다.

〈그림 5-2〉에서 보듯이, 다른 조건이 일정할 때 콘텐츠 상품의 첫 출시로부터 시간이 흐를수록 상품의 가격은 하락한다. 그러나, 한계비용은 거의 발생하지 않고 수입만 발생한다면, 기업은 후속시장의 활용을 마다할 이유가 없다. 가장 높은 지불의지를 가진 소비자는 1차시장에서 상품을 소비하고, 그보다 지불의지가 낮은 사람들은 잠시 기다렸다가 후속시장에서 소비하게 된다.

각 창구의 오픈시기 간의 차이를 홀드백(holdback)이라고 한다. 전통적인 콘텐츠 시장에서는 이윤극대화를 위해서 홀드백이 잘 지켜지는 편이었다. 할리우드 영화가 미국 내 극장개봉 후 2~3개월이 지나면 해외 극장에서 상영이

〈그림 5-2〉 미국 영화산업에서 후속시장

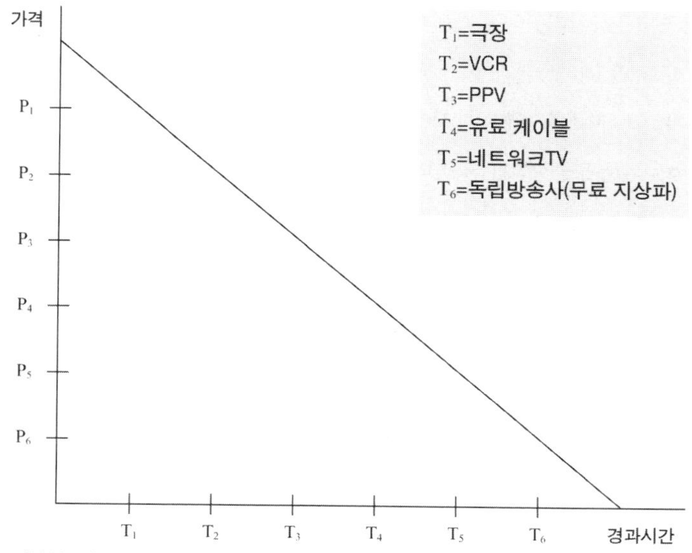

자료: Litman(1998: 75).

되었고, 개봉 후 4~7개월이 지난 후에는 PPV(pay-per-view)를 통해서 볼 수 있게 되며, 개봉 후 6~12개월이 지나면 전 세계에 홈비디오로 출시되었다. 그 후, Pay-TV나 프리미엄 채널 등을 거쳐 1~2년이 지나면 케이블 기본채널과 지상파 텔레비전 채널에서도 그 영화를 볼 수 있게 되었다. 전통적인 영상콘텐츠 시장에서도 홀드백 기간은 상품의 성격, 시장규모, 소비문화, 이자율, 불법 복사품의 유포 등에 따라 차이가 있었는데, 시장규모가 크고 저작권 보호가 잘 되고 있는 미국 시장은 한국 시장과 비교해서 홀드백 기간이 길고 잘 지켜지는 편이었다.

2010년대 들어서는 TV-VOD 및 OTT 시장의 급성장과 함께 홀드백 전략에 큰 변화가 일어났다. VOD의 유료화 시장이 확대되면서, 방송콘텐츠는 초방 익일에도 유료 VOD로 시장에 나왔고, 영화 역시 개봉관 상영 중에도 유료 VOD 시장에 동시 출시되었다. 초방 직후의 방송콘텐츠와 개봉관 상영 중인 영화는 상대적으로 높은 가격을 책정할 수 있게 되면서, 긴 홀드백을 유지함으로써 콘텐츠 기업이 얻을 수 있는 이익보다 홀드백을 파괴함으로써 얻는 이익이 더 커진 것이다. 이용자들이 유료 VOD 시장에 적응하면서, 지불의지가 높아지게 되었고, 그 결과로 전통적인 후속시장효과는 상당히 퇴색되었다.

게다가, 2013년에 드라마 시리즈 '하우스 오브 카드'를 제작한 넷플릭스를 필두로 아마존, 구글 등의 글로벌 OTT 사업자들이 오리지널 영상콘텐츠를 제작하여, 유통의 1차창구로 텔레비전 채널이나 극장이 아닌 OTT를 선택함으로써, 전통적인 영상콘텐츠의 후속시장전략과는 다른 양상을 보여주었다. 넷플릭스는 2016년 한국 진출 이후에, 한국 콘텐츠 제작시장에 투자하여 〈옥자〉, 〈범인은 바로 너〉, 〈킹덤〉 등의 넷플릭스 전용 오리지널 콘텐츠를 제작하면서 본격적인 현지화 작업에 들어갔다. 이런 콘텐츠의 제작비는 국내 방송콘텐츠 수준을 훨씬 넘어서고 있어, 질적인 측면에서도 기존 방송콘텐츠를 압도하고 있다. 영상콘텐츠가 공공재적인 속성을 가지고 있고, 수많은 PP, 지역방송, 해외시장, 다양한 OTT 등이 후속시장으로 존재하는 영상콘텐츠 산업에서 후속시장효과는 계속 유효하겠지만, 콘텐츠 기업의 이윤극대화 전략에서 차지하는 비중은 줄어들고 있다.

(2) 이부가격제

이부가격제(Two-part Tariff)는 상품을 구매하기에 앞서 상품을 구매할 권리를 먼저 구입하도록 하는 방식이다. 놀이공원의 입장료를 팔고, 내부의 놀이기구를 타는 돈은 따로 받는 경우가 이에 해당한다. 입장료를 너무 높게 책정하면 소비자들은 입장 자체를 포기할 것이고, 너무 낮게 책정하면 놀이공원이 손실을 입을 수 있다. 케이블 텔레비전이나 위성방송, 위성 DMB 등의 가격책정방식이 그 예이다. 프리미엄 채널의 시청에 대해서는 가입료와 기본채널 이용료에다가 별도의 요금을 추가 책정하는 방식도 이부가격제의 전형이다. 기본요금과 통화당 요금으로 구성되는 전화요금도 이 방식을 취하고 있다.

(3) 번들링

번들링(Bundling)은 복수의 상품이나 서비스를 패키지로 묶어서 함께 판매하여 각각 판매할 때보다 낮은 가격을 책정하는 방식이다. 케이블 텔레비전 서비스, 위성방송 등에서 채널을 패키징하는 전략으로 번들링이 사용되고 있다. 번들링 전략은 다채널화되어가고, 각종 프리미엄 서비스들이 다채로워지는 오늘날 널리 이용되고 있는 이윤극대화 전략의 하나이다. 텔레비전 미디어뿐만이 아니라, 번들링은 각종 통신서비스에서도 활용되고 있다.

기본적인 번들링부터 이해해보자(〈표 5-1〉). 2개의 채널 A, B를 소유한 미디어 기업이 채널 A, B에 각각 서비스를 제공할 때, 이윤을 극대화하는 가격은 채널 A는 5원, 채널 B는 7원일 때이다. 채널 A가 5원이면, 시청자 1, 2 모두가 이용하여 채널 A는 10원의 수입을 내지만, 만일 8원이면, 시청자 2는 채널 A를 시청하지 않는다. 만일 채널 B가 3원에 팔리면, 6원의 수익을 올려 7원보다 낮다. 시청자 1이 채널 A, B에 최대로 지불할 수 있는 돈은 11원(=8원

〈표 5-1〉 기본적인 번들링의 이해

채널	시청자	
	1	2
A	₩8	₩5
B	₩3	₩7

주: A(5원×2=10원), B(7원×1=7원), A+B=17원.

+3원)이고, 시청자 2가 채널 A, B에 최대로 지불할 수 있는 돈은 12원(=5원+7원)이다. 채널 A와 B를 묶어서 12원에 판다면, 시청자 1은 지불하지 않을 것이다. 그런데, 채널 A와 B를 묶어서 11원에 판다면, 두 사람으로부터 22원(=11원×2)의 수익을 올릴 수 있다(Owen & Wildman, 1992; Stigler, 1963).

아담스와 옐렌(Adams & Yellen, 1976)은 스티글러의 번들링을 발전시켜 혼합형 번들링 전략을 보여 주었다(〈표 5-2〉). 기본적 번들링은 두 사람이 각 채널에 대해 유사한 평가를 한 반면, 이번의 경우엔 두 사람이 각 채널에 대해 서로 크게 상반된 가치를 부여했다. 채널 A, B를 각각 팔 때는, 기본 번들링에서와 같은 이유로 이윤극대화 가격이 A는 5원, B는 7원이 되고, 두 채널을 각각 판 금액의 합계는 17원이다. A, B를 패키징해서 팔 때, 가격을 9원으로 책정하면, 총수익은 18원(=9원×2)이 된다. 이는 앞에서 본 단순 번들링이다. 만일, 번들 A, B가 12원에 팔리고, A를 따로 구입하면 가격이 원래대로 7원이라고 할 때, 시청자 2는 12원에 패키지를 사고, 시청자 1은 7원을 주고 A만 구입할 것이다. 그러면 채널 A, B로부터 벌어들이는 수입은 19원(=12원+7원)이 된다. 이것이 혼합 번들링이다. 이 경우 단순 번들링보다 혼합 번들링이 더 높은 수익을 창출했다. 그러나 혼합 번들링을 할 경우에 위의 예에서처럼 시청

〈표 5-2〉 지불의사액: 혼합형 번들링의 이해

채널	시청자	
	1	2
A	₩7	₩5
B	₩2	₩7

자 1이 채널 B를 이용하지 못하는 것과 같은 상황이 가능해지므로, 혼합 번들링이 수용자 복지 차원에서 긍정적인지 부정적인지는 모호하다.

(4) 알라카르테

알라카르테(A La Carte) 방식은 고객 맞춤형 서비스로 통신서비스나 케이블방송 등의 이용자들이 서비스사가 제공하는 패키지 대신에 각자가 선호하는 서비스만 골라서 패키지로 묶어 이용료를 지불하는 방식이다. 이 방식대로라면, 케이블방송의 이용자들은 자신이 거의 시청하지 않는 채널을 배제하고 선호하는 채널로만 스스로 패키지를 구성하여 이용의 만족도를 높이고 비용을 줄일 수 있다. 그러나 의도와는 달리, 알라카르테는 인기채널의 가격을 상승시키고 채널당 가격도 함께 상승시켜 결국은 이용자의 부담을 증가시키는 효과를 불러오기도 한다. 또한 선호하는 채널의 집중으로 인해, 채널 간 매출격차가 커지고 소수의 채널에 수입이 집중되는 현상이 나타나게 된다. 또한 대부분의 이용자들은 자신의 패키지 속에 공공채널이나 공익적 채널을 포함시키지 않을 것이다. 이런 이유로 해서 미국은 물론이고 우리나라에서도 이용자들에게 표면적으로는 매우 편리해 보이는 알라카르테 방식의 도입이 쉽게 이루어지지 않고 있다.

3) 시장 침투를 위한 가격차별화

(1) 고가침투전략

고가침투전략(cream skimming)은 신상품을 시장에 침투시킬 때 처음엔 고가로 책정했다가 시간의 추이에 따라 수요가 증가하면 가격을 떨어뜨리는 전략이다(Finn, Hoskins, & McFadyen, 2004). 신상품을 사고자 하는 의지가 매우 강한 사람은 고가로 구입하고, 관심이 덜한 사람들은 시간이 좀 지난 다음에 저가로 구입하는 것이다. 휴대전화, 컴퓨터, 텔레비전 단말기의 판매도 이러한 경우에 해당한다. 또, 미국에서는 하드커버로 책을 먼저 내고, 후에 페이퍼백으로 가격을 낮추어 출판하는 경우가 많다.

(2) 저가침투전략

저가침투전략(penetrating pricing)은 신상품을 시장에 침투시킬 때 처음엔 저가로 책정했다가 시간의 추이에 따라 수요가 증가하면 가격을 높이는 전략이다. 저가로 충성도 높은 소비자를 확보하게 되면 가격을 높이는 것이다. 경험재(experience goods)는 소비자들이 일단 사용을 해보아야 상품의 가치를 평가할 수 있는데, 이런 경우에 저가로 소비자들에게 사용의 경험을 제공하는 것이 중요하여 저가침투전략을 쓴다. 소프트웨어나 게임의 신상품은 처음 출시될 때, 무료 다운로드용을 배포해서 사용해볼 기회를 제공하기도 한다. 일단 이용자가 늘어나서 그 소프트웨어에 대한 의존도가 높아지면 가격을 높인다.

(3) 약탈가격전략

약탈가격(predatory pricing)은 신규사업자가 경쟁관계에 있는 기존 기업을 시장으로부터 몰아내거나 기존 기업이 신규사업자의 시장진입을 차단하기 위해 불공정한 수준의 저가경쟁을 벌이는 것을 말한다. 약탈가격전략이 성공하여 경쟁사를 몰아내고 독점기업이 된 후에는 다시 가격을 높인다. 약탈가격은 불공정거래에 해당하는 불법적 기업행위이므로 규제되고 있다.

3. 유료방송 플랫폼 서비스의 가격

1) 유료방송 플랫폼의 프로그램 사용료

PP가 유료방송 플랫폼에 채널을 제공하는 대가인 프로그램 사용료의 책정은 양자의 거래관계에서 주요 쟁점들 중 하나이다. 유료방송 플랫폼이 PP들이 제공하는 프로그램을 가입자에게 제공하고 가입자들로부터 이용료를 받으므로, 플랫폼사가 벌어들인 이용료를 PP들과 배분하는 구조이다.

이러한 거래관계의 논리는 명료하지만, 거래를 둘러싼 다른 상황들을 더 살펴보면 복잡한 문제들을 안고 있음을 알 수 있다. 케이블방송에서 MSO는 단독SO에 비해 상대적으로 넓은 서비스 지역에서 채널편성, 채널번호 배정 등의 권한을 가지고 있어, PP와 비교 시 협상력이 높은 편이었다. 그로 인해 프로그램 사용료 협상은 PP에 불리한 측면이 있었는데, IPTV 3사 출범 이후부터는 MSO의 수요독점력(monopsony power)이 상당히 약화되어 플랫폼과 PP 간의 협상력의 불균형이 완화되고 있다. 수요독점은 공급자는 많고 매입자가 하나인 시장환경을 의미하는데, 수요자가 가격결정에 영향을 미치는 힘을 수요독점력이라고 한다. 수요독점력을 가진 수요자는 한계가치보다 낮은 가격을 제시할 수 있으며, 가격탄력성이 낮을수록 더 낮은 가격을 공급자에게 요구할 수 있다. 단기적으로는 수요자가 낮은 가격에 구매할 수 있어서 유리하지만, 장기적으로는 공급자가 생산비용을 낮출 수밖에 없는 구조여서 양질의 상품이 생산되는 것을 저해하여 사회적인 손실을 발생시킬 수 있다.

유료방송시장에서 PP는 공급자가 되고, 플랫폼 사업자는 수용자가 된다. 유료방송 플랫폼이 케이블방송 중심이던 2000년대까지 SO는 수요독점력이 컸지만, 2010년대 IPTV 3사가 출범하면서 수요독점력은 약화되기 시작했고, CJ E&M, 종편 등이 성장하면서 공급자 협상력이 커졌고, OTT 성장으로 OTT가 1차 윈도우의 역할을 자처하고 나오는 등의 변화가 생기면서 향후에 플랫폼의 수요독점력은 더 낮아질 것으로 보인다.

PP가 플랫폼으로부터 적정하고 합리적인 프로그램 사용료를 배분받아야 콘텐츠 투자유인이 증가하고, 그로 인해 콘텐츠가 질적으로 향상될 수 있다. 프로그램의 질이 향상되면, 유료방송 플랫폼 가입자들의 지불의지가 높아지게 될 것이고, 플랫폼과 PP의 상생적 구조가 만들어지게 된다.

2010년부터 SO와 PP는 '채널평가 및 프로그램 사용료 배분 가이드라인'을 마련하여 운영하고 있다. 이는 SO의 프로그램 사용료 전체 규모의 최저 수준을 정하고 이를 재허가 조건으로 부과하는 규제방안이다. 당시에 마련된 가이드라인에서 프로그램 사용료 배분 관련 주요 내용으로는 프로그램 사용료 미지급 관행이 개선될 수 있도록 데이터베이스를 구축해 체계적으로 점검할 것, 결합상품에서 방송을 과도하게 할인하여 프로그램 사용료가 축소되는 문제를 개선하기 위해 결합상품 규제방안을 마련할 것, SO에 대해 재허가 조건으로 부과된 방송수신료 수익의 25% 이상을 PP 프로그램 사용료로 지급하는지 여부에 대한 실태를 점검하여 실적이 미진할 경우 시정 명령할 것 등의 내용을 포함하고 있다. 2017년 기준으로 SO는 기본 수신료와 STB(셋탑박스) 이용료 합산 기준으로 25.2%를 PP에 지급하고 있다.

SO사들은 이 가이드라인을 기준으로 대동소이한 프로그램 사용료 배분방식을 채택하고 있다. 일례로 MSO사인 CMB가 2018년 제시한 프로그램 사용료 기준을 보면, 전년 대비 70%를 보전하고 30%는 평가에 따라 평가금액이 산정되며, 이후 산출된 금액의 ±30% 범위 내에서 PP사와 협의를 통해 최종 지급액이 결정된다. 그리고, 평가결과는 등급화되며, 프로그램 사용료 협의를 매년 12월까지 완료하고 차액에 대해서 프로그램 12월분 사용료 지급 시 소급 정산하는 것을 정해두었다. 그럼에도 불구하고, 평가의 객관성을 확보하기는 어렵기 때문에 해마다 힘든 프로그램 사용료 협상이 반복되고 있다.

2005년 SO의 프로그램 사용료 지급률이 12.5%까지 낮아졌을 때, 2008년 SO 재허가 조건으로 방송수신료의 25% 이상을 PP 프로그램 사용료로 지불하도록 규제했고, 2010년 26.6%로 상승했다. 2000년까지 SO와 PP의 프로그램 사용료 협상은 SO 협의회와 PP 협의회의 단체계약을 통해서 진행되었고, 2001년 이후부터는 단체와 계약협상을 함께 진행하고 있다. 협상을 통해서, 균등배분수준, 방송시간, 시청률, SO 마케팅 기여도, 시청자 선호도, 본방비율 등을 고려해서 결정하고 있다. 2013년 7월 PP와 케이블 텔레비전은 상생협의체를 구성했고, 한국케이블텔레비전방송협회는 2013년 8월 주문형 비디오(VoD), 유료채널 등을 제외한 일반 방송채널사용사업자(PP)에게 배분되는 케이블 텔레비전 프로그램 사용료를 2014년에는 2012년 대비 4%, 2015년에는 2014년 대비 4% 각각 인상하기로 정했다. 스카이라이프와 PP도 2014년 상생협의체를 구성하고, 2014년에는 2012년 대비 9%, 2015년에는 2014년보다 8%를 각각 인상해 지급하기로 했다. IPTV도 2015년 말에 PP와 상생협의체를 구성하고, 프로그램 사용료를 8% 인상하기로 합의한 바 있다. 2016년에 SO의 프로그램 지급료는 동결되었다.

2017년 기준으로 종편과 FOD(Free on demand, 무료 VOD)를 제외한 일반 PP에게 배분하는 프로그램 사용료 지급률은 기본채널 수신료 수입기준으로 케이블방송이 42.5%, 위성방송이 28.4%, IPTV는 15.0% 수준이다. SO와 위성방송의 프로그램 사용료 지급률은 해마다 증가해온 반면, IPTV의 경우는 해마다 감소해왔다.

국내 일반 PP의 방송사업 매출액은 2017년 기준으로 약 2조 3787억 원인데, 그중에서 프로그램 사용료 수익은 29.8%이며, 광고협찬수익은 54%로 광고의존도가 높다. 참고로, 미국의 경우에 PP매출구조는 프로그램 사용료와 광고수익이 6 대 4 정도의 비율이다.

2) 유료방송 플랫폼 서비스 이용료

유료방송의 이용자가 플랫폼에 지불하는 이용료는 플랫폼의 수신료 수입이 되고, 플랫폼은 이를 PP와 배분한다. 이용자가 플랫폼에 지불하는 수신료의 수준을 이용자당 평균이용료(average rate per user: ARPU)로 표현하는데, 방송의 유료화에 대한 이용자 저항, 역내 복수SO경쟁, 유료방송 플랫폼의 치열한 경쟁, 홈쇼핑 송출 수수료에 과도하게 의존하는 구조 등으로 인해 한국 유료방송시장에서는 ARPU가 매우 낮은 수준에 형성되어 문제가 되어왔다.

〈그림 5-3〉 유료방송 플랫폼의 월 ARPU 추이

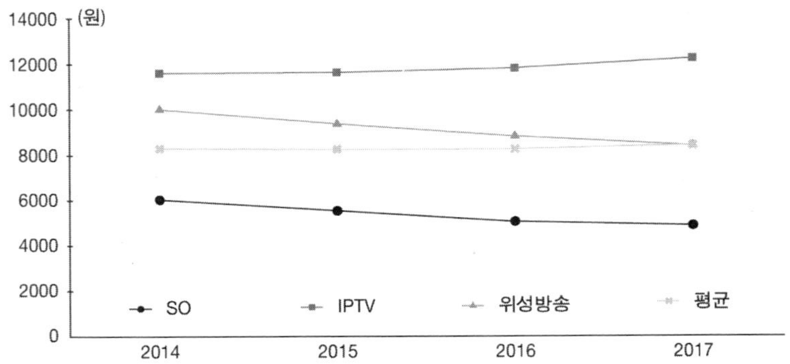

자료: 방송통신위원회(2017).

SO의 ARPU는 2014년 6045원에서 2017년 4847원으로 하락세에 있으며, IPTV는 2014년 1만 1602원, 2017년 1만 2197원으로 상승세에 있고, 위성방송은 2014년 9935원에서 2017년 8381원으로 하락세에 있다. ARPU가 가장 높은 국가는 미국으로 2014년 기준으로 72.9달러, 영국은 52.3달러, 일본은 15.5달러인 데 반해, 한국은 7.9달러에 머물고 있다.

ARPU가 낮아지면, SO가 PP에 제공하는 프로그램 사용료 지급에 한계가 발생할 수 있어 유료방송산업을 통해서 콘텐츠 활성화를 유도해내지 못하게 된다. 플랫폼의 매출이 콘텐츠 재투자로 이어지지 못한다면, 플랫폼에 대한 수요가 감소할 것이고, 이는 유료방송산업의 쇠퇴로 이어질 수 있어, 기업 차원의 전략 모색과 정책기관의 제도적 차원에서의 지원을 통해 적정 ARPU로 끌어올리는 노력이 필요하다.

제6장

이용자 행동과 경제적 가치

1. 수용자 연구의 세 갈래

수용자는 미디어 산업의 주요 주체 중 하나로, 수용자의 선택과 이용행태에 대한 이해는 미디어 기업이 취하는 전략적 선택의 주요 근거가 되며, 미디어 정책적 측면에서 미디어 현상을 파악하고 미디어 정책 효과를 평가하는 과정의 일부가 된다. 따라서, 수용자 연구는 미디어 산업론과 직간접적으로 연계되어 있다. 예를 들어, SNS를 이용자들이 어떤 맥락에서 이용하는지, 텔레비전과 스마트폰의 동시이용은 어떤 패턴을 갖는지, OTT 이용은 텔레비전 이용행태를 어떻게 변화시키고 있는지 등은 수용자 연구의 대표적인 연구주제들일 뿐 아니라, 미디어의 공중이자 상업미디어의 소비자를 다루고 있다는 점에서 미디어 산업론으로도 의미가 있다.

수용자 연구는 이용동기와 충족요인에 관한 연구, 계량적 조사에 근거한 수용자 행동 연구, 문화연구의 맥락에서 수용자 행동 연구 등 크게 세 갈래로 진행되어왔다. 수용자 연구의 첫 번째 갈래는 미디어 효과 연구의 맥락에서 나온 이용충족접근법(uses and gratifications)에 의해 수용자의 미디어 이용동기와 충족요인 등을 다루는 연구이다. 이용충족접근은 수용자를 목적지향적인 존재로 본 출발점이라고 할 수 있다. 이용충족접근은 "수용자가 미디어를 가지고 무엇을 하는가"라는 질문에서 출발하여, 개인적 차원의 수용자가 미디어를 이용하게 된 동기와 그 이용을 통해 얻은 만족에 관심을 둔다(Rosengren, Wenner, and Palmgreen, 1985). 1970~1980년대 텔레비전 수용자 연구에서 이용충족접근은 능동적 수용자(active audience) 개념을 제시한 중요한 이론이다. 이 이론은 텔레비전의 관습적 이용과 도구적 이용을 분류해낸 루빈(Rubin, 1981)의 연구, 케이블 텔레비전(Heeter and Greenberg, 1985), 홈비디오(Levy, 1987) 등 이후 등장한 미디어 이용행태에 대한 연구에도 지속적으로 적용되고 있다. 인터넷(Eighmey, 1997), 휴대전화(Leung and Wei, 2000) 등 최근의 통신매체 이용에 관한 연구에서도 이용충족접근이 적용되어 이용자의 능동적 매체 이용을 보여주었다. 디믹 등(Dimmick, Patterson, and Albarran, 1992; Dimmick, Kline, and Stafford, 2000; Dimmick, 2003)은 이용충족접근을 적소이론(niche theory)과 접목시켜 매체 간 경쟁관계를 보여주는 데에까지 발전시켰다. 유사한 두 매체가 대체적 관계에 있는지 아닌지를 살펴보는 것은 경쟁의 결과로 한 매체가 사라지는지, 아니면 각각 다른 기능과 역할을 찾아 보완적 관계를 형성하여 공생하는지를 보여준다. 어떤 특정 매체를 이용하는 것이 다른 매체의 이용을 감소시킨다면, 두 매체는 보완재(complement goods)보다는 대체재(substitute goods)로서의 성격이 강한 것으로 볼 수 있다. 디믹 등은 이용충족접근으로 추출한 충족요인과 충족기회요인을 적소이론에 접목시켜 지상파방송과 케이블 텔레비전의 경쟁(Dimmick, Patterson, and Albarran, 1992), 이메일과 전화의 관계(Dimmick, Kline, and Stafford, 2000) 등 매체 간 비교연구에 적용했다.

수용자 연구의 두 번째 갈래는 시청자 행동패턴 연구이다. 시청률 혹은 청취율과 수용자 행동을 추적한 자료에 근거한 수용자 연구는 광고분야에서 다소 행해졌으나, 1970년대부터 본격적으로 나타나기 시작하여, 1980년대에 제임스 웹스터(James Webster) 등에 의해 활성화되었다(Webster, Phalen, and Lichty, 2000). 새로운 미디어 기술의 도입은 수용자의 미디어 이용패턴에 변화를 가져왔고, 그 변화는 미디어가 콘텐츠를 생산하고 제공할 때 반영되었다. 수용자 연구는 텔레비전 방송의 시청패턴에 대한 연구를 중심으로 활성화되었는데, 이는 시청패턴을 추적하는 방법의 발전이 수반되었기 때문에 가능했다. 아비트론이나 닐슨과 같은 리서치 회사가 등장했고, 통계적 기술과 컴퓨터 등의 기술이 발전하면서 대규모의 전국적인 조사를 실시하는 것이 가능해졌다. 생산자와 광고주 양측에게 수용자 크기의 증가나 감소는 곧바로 수입의 증가나 감소로 이어지므로, 수용자 행동패턴은 중요한 의미를 가졌다. 새로운 매체가 나타날 때마다 수용자가 어떤 방식으로 매체를 이용하는지 파악하기 위해 시청률에 근거한 수용자 연구가 수행되었다.

수용자 연구의 세 번째 갈래는 문화연구로서의 수용자 행동에 관한 연구이다. 수용자 연구를 효과연구로 제한하게 될 때 관찰 가능하고 계량화 가능한 수용자 행동만을 다루게 되어 문화적 과정에 대한 광범위한 이해를 저해할 수 있다는 비판이 있다(Moores, 1993). 민속지학적 연구의 접근법은 대체로 인터뷰, 텍스트 분석, 현장연구 등의 질적연구에 근거하고 있다. 심리학적이거나 정치사회학적 연구의 전통에 기초한 효과연구가 채택해온 계량적이고 경험적인 연구는 주장하는 바를 객관화·합리화할 수 있고, 검증을 거치는 장점이 있는 반면, 포괄적이고 심층적인 이해에는 한계가 있다.

민속지학적 접근에 의한 미디어 이용의 연구는 주로 텔레비전에 관해 이루어졌지만, 기존의 효과연구와는 전혀 다른 시각과 관심을 보였다. 룰(Lull, 1982)은 최초로 민속지학적 방법을 도입하여 가족의 평범한 일상을 함께하면서 관찰하여, 텔레비전을 구조적 차원과 관계적 차원에서 이용하고 있다고 보여주었다.[1] 몰리(Morley, 1980, 1986, 1992)와 실버스톤(Silverston, 1994) 등도

---

1) 구조적 차원은 배경소음을 제공하는 환경적 소스로서의 텔레비전과 시간과 행동에서 마침표 역할을 하는 생활의 규칙성 소스를 제공하는 텔레비전을 의미한다. 관계적 차원이란 가족을 함께 모이게 하고, 때로는 갈등을 유발하고, 사회적 학습을 하며, 논쟁을 촉진시키는 등에 개입되는 텔레비전을 의미한다.

민속지학적 수용자 연구를 통해, 텔레비전 내용에 대한 수용자의 반응을 연구하기보다 시청행동에 더 많은 주의를 기울임으로써 일상생활의 사회적 맥락에서 개인 차원의 수용자를 이해할 필요가 있다고 강조했다. 민속지학적 접근은 매체 이용에서 수용자의 능동적인 개입의 일면을 보여주었다. 홉슨(Hobson, 1982)은 여성들과의 인터뷰를 통해 텔레비전 시청행위가 여성들의 일상사의 한 부분이며, 주방일과 육아 등의 가사를 돌보면서 동시에 텔레비전을 시청하는 방법을 스스로 개발하고 있음을 발견했다. 앙(Ang, 1985)은 인기 드라마인 〈달라스(Dallas)〉를 좋아하거나 싫어하는 이유에 대한 시청자들의 의견을 편지로 받아 분석한 결과, 드라마의 인기는 하나의 이유로 설명되는 것이 아니라, 개인 시청자는 시청하는 프로그램과 각자만의 독특한 관계를 가지는 것으로 설명했다. 매체연구에서 질적연구는 수용자 연구에서 특히 중요하며, 대중매체가 이용되는 일상생활의 맥락을 도입하고, 조사 대상자들이 매체를 어떻게 사용하는지를 표현할 수 있게 함으로써 양적연구에서 놓치기 쉬운 수용자 혹은 미디어 소비자의 일상에 대한 해석을 가능하게 한다. 많은 민속지학적 수용자 연구는 텔레비전 시청자를 대상으로 이루어졌지만, 유사한 방법을 부분적으로 도입함으로써 새로운 미디어의 이용자들이 새로운 형태의 미디어 기술을 어떻게 사용하는지에 대한 포괄적 이해에 좀 더 다가갈 수 있다고 기대한다.

이 책에서는 특히 두 번째 연구 갈래인 수용자 이용패턴과 수용자 측정에 큰 비중을 두지만, 다른 두 갈래도 미디어 산업과 전혀 무관하게 이루어지는 연구들은 아니다. 이용동기와 충족요인에 대한 연구는 특히 매체 도입의 초기에 이용자들이 매체를 어떻게 이용하는지 탐색하는 데에 유용하여 경영전략, 편성전략 등 기업의 전략 수립에 도움을 주며, 타 매체와의 경쟁관계를 이해하도록 돕는다. 수용자 측정은 미디어 기업의 전략, 광고전략 등에 도움을 주는데, 뒤에서 자세히 다룰 것이다. 문화연구로서의 수용자 연구도 이용패턴의 심층적인 측면을 볼 수 있게 하며, 미디어 기업의 전략에 중요한 근거를 제시하기도 한다.

2. 미디어 산업에서 수용자 크기의 의미

1) 머릿수 세기

사람의 머릿수를 세는 행위는 역사적으로 볼 때, 목숨을 걸어야 할 만큼 아주 위험한 일이었고, 누구나 함부로 할 수 없는 일이었다. 사람의 머릿수를 세는 행위는 곧 통치의 기본이 되는 인구에 대한 조사를 의미했다. 인구에 대한 이해는 노동력과 군사력을 가늠케 했으며, 조세징수의 기본 자료가 되었다. 권력을 가진 자의 허락 없이 인구에 대한 자료를 사사로이 수집하거나 보유하고 있는 것은 반역의 증거로 보일 수도 있었던 것이다. 그뿐만 아니라, 머릿수를 정확하게 세는 것도 간단한 일이 아니었다. 성경을 보면, 백성의 수는 왕의 권위와 관련이 있었는데, 다윗왕은 신의 권위에 복종하기보다 사탄의 유혹에 따라 그 자신의 권위를 나타내고자 이스라엘 백성의 머릿수를 세도록 명했을 뿐만 아니라, 머릿수를 157만 명으로 부풀려 세었다. 이에 노한 신이 이스라엘 백성 7만 명을 병들어 죽게 했다고 성경은 기록하고 있다(사무엘하 24장; Larson, 1992: 32).

이토록 조심스럽게 다루어져 온 사람들의 머릿수를 세는 일이 대중사회를 직면하면서 변화할 수밖에 없었다. 대량 생산된 상품들을 대중 소비자들에게 팔아야 했던 생산자들은 잠재적 소비자들의 수와 인구학적 정보를 가져야 할 필요성이 커져 갔다. 정치적으로는 시민들 모두가 동등한 투표권을 행사하기 시작했고, 다수결에 의한 사회적 합의제도가 일반화되어감에 따라 사람의 머릿수를 세는 행위는 조직운영에서 필수적인 활동이 되었다.

정부 차원의 인구조사는 계속되어왔지만, 머릿수를 세는 데에 특히 획기적인 발전을 가져온 계기는 이를 다루는 통계적 기술과 컴퓨터, 그리고 대규모 조사를 실시하는 것이 가능한 기업식 리서치 회사들의 등장이었다. 아비트론이나 닐슨과 같은 리서치 회사들의 등장은 세어진 사람들의 머릿수에 대해 기꺼이 돈을 지불하고 구입할 만큼 필요를 느끼는 사람들이 증가했음을 의미한다. 아비트론과 닐슨 등이 경쟁적으로 측정기술을 개발하여 수용자 크기 측정의 신뢰성이 높아지면서, 수용자 크기의 중요성은 더욱 커졌다. 측정된 수용자 샘플의 크기가 클수록 수용자 크기의 증가나 감소가 미디어 콘텐츠 생산자나 광고주에 미치는 영향력도 더욱 커지기 때문이다. 생산자와 광고주 양측 모두 수용자 크기에 대한 의존도가 높아지게 되면, 수용자 크기의 증감은 곧바로 미디어 기업의 수입 증감으로 이어졌다.

2) 수용자 크기의 의미

측정된 수용자 크기인 시청률이 광고주가 광고 시간이나 지면의 구입을 위해 미디어에 지불하는 대가의 근거가 된다는 사실은 잘 알려져 있다. 그러나,

〈표 6-1〉 수용자 크기의 의미

미디어 산업 4주체	수용자 크기의 의미
미디어	• 프로그램에 대한 수용자 선호를 확인하여 편성에 반영 • 광고단가 책정의 근거 • 미디어 조직 내에서 구성원의 평가
수용자	• 수용자의 집단적 힘의 척도를 제시해줌으로써, 미디어에 대한 수용자 영향력을 확대시킴
광고주	• 광고 매체와 시간 및 지면의 선택을 위한 근거 • 광고단가 책정의 근거
정책	FCC • 다양하면서 수용자가 선호하는 프로그래밍 • 미디어 기업 간의 공정한 경쟁 • 바람직한 사회적 효과 웹스터(Webster, 1990) • 수용자 선호도의 지표 • 미디어 기업의 재정을 말해주는 지표 • 수용자에 미치는 효과의 지표

그것이 수용자 크기를 측정하는 유일한 이유는 아니다. 〈표 6-1〉은 수용자 크기가 미디어, 광고주, 수용자 자신, 정책결정기관 등 미디어 산업의 각 주체들에게 주는 의미를 나누어 정리한 것이다.

미디어에게 수용자 크기는 세 가지 의미를 갖는다. 첫째, 수용자 크기에 대한 정보는 콘텐츠 생산자나 유통영역이 수용자의 선호를 발견하고, 이에 부합하는 방향으로 프로그램을 편성·기획·제작할 수 있는 근거자료가 된다. 그 결과로 수용자들이 선호하는 프로그램의 장르나 내용 구성에 미디어 기업의 공급이 집중된다. 미디어 기업의 결정에 전적으로 맡기면 다양성이 저해되고, 정책이 임의로 편성비율 및 콘텐츠 내용에 개입하게 되면 수용자 선호를 무시하는 것이 된다.

둘째, 생산자들이 콘텐츠에 연계된 광고공간이나 광고시간을 팔려고 할 때, 그 콘텐츠를 이용한 수용자 크기는 광고가격 책정의 근거가 될 수 있다. 광고주에게 이 프로그램을 시청한 사람들이 얼마나 광고주의 물건을 구매할지를 예측해서 제시하기보다는 잠재적인 구매자들이 광고할 상품에 얼마나 노출되고 있는지를 보여주는 것이 더 간편하고도 객관적으로 보이기 때문이다.

셋째, 콘텐츠의 수용자 크기는 미디어 기업 조직 내의 자체평가에 활용된다. 수용자 크기에 따라 미디어 기업의 조직원인 프로듀서, 편집자 등은 수용자 크기에 의해 업무수행의 평가를 받으며, 그 결과에 의해 포상이나 징계가 따르기도 한다. 수용자 확보에 계속해서 실패하면 그 콘텐츠의 제작 관계자들의 직업적 수명은 단축되며, 계속해서 성공하면 부와 명예를 얻게 된다.

수용자 입장에서 수용자 크기는 수용자 자신들의 집단적 힘을 의미한다. 수용자가 시청률, 구독률, 반복시청률, 점유율 등과 같은 수용자 크기의 수치로 표현되기 이전에는 실체가 모호할 수 있다. 객관적으로 수치화된 수용자 집단의 크기는 수용자의 힘을 드러내는 근거가 되었다. 그 집단적 힘을 바탕으로 하여, 수용자들은 미디어 기업에 영향력을 행사할 수 있는 것이다. 예를 들면, 수용자들의 특정 채널에 대한 이용 거부는 해당 채널의 수용자 크기의 감소로 나타나고, 그 결과는 미디어 기업과 광고주와의 거래에 직접적으로 영향을 미치게 된다. 따라서 미디어 기업은 기업 전반 혹은 특정 콘텐츠에 대한 수용자의 집단적 반응에 민감할 수밖에 없다.

광고주에게 수용자 크기는 두 가지 의미를 갖는다. 첫째, 광고주는 광고 비히클로서 미디어와 채널을 선정할 때, 미디어가 생산한 콘텐츠 그 자체보다는 그 콘텐츠를 이용하는 수용자 크기와 구성에 더 큰 관심이 있다. 둘째, 수용자 크기는 광고단가의 책정근거가 된다. 방송, 신문, 잡지 등 보다 전통적인 미디어뿐만 아니라, 인터넷 웹사이트도 이용자에게서 받는 정보이용료와 광고주로부터 벌어들이는 광고료를 동시에 수입원으로 하는 모델을 채택하고 있어 수용자 크기는 인터넷에서도 여전히 중요한 부분을 차지한다.

정책결정기관에게도 수용자 크기는 중요한 의미를 갖는다. 웹스터는 정책에서 수용자 크기가 갖는 세 가지 의미를 다음과 같이 제시했다(Webster, 1990). 첫째, 시청률은 수용자 선호도의 지표가 된다. 경쟁시장에서 미디어 기업이 수용자의 수요를 평가하는 방법인 시청률은 수용자의 밝혀진 선호도이다. 시청률에 나타난 수치가 실제 시청자의 선호를 정확히 보여주는지 아닌지는 알 수 없는 일이지만, 수용자 선호에 관해 객관적으로 나타낼 수 있는 유일한 자료가 된다. 결국 시청률은 정책의 실행으로 수용자들이 선호하는 프로그래밍을 유도해냈는지를 평가하는 척도가 된다. 둘째, 시청률은 미디어 기업의 재정을 말해주는 지표가 된다. 비용, 수입, 이윤 등에 대한 정보는 기업의 경제적 여건을 직접적으로 말해준다. 그러나, 이런 재정자료는 언제나 공개되는 것은 아니다. 오히려 공개되는 경우가 흔치 않다. 미디어 기업의 재정자료의 대안으로서 가장 많이 쓰이는 것이 시청률이다. 이는 미디어 기업의 수입이 시청률의 수준에 연동하여 움직인다는 것을 전제한다. 그러나, 항상 수입이 시청률에 탄력적으로 연동하는 것은 아니다. 셋째, 시청률은 수용자에 미치는 효과의 지표가 된다. 시청률은 미디어 정책이 시청자에게 어떤 영향을 미쳤는지를 보기 위한 출발점이 된다.

3. 수용자 크기의 측정

1) 총 수용자 크기

수용자 크기와 수용자 행동의 측정에는 크게 두 종류가 있다. 하나는 총 수용자 크기(gross audience measurement)의 측정이고, 다른 하나는 누적적 수용자 크기(cumulative audience measurement)의 측정이다.

텔레비전과 라디오 방송 등에서는 시청률이나 점유율 등을 수용자 측정방법으로 사용하는데, 이는 어느 한 시점의 수용자들의 미디어 이용을 보여주는 총 수용자 크기 측정이다. 따라서, 총 수용자 크기는 일정 기간 동안의 개별 수용자의 행동이나 시청행위의 누적적 정보를 주지는 않는다. 총 수용자 크기는 한 달 동안 평균 몇 번을 이용했는지, 한 달 동안 몇 명의 수용자가 이용했는지 등을 말해주지는 않으며, 특정 시점에 특정 채널 혹은 콘텐츠를 이용한 수용자의 크기만 말해준다. 〈표 6-2〉는 총 수용자 크기의 여러 가지 측정 개념들을 정리한 것이다.

시청률(rating)은 신문의 방송연예란에서 가장 자주 접할 수 있는 총 수용자 크기로 포괄적이고 지극히 관념적인 개념이다. 일반적으로 개인보다는 가구(household)를 단위로 하고 있다. 어떤 프로그램의 시청률이 30(혹은 0.3으로 표기되기도 한다)이란 말은 텔레비전을 보유한 전체 가구의 30%가 특정한 시

〈표 6-2〉 총 수용자 크기의 측정

용어	개념 및 측정	용도
rating	전체 텔레비전 보유가구 중 특정 시점에 특정 채널 시청가구의 비율	관념적인 의미에서의 시청률
QHR	15분단위로 측정된 시청가구의 수를 분당 시청가구의 수로 나타낸 수치	AQH 계산의 근거가 됨
AQH	QHR에 기초하고 있는 매 15분마다의 평균시청률	관념적인 시청률 개념을 측정가능한 방법으로 만든 것
Share	특정 시간에 텔레비전을 시청하고 있는 가구수(HUT)의 비	동시간대별 채널 간 시장점유를 보여줌

점에 그 프로그램을 시청했다는 말이다. 이렇게 이해하면 시청률은 매우 간단한 것 같은데, 한 번 더 들여다보면 시청률이 얼마나 포착하기 어려운 것인지를 알 수 있다. 시청률은 특정 시점의 시청행위를 집계하는 것이고, 특정 시점이란 영어로는 'at one point'라고 표현된다. 시청률 조사가 찰나적인 시각인 한 시점에 일제히 이루어지지 않는다면, 개념적 정의대로의 시청률은 측정할 수가 없다. 정의대로라면, 8시 00분 00초의 시청률과 8시 00분 01초의 시청률은 달라져야 한다.

이 식은 흔히 시청률을 구하는 공식으로 알려져 있지만, 여기에 표현된 시청률은 지극히 관념적이며, 실제로 파악하기란 불가능하다. 이것은 공식이라기보다는 시청률의 개념 정의를 수식처럼 표현한 것에 불과하다. 따라서, 요즘 우리가 인터넷이나 신문 등에서 보는 텔레비전 시청률 30%니 35%니 하는 수치들은 이 공식에 따른 것이 아니라, 실제로는 AQH(average quarter-hour rating)이거나 그와 유사한 방식으로 도출한 것이라고 봐야 한다.

$$R(\%) = \frac{\text{특정 프로그램을 시청하는 가구의 수}}{\text{텔레비전 보유 가구의 수}}$$

AQH를 알기 위해서는 먼저 QHR(quarter-hour rating)을 이해해야 한다. QHR은 15분단위로 측정된 시청가구수를 분당 시청가구수로 나타낸 수치이다. 따라서, 일정 시간 이상 시청하지 않는다면, 시청가구수에 계산되지 않는다. 예를 들어, 저녁 9시 10분에서 9시 12분까지 시청하고, 텔레비전을 껐다가, 9시 40분에서 9시 43분까지 시청을 하고 나서 다시 텔레비전을 끈다면, 이 가구는 5분 이상 텔레비전을 시청한 적이 없기 때문에, 시청한 시청가구수에 포함되지 않는다. 만일, 8시 56분에서 9시 3분까지 7분간 시청했을 때에도, 15분단위시간 내에서 시청시간이 각각 4분과 3분밖에 되지 않아, 시청가구에 계산되지 않는다. QHR은 15분으로 나누어진 일정 기간 동안의 평균시청률이므로, 편성전략을 세우거나 시청행태를 분석하기에 편리한 방법이다. AQH는

QHR에 기초하고 있는 매 15분마다의 평균시청률이다. 만일 4시간의 AQH를 구하려고 한다면, 16개의 15분단위 시간대를 가지고 계산을 해야 한다. 각 15분간의 QHR을 더한 다음, 16으로 나누면 된다.

$$\text{QHR} = \frac{\text{15분(1/4시간) 중에서 5분 이상 시청한 가구의 수}}{\text{텔레비전 보유가구의 수}}$$

$$\text{AQH} = \frac{\text{15분단위 시청률(QHR)의 합계}}{\text{15분단위의 총수}}$$

점유율(shares)은 특정한 시간에 텔레비전을 시청하고 있는 가구수(households using TV: HUT)의 비를 나타낸 것이다. 점유율은 특정 채널을 시청하는 가구수, 즉 실제 시청자수를 말해주지는 못하지만, 다른 채널과의 경쟁에서 어떤 성과를 이루고 있는지 평가할 때 적합한 자료가 된다. 시청률이 보다 광고판매 위주의 시청자 자료라면, 점유율은 경쟁채널과의 관계 속에서 채널, 프로그램의 위상을 높이려는 방송사 편성 담당자들에게 유익한 자료가 된다.

$$\text{Shares} = \frac{\text{특정 채널(프로그램)을 시청하는 가구의 수}}{\text{텔레비전을 시청하고 있는 가구의 수(HUT)}}$$

예를 들어, 3개 이상의 시청 가능한 채널이 있을 때, 어떤 프로그램의 AQH가 10%라는 사실은 비교대상이 없어서 시청률이 높은지 낮은지를 말해주지 못한다. 동시간대 다른 채널의 시청률도 8%, 11% 등과 같다면, 10%의 AQH는 그리 낮은 것이 아닐 수 있다. 만일, 이 프로그램의 점유율이 60%라고 한다면, 그 시간대에 텔레비전을 시청하던 가구의 60%가 이 프로그램을 시청했고, 나머지 40%가 다른 채널들을 시청한 것이므로, 성공적임을 보여준다. 그렇다면, 10%의 AQH와 60%의 점유율은 무엇을 말하는가? 이 프로그램이 이른 아침, 늦은 오전 등 시청 자체가 저조한 방송시간대에 편성되어 있지만, 다른 채널들과의 경쟁에서는 승리했음을 보여준다. 참고로, HUT는 텔레비전 시청가구수를 말하는데, 점유율을 계산하기 위한 기초자료가 되고, 텔레비전 시청의 일반적 패턴을 보여주고 있다. GRP(gross rating points)는 시간의 추이에 따른 시청률의 총합을 말한다.

$$GRP = R1 + R2 + R3 + R4 + \cdots + Rn$$

CPM(cost per thousands)은 타깃 시청자 1000명당 광고비용을 뜻하며, 가장 광범위하게 사용된다. 실제 인구수에 근거한 수치이기 때문에 미디어 간 광고비용의 효율성을 비교하기에 적절하다.

$$CPM = \frac{광고비용 \times 1000}{타깃\ 시청자의\ 수}$$

2) 누적적 수용자 크기

한편, 〈표 6-3〉은 도달률(reach), 누적적 수용자 크기(cumulative audience size: cume), 사용빈도(frequency) 등 일정 기간 동안의 수용자 행동을 보여주는 누적적 수용자 측정(cumulative audience measurement)을 정리한 것이다. 예를 들면, 웹사이트 이용에 관한 이용자 행동을 텔레비전 시청률과 같이 어느 한 시점에서 측정하기란 어려울 뿐만 아니라 무의미하므로, 일정 기간 내(대개는 1개월)에 웹사이트를 방문한 이용자들의 비중복적 수용자 크기(unique audience size)를 측정한다. 비중복적 수용자 크기는 한 이용자가 측정기간인 30일 내에 같은 사이트를 두 번 이상 방문했더라도 1로 계산됨을 의미한다. 이는 방문자수로 표현되기도 하고, 때로는 도달률(%)로 표현되기도 한다.

도달률과 누적적 수용자 크기는 일정 기간 동안 특정 채널이나 프로그램, 광고 등에 노출된 가구나 사람들의 중복되지 않은 수를 말하며, 퍼센티지(%)로 나타내기도 한다. 서큐레이션(circulation)은 일정 기간 동안 특정 채널이나 신문 등에 노출된 가구나 사람들의 중복되지 않은 수를 말한다. 서큐레이션은 도달률과 누적적 수용자 크기와 같은 개념이지만, 일반적으로 특정 광고나

〈표 6-3〉 누적적 수용자 크기의 측정

용어	개념 및 측정	용도
도달률(reach)	일정 기간 동안 특정 채널이나 프로그램, 광고 등에 노출된 가구나 사람들의 중복되지 않은 수	한 시점을 기준으로 하는 시청률의 한계를 극복하고, 일정 기간 동안의 수용자 행동을 설명함
누적적 수용자 크기(cume)		
서큐레이션(circulation)	누적적 수용자 크기와 동일한 개념이지만, 특히 신문이나 잡지 등에 일정 기간 동안 노출된 사람들의 중복되지 않은 수	
반복이용률(repeat viewing)	한 프로그램을 이용한 사람이 같은 프로그램의 다른 에피소드를 이용한 정도	수용자 충성도 측정에 가장 빈번하게 사용됨
이용빈도(frequency)		
중복이용률(audience duplication)	한 프로그램이나 채널을 이용한 사람이 다른 채널이나 프로그램을 이용한 정도	프로그램이나 광고의 편성에서 매우 중요. 인터넷 광고나 웹사이트 간의 제휴 등에서 중요

프로그램을 대상으로 사용하지 않고, 주로 신문이나 채널단위의 시청자 크기에 관계한다.

중복이용률(audience duplication)은 한 프로그램이나 채널을 이용한 사람이 다른 채널이나 프로그램을 이용한 정도를 말한다. 프로그램의 편성이나 광고주의 광고시간 배정에서 매우 중요한 의미를 지닌다. 또한 인터넷 광고나 웹사이트 간의 제휴 등에서 매우 중요하다. 반복이용률(repeat viewing)은 한 프로그램을 이용한 사람이 같은 프로그램의 다른 에피소드를 이용한 정도를 말한다. 일반적으로 텔레비전에서는 반복시청률을 시청자의 충성도(audience loyalty)로 간주한다.

이용빈도(frequency)는 일정 기간 동안 한 시청자가 특정 프로그램이나 광고 메시지에 노출되는 수를 말한다. 높은 도달률과 낮은 이용빈도를 가진 채널이나 프로그램보다는 도달률이 다소 낮더라도 이용빈도가 높은 채널이나 프로그램을 선호하는 광고주가 있을 수 있으며, 그 반대도 있을 수 있다. 그 둘 간의 광고주 선호는 광고하고자 하는 상품의 성격에 따른다. 낮은 도달률은 매우 높은 이용빈도에 의해 고가품이나 특수한 목적을 가진 상품의 광고에서는 극복될 수 있지만, 1.0에 가까운 매우 낮은 이용빈도는 도달률이 아무리 높아도 광고의 효과를 기대할 수 없어 어떤 광고주에게도 그다지 매력적이지 않을 것이다. 이용빈도 1.0은 시청자가 평균 한 번만 그 프로그램에 노출되었음을 의미한다. 그 밖에, 총 수용자 크기의 하나인 GRP는 비중복 수용자 크기인 도달률에 이용빈도를 곱한 값이다.

$$GRP = Reach \times Frequency$$

수용자 측정은 불확실성을 줄이는 작업이다(Napoli, 2003). 수용자 행위의 측정은 수용자 행위 중에서 연구자나 조사 의뢰인이 보고자 하는 측면을 조사하여 측정하는 것이지, 수용자 행위의 모든 면을 그대로 보여주는 것은 아니다. 그래서 이렇듯 다양한 방법으로 수용자 크기를 측정하는 것이다. 수용자 크기의 그 모든 수치들은 수용자의 과거 행동을 정리한 것이지, 결코 미래를 정확히 보여주는 것은 아니다. 수용자 행위 측정의 전제는 특별한 변수가 없다면 미래의 행동도 과거와 유사할 것이라는 점이다. 우리가 역사를 통해 미래를 예측할 수 있듯이, 수용자 과거 행동의 기록에 근거하여 미래를 예측함으로써 방송사와 광고주는 전략 결정에서 위험부담을 최소화할 수 있다.

4. 여러 가지 이용자 행동패턴

1) 수용자 충성도

도달률과 같은 단순한 머릿수에 의한 수용자 크기는 여전히 중요한 자료로 쓰이지만, 점차적으로 수용자 충성도에 의한 수용자 행위 측정이 수용자 크기에 의한 측정을 보완해가고 있는 추세이다. 수용자 충성도 개념은 마케팅에서 소비자 행동의 한 측면으로 제시한 브랜드 충성도 개념에서 그 기원을 찾아볼 수 있는데, 이는 같은 브랜드를 반복해서 구입하는 소비행동을 일컫는다. 브랜드 충성도 개념은 바와이즈, 에렌버그, 굳하르트 등에 의해 미디어 연구에 도입되었다.

수용자 충성도는 수용자들이 한 미디어 아이템을 집중적으로 이용하는 정도로 정의될 수 있다. 다른 누구보다도 광고주들에게 미디어 수용자의 충성도에 대한 정보 없이 수용자의 크기만을 고려하는 것은 의미 없는 일이 되어가고 있다. 광고주들에겐 그들의 광고에 우연히 단 한 번만 노출된 10만 명보다 세 번 이상 노출된 5만 명의 소비자가 훨씬 유력한 잠재고객일 수 있다. 위의 예에서 볼 때, 광고주가 수용자 집단의 크기만을 고려하여 광고 비히클과 가격을 결정한다면, 당연히 10만 명의 수용자를 가진 아이템을 선택하게 되는데, 그 결과로서 광고비용이 비효율적으로 운용될 수 있다. 이 예는 극단적인 상황을 보여주지만, 실제 상황에서 수용자 집단의 크기가 크더라도 충성도가 낮은 경우는 자주 나타난다.

수용자 충성도를 위에서 정의했지만, 실제로 '집중적으로 이용하는'을 어떻게 조작화할 것인지는 수용자 충성도의 용도와 미디어의 속성에 따라서 다양해질 수 있다. 대체로 수용자 충성도는 이용빈도, 이용시간의 지속성, 이용된 정보의 양(이용의 깊이) 등의 세 가지 차원에서 다루어진다.

첫째, 전통적 미디어의 수용자 연구에선 이용빈도가 가장 빈번하게 수용자 충성도의 측정으로 사용되어왔다. 이용빈도는 수용자 개인이 특정 채널이나 프로그램에 노출되는 횟수를 말한다. 따라서, 텔레비전이나 라디오 이용에서 수용자 충성도란 반복시청, 반복청취로 각각 정의될 수 있다. 인터넷에서도 이용빈도가 수용자 충성도로 사용되는데, 닐슨//넷레이팅사(Nielsen//NetRatings)에서는 인터넷 이용자 충성도의 하나로 한 방문자당 방문 횟수(visits per person: VPP)를 사용했다. VPP는 인터넷 이용자가 한 달 동안 한 웹사이트에 반복 방문한 횟수를 말한다. VPP는 한 달 총 방문량(impressions)을 방문자 총수로 나눈 값이다. 미디어메트릭스사(Mediametrics Inc.)는 한 방문자당 한 달 평균 사용일수(average usage days per visitor)로 수용자 충성도 측정을 보고했는데, 실제로 연구에서 사용된 적은 아직 없지만 텔레비전의 반복시청과 유사한 개념으로 볼 수 있다. 이용빈도에 의한 웹사이트 이용자 충성도의 측정은 웹사이트 구성과 디자인에 민감하지 않다는 장점이 있다.

둘째, 이용시간으로 수용자 충성도를 측정하는 방법이 있는데, 이는 프로그램이나 채널에 대한 수용자들의 집착도(stickiness)를 나타낸다. 바니즈(Barnes, 1990)는 텔레비전 시청자 충성도를 시청시간(time spent viewing: TSV)으로, 라디오 청취자 충성도를 청취시간(time spent listening: TSL)으로 측정했다. 인터넷에서도 사용시간이 수용자 충성도로 사용되는데, 닐슨//넷레이팅사에선 인터넷 이용자의 충성도 개념들 중 하나로 한 방문자당 평균방문시간(time per person: TPP)을 채택한다. TPP는 인터넷 이용자가 한 달 내에 한 웹사이트를 방문했던 시간을 말한다. TPP는 한 달 동안 전체 방문자들에 의해 이루어진 총 방문시간을 비중복적인 방문자 총수(unique audience, cume)로 나눈 값이다.

셋째, 수용자의 충성도를 수용자가 이용한 정보량으로 평가하기도 한다. 기존의 전통적 미디어 연구에서는 거의 사용된 적이 없지만, 인터넷 이용행위를 측정할 때, 정보이용의 깊이(depth)를 측정한다. 닐슨//넷레이팅사에선 인터넷 이용자의 충성도의 하나로, 한 방문자당 방문한 평균 웹페이지 분량(pages per person: PPP)을 자료로 제공하고 있다. PPP는 한 달 총 방문 페이지 수를 방문자 총수로 나눈 값이다. 한슨은 방문기간(visit duration)으로 신뢰도 높은 이용자의 충성도를 측정할 수 있다고 소개했는데, 한 번의 웹사이트 방문 동안 방문하는 웹페이지의 수로 정의하고 있다(Hanson, 2000). 이 정의는 실제 연구에서 사용된 예는 찾아보기 힘들지만, 광고주들에게 주는 의미는 클 것으로 기대되는 이용자 측정이다.

〈표 6-4〉 다양한 수용자 충성도의 개념과 연구사례

측정	연구사례	분석된 미디어
Liking	• McPhee(1963)	• 책, 신문, • 라디오, 잡지
Repeat viewing/ Visiting per person	• Webster & Wang(1992) • Webster & Phalen(1997) • Ehrenberg et al.(1990) • Ehrenberg & Wakshlag(1987) • Barwise(1986), Barwise et al.(1982) • Goodhardt et al.(1987) • Wood(1998) • Dreze & Zufryden(1998) • Leckenby & Hong(1998) • Demers & Lev(2000) • Hanson(2000)	• 텔레비전 • 웹사이트
Time spent viewing/ Time spent listening/ Time per person	• Barnes(1990) • Demers & Lev(2000) • Hanson(2000)	• 텔레비전 • 라디오 • 웹사이트
Pages per person	• Huberman et al.(1998) • Hanson(2001)	• 웹사이트
Audience appreciation	• Danather & Lawrie(1998) • Barwise et al.(1979) • Goodhardt et al.(1987)	• 텔레비전

자료: Yim(2002: 39~40), 임정수(2002).

2) 더블제퍼디 현상

텔레비전과 같은 보다 전통적 미디어에서 수요자 충성도와 수용자 크기의 긍정적이고 유의한 관계는 빈번히 증명되었으며, 인터넷에서도 지상파 텔레비전에서처럼 뚜렷하지는 않지만, 유사한 현상이 있음이 드러났다. 〈그림 6-1〉에서 채널 A는 높은 시청률과 높은 재방문률을 가지고 있는 반면, 채널 B는 낮은 시청률과 낮은 재방문률을 가지고 있다.

이 현상은 더블제퍼디 효과(double jeopardy effect)로 알려져 있는데, 맥피(McPhee, 1963)에 의해 처음 밝혀진 매스미디어 수용자 행위의 한 측면이다. 지명도가 낮은 채널이나 방송 프로그램은 많은 사람들에게 알려져 있지 않기 때문에, 많은 사람들에게 선택되지 않는데, 이것이 낮은 지명도의 첫 번째 불리한 점이다. 지명도 낮은 채널이나 프로그램들을 아는 소수의 사람들도 그

〈그림 6-1〉 더블제퍼디 효과

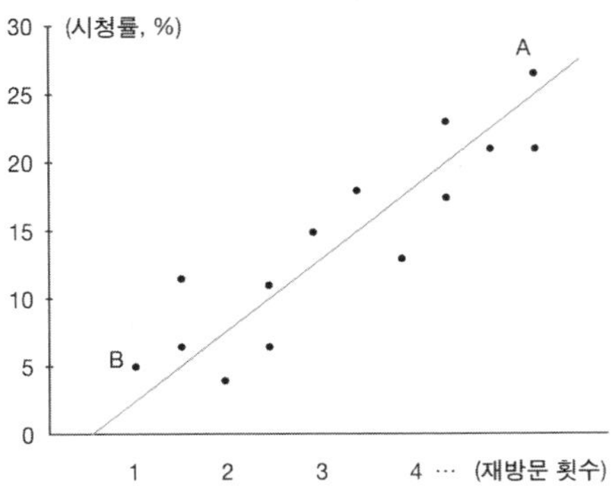

주: 각 원은 채널을 나타냄.

것들을 다른 채널이나 프로그램들을 선택하는 것보다 낮은 빈도로 선택하는 경향이 있는데, 이것이 두 번째 불리한 점이다. 따라서 지명도 낮은 프로그램은 이중의 손실을 입게 된다. 더블제퍼디란 쉽게 말하자면, 엎친 데 겹친 격이란 말이다. 어떤 경우엔, 더블제퍼디 이론으로 불리기도 하지만, 이론이라기보다는 "현상" 내지는 "효과"로 부르는 것이 더욱 타당하다. 더블제퍼디는 모든 미디어에 반드시 적용되는 것은 아니며, 미디어의 특성상 보다 광범위한 수용자를 대상으로 할 때 더욱 현저하며, 좁은 범위의 수용자를 대상으로 하는 경우엔 그리 현저하지 않기도 하다.

바니즈의 연구에서 공중파 방송과 같이 광범위한 수용자를 겨냥하는 미디어에서는 더블제퍼디 효과가 높고, 라디오와 같이 좁게 정의된 수용자를 겨냥하는 미디어에서는 그 효과가 낮은 것으로 드러났으며, 케이블 텔레비전은 그 중간으로 나타났다(Barnes, 1990). 인터넷의 경우도 광범위한 이질적 수용자를 겨냥한 사이트와 좁게 정의된 동질적 수용자를 겨냥한 사이트가 공존하므로, 중간 정도의 더블제퍼디 효과가 있는 것으로 드러났다(임정수, 2002). 더블제퍼디 현상은 미디어가 수용자를 얼마나 광범위하게 정의하는가에 따른 수용자 크기와 충성도의 관계를 설명하고 있다.

3) 채널 레퍼토리

풍부해진 다채널을 직면한 수용자들은 전체 이용 가능한 채널들의 부분집합(subset), 즉, 채널 레퍼토리(channel repertoire)를 활용한다는 사실이 이미 여러 연구들에서 밝혀지고 있다. 채널 레퍼토리에 의한 수용자 집중을 설명하려는 기본적 아이디어는 채널의 수가 늘어날수록 수용자들이 형성하는 채널 레퍼토리는 커지지만, 수용자에 의해 사용된 채널의 전체 채널에 대한 비율은 감소한다는 것이다. 다시 말하면, 처음에 수용자들의 레퍼토리는 선택 가능한 채널이나 아이템들의 수와 함께 증가하지만, 그 채널이나 아이템들의 수가 일정 수준 이상 증가함에 따라, 레퍼토리의 크기는 채널이나 아이템의 수적 증가를 따라가지 못한다. 만약, 레퍼토리가 이용 가능한 많은 채널이나 아이템들 사이에서 무작위적으로 정해진다면, 각 채널이나 아이템이 선택될 이론적 확률은 같아지므로, 집중은 없을 것이다. 그러나, 레퍼토리는 무작위적이지 않다. 어떤 채널이나 아이템들은 거의 모든 사람의 레퍼토리에 포함되어 있기도 하다.

인터넷 이용에서 수용자들의 이용패턴을 보면 잘 알 수 있다. 우리가 거의 매일 방문하는 웹사이트를 열거해보면, 사람들에 따라 다소 차이는 있지만, 보통 2~4개 정도로 나타난다. 이처럼 각자가 열거한 2~4개의 웹사이트가 개별 수용자의 웹사이트 레퍼토리이다. 다수 수용자의 웹사이트 레퍼토리를 비교해보면, 상당히 많은 웹사이트가 공통적으로 속해 있음을 알 수 있다. 이것은 개별 차원에서 수용자가 형성하는 채널 레퍼토리가 집단적 차원의 수용자 집중으로 이어지게 하는 메커니즘의 일면을 보여준다(임정수, 2003). 텔레비전 반복시청과 수용자 크기의 상관관계를 일컫는 더블제퍼디 효과를 주장하는 학자들에 의해서도 이런 점들이 언급된 바 있다(예를 들면, Ehrenberg, 1988; Ehrenberg & Wakshlag, 1987).

4) 수용자 집중현상

미디어 산업의 집중현상에 대한 연구들은 수용자 집중현상보다는 경제적 집중과 포맷의 집중에 더 많은 관심을 보였다. 불행히도 수용자 집중현상은 별개의 미디어 현상으로 주목받지 못해왔지만, 수용자 집중현상은 그것이 개념화되기 이전부터 진행되어왔다. 나폴리는 텔레비전의 집중을 보기 위해 프라임 타임의 시청 점유의 불균등 분포를 연구했다(Napoli, 1999). 웹스터와 린의 인터넷 수용자의 불균등에 관한 연구는 드물게 수용자의 집중을 직접적으로 다룬 연구이다(Webster & Lin, 1999). 아다믹과 후버만의 연구는 웹사이트 방문자수의 불균등 분포를 보여주었다(Adamic & Huberman, 1999). 채널 레퍼토리 형성이 수용자 집중현상으로 이어지는 메커니즘을 보여준 연구도 있었다(임정수, 2003). 수용자 집중은 두 가지 유형으로 구분해볼 수 있는데, 하나는 프로그램 단위의 수용자 집중이고, 다른 하나는 채널단위의 수용자 집중이다.

(1) 프로그램 단위의 수용자 집중

프로그램 단위의 수용자 집중은 특정 프로그램에 대해 수용자의 선호가 집중되어 있는 현상을 말한다. 프로그램 단위로 어떤 선호패턴을 보일 수도 있고, 장르별로 어떤 선호패턴을 보일 수도 있다. 어떤 프로그램이 인기를 끌 수 있는가 하는 물음에 대해 여러 가지 변인들을 설정하여 분석들이 이루어지기는 하지만, 명확한 해답을 찾기는 어렵다. 인기가 높은 배우들의 캐스팅은 어느 정도의 안정적인 성공을 보장하기도 하지만, 유명 배우와 유명 감독이 만나서 실패한 영화나 드라마의 사례는 얼마든지 찾을 수 있다.

제작비도 상당히 설득력 있는 콘텐츠의 성공변인이지만, 저예산으로 흥행에 성공했거나 막대한 금액의 투자를 하고도 흥행에 실패한 영화나 드라마는 많다. 배우들이 가진 이미지와 배역이 불일치한 경우, 흥행에 계속 성공한 감독이 갑자기 예술작품을 제작하려다가 실패한 경우, 막대한 투자에도 불구하고 높은 기대감을 충족시키지 못한 후속편을 제작한 경우 등 예상 밖의 실패는 언제나 일어날 수 있다. 사회과학적으로 이런 변인들을 분석한다고 하더라도 의미 있는 예측을 하기는 어렵다.

(2) 채널단위의 수용자 집중

채널단위의 수용자 집중은 수용자들이 특정한 시간에 어떤 한 미디어 내의 채널이나 아이템들에 불균등하게 분포되어 있는 정도로 정의될 수 있다. '채널이나 아이템'은 정의하기 다소 까다로운 부분이다. 광의에서의 채널은 커뮤니케이션이 이루어지게 하는 네트워킹의 라인을 의미하지만, 일반적으로 채널은 텔레비전이나 라디오의 경우에 사용되는 용어이다. 채널이란 용어를 책, 잡지, 인터넷에서 사용하는 경우는 흔치 않다. 이 책에서는 이 같은 미디어에서 '채널'에 상응하는 용어로 '아이템(item)'을 사용하려고 한다.

'수용자에게 이용 가능한 채널' 혹은 '수용자들에게 이용 가능한 아이템'은 '수용자에게 한 미디어 내에, 한 특정 시점에 이용 가능한 모든 선택들'로 조작적 정의가 될 수 있다. 한 수용자는 어떤 미디어를 이용하려고 할 때, 한 특정 시점에 여기서 정의된 대로 단지 한 채널이나 아이템을 선택할 수밖에 없다. 예외적으로 텔레비전에 PIP(picture in picture) 기능이 있을 경우 2개의 채널을 동시에 보는 것도 가능하지만, 일반화되어 있는 시청행태는 아니므로 고려에 두지 않기로 한다. 어떤 시청자가 텔레비전을 시청하려 할 때 한 특정 시점에 고를 수 있는 것은 채널이지 개별 프로그램이 아니다. 즉, 한 특정 시점에, 같은 채널의 두 프로그램 사이에서 어느 것을 볼지 갈등할 수는 없다. 한 채널에서 두 프로그램을 같은 시간에 방송할 수 없기 때문이다. 이런 정의에 따르면, 어떤 독자가 읽을 책을 선택하는 한 시점에 그에게 가능한 선택은 책의 제목이지 출판사가 아니기 때문에, 책의 경우에는 출판사가 아닌 책의 제목이 아이템으로 간주될 수 있다.

채널단위의 수용자 집중현상이 미디어 산업에서 갖는 의미를 정리하면 다음과 같다. 첫째, 수용자 집중을 정의한 것은 미디어 산업의 주체의 하나인 수용자를 미디어 산업 연구의 중심에 두었다는 점에서 의의가 있다. 미디어 산업에서의 집중현상을 미디어의 수입이나 소유권, 그들이 생산하는 생산품 중심에서 보는 시각에서 탈피하여, 수용자가 무엇을 선호하고, 무엇을 선택하는지에 관심을 두는 것은 미디어 현상을 보는 새로운 시각을 제시할 수 있다. 수용자 집중현상의 개념화는 경제학적 논리에 의존해온 미디어 산업론의 연구에 수용자 이론과의 접목점을 제시한다.

둘째, 수용자 집중현상의 개념화는 수용자의 선택의 상황을 가장 직접적으로 반영하고 있어서 다채널을 지향하는 미래의 미디어가 직면하게 될 소비자의 행동패턴을 예견케 한다. 채널 선택의 수가 증가함에 따라, 수용자는 어느 한 시점에 그 미디어에서 이용할 수 있는 채널이 무엇인지조차 알기 힘들다. 그 결과, 수용자들은 채널 혹은 아이템 선정의 어떤 메커니즘에 의해 제한된 수의 아이템들에 집중하게 된다. 미래의 미디어가 더욱 많은 채널이나 아이템을 제공하는 쪽으로 발전한다고 전제한다면, 미래에도 수용자 집중현상은 계속될 것으로 보인다.

셋째, 수용자 집중현상의 개념화는 다양성과 관련된 정책에 문제를 제기한다. 다양성 추구를 위한 정책은 소유권의 다양화, 혹은 제작자의 다양화, 장르의 다양화 등으로 인해, 수용자의 이용도 다양해질 것이라고 전제한다. 그런데, 수용자 집중현상은 수용자 선택 자체가 상당히 집중되어 있기 때문에, 소유권, 제작자, 장르 등의 다양성이 수용자 이용의 다양성으로 이어지지 않음을 보여주는 증거가 된다. 때로는 경제적 효율성을 희생하면서도 행해지는 다양성 정책에 대한 근본적 문제제기를 가능케 한다.

5) 수용자 능동성 개념의 확대

수동적 수용자에서 능동적 수용자로의 변화의 발견은 수용자 자체의 큰 변화로부터 출발했다기보다는 언론학에서의 수용자에 대한 인식 변화로부터 출발했다. 대효과이론에 이어 소효과이론이 대두되면서 미디어 효과의 대소를 논하고 있던 중에, 이용충족이론의 연구자들은 "수용자가 미디어를 어떻게 이용하는가(What do people do with the media?)"라는 문제를 다루면서 수용자 능동성 개념을 발전시켰다(Blumler, 1979; Cantor & Cantor, 1986; Levy & Windahl, 1984, 1985 참고). 그 후에도 수용자 능동성에 대한 인식 차이는 많은 커뮤니케이션 연구에 반영되었다. 〈표 6-5〉에 정리되어 있듯이, 많은 학자들은 수용자 능동성의 다차원성을 인식하고 개념화하고자 했다.

수용자 능동성 개념의 다차원성은 학자들에 따라 다소 다르게 나타났지만,

〈표 6-5〉 수용자 능동성 개념의 다차원성

연구자	개념	의미
• Rosengren, Lawrence, & Palmgreen(1985)	선택성(selectivity)	선택적 노출(selective exposure)의 의미
	의미성 (intentionality)	정보를 처리하고 체계화하는 인지적 차원의 행위
	활용성(utility)	수용자들이 만족을 얻기 위해서 선택하는 과정을 의미
	관여성 (involvement)	미디어 이용에서 정서적으로 수용하는 인지적 과정을 의미
	영향에 대한 저항 (imperviousness to influence)	메시지의 영향을 직접적으로 받는 것을 거부할 수 있는 정도
• Perse(1990)	선택성	사람들이 얼마나 목적지향적으로 미디어와 콘텐츠를 선택하는가 하는 차원
	관여성	사람들이 미디어 콘텐츠에 개인적으로 개입되는 정도
• Levy & Windahl (1984, 1985) • Levy(1983) • Perse(1990)	시청 전 활동 (preactivity)	시청 전 채널이나 콘텐츠를 선택
	시청 중 활동 (duractivity)	시청 중 특정 콘텐츠나 메시지에 선택적 집중
	시청 후 활동 (postactivity)	시청 후 특정 콘텐츠를 선택적으로 회상
• 박소라·황용석 (2001)	선택활동	수용자의 선택적 행동은 채널이나 콘텐츠를 선택
	관여활동	시청 중 특정 콘텐츠나 메시지에 선택적 집중
	채널전환활동	채널을 전환하는 선택적 활동
	시청 후 이용활동	시청 후 특정 콘텐츠를 선택적으로 회상
• 임정수(2008a)	선택성	채널 혹은 콘텐츠 선택
	관여성	지각적·인지적 정보처리과정
	저항성	미디어 메시지의 해석과 비판
	참여성	수용자의 콘텐츠 생산 참여

이를 종합하여 선택성, 관여성, 저항성, 참여성 등의 네 가지 정도로 정리하고자 한다. 첫째, 텔레비전을 중심으로 출발한 '선택성'은 채널수가 늘어나거나 프로그램 다양성이 늘어날 때 확장되는 것으로 인식되어왔다. 선택성 개념은 인터넷 이용자 연구에 적용되어, 인터넷 이용자들의 능동성이 선택 확대에 기인하고 있다는 설명을 하고 있다(Eighmey & McCord, 1998; Korgaonkar & Wolin, 1999; Hagel & Amstrong, 1997). 한편, 소수의 특정 채널들에만 수용자들이 집중하는 수용자 양극화 현상에 주목하면서 선택가능성이 증가할 때 실질적인 선택의 폭이 늘어나는지에 대해서 회의적인 시각도 있었다(Webster & Phalen, 1997; Webster, 2004). 그렇다고는 하지만, 선택가능성은 수용자의 능동적 미디어 이용을 위한 기본적인 전제조건이기 때문에 수용자 능동성 개념을 평가하는 척도가 될 수 있다. 텔레비전 채널수의 증가가 시청자들에게 다양성을 제공하는 것으로 흔히 간주되듯이, 기존의 미디어에서와는 완연히 다른 차원의 엄청난 선택을 이용자들에게 제공하고 있는 인터넷이 수용자 능동성을 확장하는 것으로 간주되는 데에는 논리적으로 큰 무리가 없었다(Morris & Ogan, 1996; Perse & Dunn, 1998; Rafaeli, 1986; Williams, Stover, & Grant, 1994).

둘째, 수용자 능동성의 한 하부 개념으로서의 관여성은 이용자들이 콘텐츠 이용 시 얼마나 심도 있게 관여하는지를 보여주는 척도로, 주로 텔레비전이나 라디오의 수용자들이 메시지를 단순히 수용하는 것이 아니라, 수용자의 인지 활동이 해석에 깊이 개입하는 것을 일컫는다. 스완슨(Swanson, 1977, 1979)은 수용자 능동성을 "메시지 요소들로부터 의미를 구성하는 과정"이라고 정의했다. 수용자들은 상당한 의도성(Kim & Rubin, 1997)과 목적지향성(Perse, 1990)을 가지고 있다. 관여성은 대체로 메시지 이용단계(duractivity)에서의 메시지 수용과 관련된 인지적 차원을 다루고 있다.

셋째, 미디어가 전달하는 메시지에 대해서 수용할지 저항할지의 여부를 수용자가 결정할 수 있다면 수용자는 능동적으로 판단하고 있다고 볼 수 있다. 텔레비전 시청과 관련해서 수용자의 미디어 메시지로부터의 저항력은 미디어 효과론의 오랜 쟁점이 되어왔다. UCC 이용에서도 저항성은 이용자 능동성을 평가하는 하나의 기준이 된다. UCC에서는 생산주체가 분산되어서, 기존 미디어가 제공하는 정제된 형태가 아니라 선정적인 내용과 제목들을 수반하는 경우가 많다. 이에 대해서 우려하는 목소리가 사회적으로 나오고 있지만, 수용자는 수동적인 상태가 아닌 상당히 능동적으로 콘텐츠를 발견하려고 할 뿐 아니라, 거부감을 불러일으키는 콘텐츠에 대해서 저항할 능력을 가지고 있다. 미디어 메시지에 대한 저항은 기본적으로 상호작용적·수평적 커뮤니케이션이 전제가 되어야 하는데(Atton, 2002: 51~52), 그런 맥락에서 볼 때, UCC는 이에 매우 적합한 커뮤니케이션 수단이다. UCC 이용자들은 메시지에 대한 저항의 방법으로 거부감이 생기는 콘텐츠를 꺼버리고 다른 항목으로 가는 것 이외에 자신의 의견을 댓글로 게시하는 것을 택하기도 했다. UCC 생산자들은 자신이 올린 콘텐츠에 대한 이용자들의 반응을 상당히 의식하고 있었다. 이러한 피드백의 활성화는 미디어의 이용자들이 수평적으로 커뮤니케이션할 수 있는 공적 영역의 확대를 의미하기도 했다(Habermas, 1962).

넷째, 참여성은 과거 미디어에서는 수용자 능동성의 하부 개념으로 채택된 적이 거의 없다. 왜냐하면, 기존 미디어에서 수용자의 생산 참여가 가능하도록 하는 기술적 지원이 어려웠던 반면, UCC는 RSS(really simple syndication)와 Open API(application programming interface) 등의 웹 2.0 기술에 기반하여 콘텐츠의 소비는 물론이고 생산과 유통까지 간편히 처리할 수 있다. 이용자들은 UCC, SNS 콘텐츠 생산을 통해서 기록을 남기고자 했고, 경험을 타인과 공유하고자 했다. UCC와 SNS는 이용자들이 참여와 개방형 웹을 통해서 집합적 지식(collective knowledge)을 창출해내는 전형이 되었다(Ogawa & Goto, 2006; 권재웅, 2007에서 재인용).

제7장

비즈니스 모델

1. 비즈니스 모델의 개요

1) 비즈니스 모델의 정의

1990년대 중반 이후부터 온라인에 기반을 둔 닷컴기업들이 우후죽순 등장하여, 일부 기업이 크게 성공하는가 하면, 수많은 기업들은 이내 사라졌다. 이 시기에 아마존, 이베이 등과 같은 온라인 기업은 기존의 전통적 기업들과는 다른 방식으로 시장에 진입하고, 다른 방식으로 상품을 제공하고, 다른 방식으로 소비자에게 접근하면서 급속도로 성장했다. 이들의 성공은 새로운 비즈니스 모델에 대한 관심을 주목시켰다. 성공적인 온라인 기업이 있는 반면, 수많은 온라인 기업들은 망해나갔는데, 이를 설명하기 위해서 비즈니스 모델 연구들이 행해졌다. 그런 이유로 비즈니스 모델 연구는 새로운 온라인 사업에 적극적으로 적용되었다. 비즈니스 모델 연구는 점차 온라인 기업뿐 아니라, 오프라인 기업에 이르기까지 광범위하게 도입되었는데, 특히 새로운 기술이나 서비스의 지속가능성을 평가하고 예측하기 위해서였다.

새로운 미디어 서비스가 시장에 등장하여 지속성을 갖기 위해서는 명확한 비즈니스 모델이 필요함을 보여주는 예는 풍부하다. 한 예로, 연동형 T-커머스와 같은 서비스는 상호작용적 텔레비전 방식을 상거래에 활용할 수 있다는 기대로 주목받았지만, 미디어 이용자들의 스마트폰 등에 대한 의존도가 커지면서 적절한 비즈니스 모델을 찾지 못한 채 지지부진했다. 반면, 카카오톡은 무료 메시지 서비스에 기반을 두지만 이모티콘 판매, 선물하기, 카카오 핫딜(쇼핑), 장보기, 카카오 뱅크, 카카오 페이 등 다양한 서비스를 접목시킴으로써 서비스가 활성화되고 있다. 관념적으로 아무리 좋은 서비스라 할지라도 그 서비스를 통해 이용자들에게 가치를 전달하고, 어떤 형태로든 그 대가에 대한 이용자들의 지불이 이루어지지 않는다면 서비스가 유지될 수 없다.

비즈니스 모델은 사업을 통해서 시장에 어떤 가치를 제공함으로써 수익을 창출하는 방식을 말한다. 라파(Rappa, 2001)는 비즈니스 모델을 "기업이 수익을 창출하여 지속성을 가질 수 있는 사업을 수행하는 방법"으로 정의했다(곽미란·김광수·임춘성, 2015에서 재인용). 이는 비즈니스 모델을 만들어냄으로써, 수익이 창출되고, 그로부터 기업이 유지되고 성장할 수 있음을 말한다. 기업이 만들어낸 가치가 단순히 아이디어나 기술 그 차제에 머문다면, 기업은 그 가치를 시장에 내놓을 동기가 없다. 체스브로(Chesbrough, 2007)는 비즈니스 모델의 주요 특징을 가치창출(value creation)과 가치획득(value capture)으로 보고 있는데, 창출된 아이디어와 기술 등의 혁신을 상용화함으로써 경제적 가치로 전환함을 의미한다(송민정, 2016에서 재인용).

2) 비즈니스 모델의 구성

비즈니스 모델은 가치창출, 서비스, 수익창출 등의 세 가지 차원을 갖는다. 비즈니스 모델은 수익모델보다는 더 포괄적인 개념으로 봐야 하지만, 실질적인 사용에서는 수익모델과 많은 경우에 혼용되기도 할 만큼 비즈니스 모델에서 수익모델이 차지하는 비중이 크다. 수익모델이 명확하지 않고 실효성이 없으면, 사업의 비즈니스 모델이 완성될 수 없기 때문이다. 〈그림 7-1〉에서 가치창출, 서비스, 수익창출 등 세 가지 차원의 각 유형들을 정리했다.

〈그림 7-1〉 미디어 비즈니스 모델의 구성

가치창출	
항목	사례
물질적 상품	인쇄물(책, 잡지, 신문 등), CD, DVD, 게임카트리지
디지털 상품	웹서비스, VOD, 온라인게임
서비스 상품	SNS, 온라인 쇼핑몰
시간상품	방송광고
공간상품	인쇄광고, 옥외광고
정보상품	뉴스, 교육콘텐츠, 웹콘텐츠
정서상품	이모티콘, 카카오 배지, 싸이월드 아바타

서비스	
항목	사례
무상제공모델	지상파방송, 무가지 신문
공유모델	유튜브, 페이스북
유료회원모델	케이블발송, IPTV, 넷플릭스
대여모델	VOD 스트리밍 서비스
판매모델	CD, DVD, VOD 다운로드 서비스
혼합형	카카오스토리, 유튜브 레드

수익창출	
항목	사례
판매수익모델	DVD, 게임 단말기, 게임타이틀, 유료 다운로드
지원모델	공영방송 수신료, 공적기금으로 운영되는 채널
광고수익모델	지상파방송채널, PP, 유튜브
중개료모델	플랫폼 수입
정액제 이용료모델	케이블방송, IPTV, 넷플릭스, POOQ
건당이용료모델	스트리밍 서비스, 모바일 아이템, 게임아이템
평판모델	아프리카TV(별풍선)

(1) 가치창출

미디어 기업은 이용자들로 하여금 소비동기를 갖게 만드는 유무형의 가치를 제공함으로써 사업을 키운다. 미디어 기업은 물질적 상품, 디지털 상품, 서비스 상품, 시간상품, 공간상품, 정보상품 등의 형식으로 가치를 창출해낸다. 물질적 상품으로는 인쇄물, CD, DVD, 게임 카트리지 등, 디지털 상품에는 영상콘텐츠, 웹서비스, 온라인 게임 등, 서비스 상품에는 SNS, 온라인 쇼핑몰 등, 시간상품에는 방송광고시간, 공간상품에는 인쇄광고, 옥외광고, 배너광고 등, 정보상품에는 뉴스, 교육콘텐츠 등, 정서상품에는 이모티콘, 카카오 배지 등이 있다.

(2) 서비스 방식

미디어 기업이 창출한 가치가 소비자에게 제공되는 방식과 관련된 것이 서비스 방식이다. 미디어 기업이 창출하는 서비스 모델로는 무상제공모델, 공유모델, 가입자 서비스 모델, 대여모델, 판매모델 등이 있다. 무상제공모델로는 지상파방송이 대표적이며, 공유모델로는 유튜브, 페이스북 등과 같이 이용자 참여형 콘텐츠를 공유하는 방식을 들 수 있다. 유료회원모델은 케이블방송, IPTV등 유료방송 서비스가 대표적이며, 넷플릭스, POOQ과 같은 OTT 서비스도 여기에 해당한다. 대여모델은 DVD 대여가 있지만 요즘은 거의 보기 어렵고, VOD 스트리밍 서비스가 대표적이다. 판매모델로는 CD, DVD, 음악과 동영상 다운로드, 게임 소프트웨어 등이 있으며, 이들 서비스를 혼합한 여러 가지 서비스 방식들이 존재한다.

(3) 수익창출

수익모델은 미디어 기업이 창출된 가치를 가지고 안정적으로 수익을 내는 방법을 의미한다. 김재문(2000)은 인터넷 비즈니스 모델을 크게 지원모델과 수익모델로 구분한 바 있다. 지원모델은 오프라인 기업들이 온라인을 자사 홍보나 서비스에 활용하는 경우로, 홍보모델, 정보지원모델, 서비스 모델, 고객 커뮤니티 모델 등인 한편, 수익모델은 온라인 사업을 통해서 직접 수익을 창출하는 것을 목적으로 하며, 직접수익창출모델(상거래 모델, 이용료 모델), 거래 조성에 따른 수익모델(제휴 수수료 모델, 광고모델), 사이트 참여자로부터 수익창출모델(회비모델) 등으로 구분하고 있다. 라파(Rappa, 2001)는 웹 수익모델을 중개료 모델, 이용료 모델, 거래마진모델, 트래픽 모델 등으로 구분하기도 했는데, 명칭을 달리하기는 해도 두 유형화는 거의 동일하다. 이 책에서는 기존에 정리되었던 유형들 중 미디어 기업에 적용할 수익모델들에 평판모델을 추가했다.

판매수익모델로는 게임 단말기, 게임 소프트웨어, DVD, CD, 음악과 동영상 다운로드 등이 있으며, 광고수익모델로는 지상파채널, PP, 유튜브, 페이스북 등이 있다. 중개료 수익 모델로는 온라인 플랫폼사들이 대체로 여기에 해당한다. 정액제 이용료 모델은 유료방송, 넷플릭스, POOQ 등이 있으며, 건당 이용료 모델로는 스트리밍 서비스, 모바일 아이템, 게임 아이템 등이 있다. 지원모델은 수신료를 받는 공영방송, 기금 등에 의해서 운영되는 공공채널 등이 여기에 해당한다. 마지막으로 평판모델은 아프리카TV의 별풍선처럼 이용자들의 콘텐츠에 대한 평판이 수익으로 전환되는 방식이 있다.

2. 미디어 비즈니스 모델의 사례들

가치창출, 서비스, 수익창출 등 세 가지 차원이 어떻게 조합되는지에 따라 다양한 비즈니스 모델이 가능하다. 미디어 산업에서 주목할 대표적인 모델들을 중심으로 살펴보겠다.

1) 지상파방송 모델

광고 기반의 지상파방송 모델은 콘텐츠를 자체 제작, 외주제작 및 구매하여 편성하고 송출하여 이용자에게 무상으로 제공하고, 그 콘텐츠를 매개로 모은 이용자수에 따라 광고주로부터 광고수익을 내는 비즈니스 모델을 채택하고 있다. 지상파방송 모델은 광고수익모델에 기초하고 있지만, PP, OTT, VOD 서비스 등 국내외 2차시장에서 발생하는 콘텐츠 판매수익의 비중이 빠르게 증가하고 있다. 공영방송의 경우 수신료를 기반으로 운영되는 것이 일반적이기는 하지만, 한국의 공영방송인 KBS는 수신료와 광고 혼합모델을, MBC는 광고모델을 채택하고 있다.

〈그림 7-2〉 지상파방송 비즈니스 모델

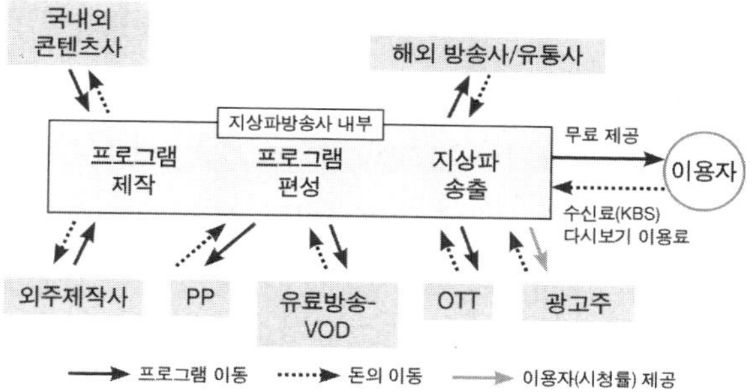

〈표 7-1〉 지상파방송의 매출액 구조(2017년)

(단위: 억 원)

구분	매출액 (비중%)	방송사업 매출액 합계 (비중%)	방송사업 매출액(비중%)							기타 사업 매출액 (비중%)
			수신료 매출액	재송신 매출액	광고 매출액	프로그램 제공 매출액	협찬 매출액	프로그램 판매 매출액	기타 방송사업 매출액	
KBS	14,325	14,163	6,462	877	3,666	-	933	1,824	402	163
	(100.00)	(98.86)	(45.11)	(6.12)	(25.59)	(0.00)	(6.51)	(12.73)	(2.80)	(1.14)
MBC	6,706	6,655	-	671	2,926	-	500	2,311	248	51
	(100.00)	(99.24)	(0.00)	(10.01)	(43.63)	(0.00)	(7.45)	(34.45)	(3.70)	(0.76)
SBS	7,379	7,163	-	605	3,729	2	951	1,796	80	216
	(100.00)	(97.07)	(0.00)	(8.19)	(50.54)	(0.03)	(12.88)	(24.35)	(1.08)	(2.93)
합계	28,410	27,981	6,462	2,152	10,321	2	2,383	5,931	730	430
	(100.00)	(98.49)	(22.75)	(7.57)	(36.33)	(0.01)	(8.39)	(20.88)	(2.57)	(1.51)

주: 한국언론재단(2018), 방송통신위원회(2017).

〈표 7-1〉에서 지상파 3사의 2017년 매출액 구성비를 보면, 전체 매출액의 98.49%에 해당하는 2조 8410억 원이 방송사업 매출액이었다. 그중 광고매출액이 1조 321억 원으로 가장 많은 비중을 차지했다. 수신료 매출액은 2015년 6258억 원에서 2016년 6333억 원으로 전년 대비 증가했다. KBS는 전체 매출액에서 수신료 매출액(45.11%)이 가장 많았고, 광고매출액은 3666억 원(25.59%)으로 그 뒤를 이었다. MBC와 SBS는 광고매출액이 각각 전체 매출액의 43.63%(참고로, 2016년 47%, 2015년 55%), 50.54%(참고로, 2016년 48%, 2015년 57%) 이상을 차지하며 가장 큰 비중을 차지했다. 참고로 2002년 자료를 보면, KBS는 수신료 37.3%, 광고수익은 56.8%였고, MBC와 SBS는 광고수익이

각각 전체 매출액의 96.8%와 98.0%를 차지했다. 프로그램 판매, 협찬 등으로부터의 매출액이 증가한 반면, 방송광고 매출의 비중은 지속적으로 감소되어 매출액의 50% 이하로 떨어졌다.

KBS 매출액의 43%를 차지하는 수신료는 1963년 1월 1일부터 「국영 텔레비전 방송사업 운영에 관한 임시조치법 시행령」의 공포로 월 100원씩 징수하면서 시작되었다. 텔레비전 시청료는 1987년 방송법에서 텔레비전 수신료로 명칭을 바꾸었다. 텔레비전 수신료는 현재 방송법 제64조에 따라, 텔레비전 수상기를 소유한 가구가 내도록 되어 있는 공공요금으로, 수신료의 대부분은 KBS 운영자금으로 사용되고 있으며, 수신료의 3%만 EBS 지원에 사용된다. 1981년 컬러TV에 대한 수신료를 월 2500원으로 책정한 이래 2019년 현재까지 같은 수준을 유지하고 있다.

2) 넷플릭스 모델

넷플릭스는 리드 헤이스팅스(Reed Hastings)와 마크 란돌프(Marc Randolph)가 1997년에 공동 창업한 DVD 대여업체로부터 시작했다. 매장 중심으로 운영되던 비디오 대여업체인 블록버스터의 비즈니스 모델에 과감하게 도전한 넷플릭스는 전국적인 DVD 배송시스템을 마련하여 폭발적인 호응을 얻었다. 이런 성공에 힘입어 넷플릭스는 오프라인 배달서비스보다 온라인 서비스로 기업의 비전을 제시하면서, 2007년 영화와 드라마의 인터넷 스트리밍 서비스를 시작했다. 이로써 넷플릭스는 온라인 콘텐츠 플랫폼으로 사업의 방향을 잡았다. 넷플릭스는 월정액제로 최신 드라마와 영화를 공급했다. 결국, 블록버스터는 2013년 전국의 블록버스터 매장이 폐점하면서 사업을 접어야 했다. 같은 해, 넷플릭스는 OTT용 드라마 시리즈 '하우스 오브 카드'를 제작하여 13편을 동시 개봉함으로써, 콘텐츠 제작사로서의 위치도 공고히 했을 뿐 아니라, 콘텐츠 비즈니스의 새로운 모델을 제시했다.

〈그림 7-3〉 넷플릭스 비즈니스 모델

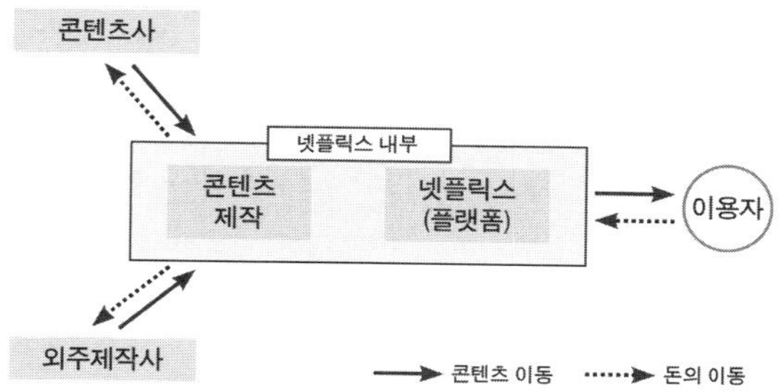

넷플릭스는 방송용 콘텐츠가 아닌 OTT용 오리지널 콘텐츠를 늘려나가겠다고 함으로써, 메이저 스튜디오와의 협상력에서도 유리한 위치를 점유하겠다는 의지를 뚜렷이 했다. 스트리밍 서비스를 시작한 지 10년이 되던 2017년 전 세계 가입자가 1억 명을 넘어섰다. 유료방송 서비스 계약을 해지하는, 소위 코드커팅(cord-cutting)족이 늘어나고 있는 가운데, 넷플릭스는 가입자의 취향을 파악하여 콘텐츠를 추천하는 알고리즘을 발전시키고 있어 전통적인 방송산업에 위협이 되기에 충분하다.

3) 유튜브 모델

유튜브는 이용자 참여에 기반을 둔 동영상 플랫폼으로, 이용자들이 무상으로 게시한 콘텐츠를 다른 이용자들이 무상으로 이용하고, 그렇게 형성되는 조회수에 근거해서 광고수익을 창출하는 방식을 기본 비즈니스 모델로 하고 있다. 이용자들이 생산하는 콘텐츠를 UGC(user-generated contents) 혹은 UCC(user-created contents)로 부르는데, 여기에는 순수하게 이용자들이 창작한 콘텐츠도 있으며, 주류 콘텐츠 기업이 생산한 콘텐츠를 불법적으로 게시한 경우도 있다. 그뿐만 아니라, 유튜브의 플랫폼 파워에 편승하기 위해서 주류 콘텐츠 기업들이 유튜브에 다양한 형태의 콘텐츠를 게시하고 광고수익을 배분하기

〈그림 7-4〉 유튜브 비즈니스 모델

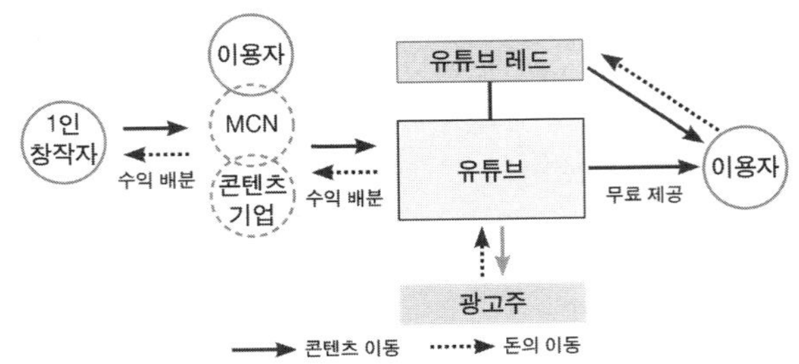

도 한다. 유튜브 환경에서 1인 창작자들이 활성화되었고, 이들을 관리하고 기획하는 MCN도 유튜브에 콘텐츠를 공급하고 수익을 배분받는 방식으로 공생하고 있다. 그 밖에도 유튜브는 일부 국가를 대상으로 유튜브 레드라는 유료 서비스를 제공하여, 콘텐츠의 고급 서비스화 전략도 펼치고 있다.

유튜브 모델은 온라인 콘텐츠 플랫폼 사업에서 가장 일반적이고 포괄적인 비즈니스 모델을 보여주는데, 취급하는 콘텐츠의 특성과 플랫폼 사업자의 전략에 따라 다소 변형된 모델들을 채택하게 된다. 예를 들면, 웹툰 플랫폼인 레진코믹스는 웹툰 작가들로부터 콘텐츠를 공급받아 이용자에게 유료 서비스하고, 구독수에 따라 원고료를 작가에게 지급하며, 그와 동시에 광고수익도 올리고 있다.

이 모델에서 온라인 콘텐츠 플랫폼은 네트워크 외부효과를 가지는 콘텐츠 측면과 이용자 측면을 동시에 갖는 전형적인 양면시장을 직면하게 된다. 즉, 콘텐츠를 공급받는 시장이 원활하게 작동해야 이용자를 확보하는 시장이 활성화되며, 이용자를 확보하는 시장이 활성화되어야 콘텐츠를 원활하게 공급받을 수 있는 반대의 논리도 동시에 작동한다. 양면시장에 대해서는 이 책의 제3장을 참고할 수 있다.

4) 플레이스테이션 모델

플레이스테이션 모델은 게임 단말기를 판매함으로써, 지속적이고 반복적으로 그 단말기 라이선스를 사용하는 게임 타이틀을 구매하도록 하는 전략이다. 이는 일명 '면도날 모델(razor blade model)'로도 불리는데, 면도기와 샘플 면도날 세트를 무료로 배포함으로써 향후에 소비자가 동일 모델의 면도날을 지속적으로 반복 구매하도록 하는 전략에서 유래했다. 플레이스테이션뿐 아니라, X-box(마이크로소프트사의 게임 단말기), 킨들(아마존 전자책 단말기)도 같은 비즈니스 모델을 채택하고 있다.

〈그림 7-5〉 플레이스테이션 비즈니스 모델

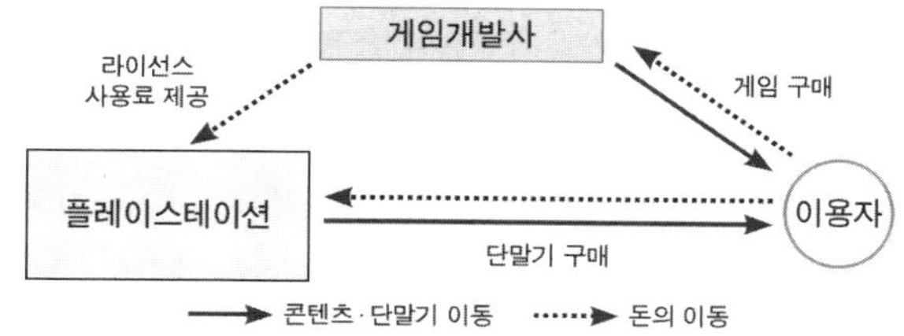

3. 방송광고의 경제

1) 상품으로서의 방송광고시간

(1) 방송광고의 특징

방송광고는 오늘날의 방송산업을 가능하게 한 주된 수익모델로, 방송시간 중 일부를 광고에 할애함으로써 가능해진 시간상품이다. 방송사는 프로그램 제작 및 제공과 관련된 모든 혹은 큰 부분의 비용을 시청자들에게 직접 청구하기보다는 방송광고를 유치함으로써 회복하려고 할 것이다. 방송사는 광고주에게 편성시간과 시청자를 제공하는 대가로 돈을 받는다. 한편, 광고수익 모델을 통해 시청자들은 지상파방송을 수신하기 위해서 전혀 돈을 지불할 필요가 없으며, 케이블방송, IPTV, 위성방송 등의 유료방송을 이용할 때도 직접 지불해야 하는 액수를 줄일 수 있다. 만일 광고가 없다면, 유료방송을 시청하기 위해서는 지금보다 훨씬 더 많은 돈을 지불해야 할 것이다.

특히, 지상파방송의 프로그램은 순수 공공재에 해당하므로, 프로그램을 소비하는 데에 시청자들은 대가를 지불하지 않고 무임 승차하려 할 것이다. 그렇게 되면 더 이상 지상파방송은 프로그램을 제작하고 공급할 수 없게 된다. 공공재의 공급 위기를 극복하기 위한 기본적인 방안으로는 세금에 의존하는 국고지원방식, 공적자금에 의한 지원방식, 민간기업으로부터의 광고방식 등이 있다. 국고의존적 방송사는 방송의 공정성에 의문이 제기되기 쉽고, 광고의존적 방송사는 광고주의 이익이 방송에서 과다하게 반영되는 문제를 낳는다. 공영형태를 띠는 방송사 유형도 있지만, 기본적으로는 세금 혹은 준조세 형태의 공적자금과 광고수익의 어느 한쪽 혹은 양쪽 모두를 자금원으로 하고 있다. 이제 광고는 방송에서뿐만 아니라, 영리를 목적으로 하는 거의 모든 미디어의 주된 수입원으로 자리 잡고 있다. 비영리 미디어조차도 부분적으로는 광고수익을 필요로 하고 있다. 방송산업을 이해하기 위해서는 방송광고시장의 운영 메커니즘과 제도를 이해해야 한다.

방송광고를 이해하려면 '방송광고시간'이란 상품과 그것이 거래되는 시장에 대한 이해가 선행되어야 한다. 방송광고는 방송 프로그램이 공공재인 것과 마찬가지로 공공재일 것이라는 오해를 자주 받는다. '방송광고시간'이란 상품은 공공재의 주요한 특성인 비경합성과 비배제성을 가지고 있지 않기 때문에 방송 프로그램과는 달리 공공재가 아니다. 돈을 지급해야 그 시간을 구입할 수 있기 때문에 비배제성을 가지고 있지 않고, 누군가가 그 시간을 소비하면 다른 이는 그 시간을 소비할 수 없기 때문에 비경합성도 가지고 있지 않다. 따라서 방송광고시간은 방송 프로그램과는 달리 시장에서 거래되는 일반

상품처럼 사적재화(private good)이다.

방송광고시간은 다음 몇 가지 특성을 보인다. 첫째, 일반 상품과는 달리 방송광고시간은 상품 자체의 생산비용이 들지 않고, 대신 방송 프로그램의 생산과 편성을 통해서 파생적으로 확보된다. 프로그램을 제작해서 편성함으로써 비로소 광고시간이 확보되어 경제적 가치를 가지므로, 프로그램 제작비용의 일부를 광고시간의 생산비용이라고 봐도 된다. 따라서, 광고를 완판하지 못한다고 해서 제작비가 줄어들지는 않는다.

둘째, 가격에 대한 방송광고시간 공급량의 탄력성이 낮다. 방송 프로그램의 제공은 광고요율에 민감하게 반응하여 줄이고 늘리기가 쉽지 않다. 특히, 프라임 타임대에서는 매우 비탄력적이다. 어떤 이유로 광고요율이 하락한다고 해서 방송사가 일부 프라임 타임대에 방송을 내보지 않을 수는 없기 때문이다. 공급곡선이 비탄력적일수록 상한가 규제에 의한 공급량 감소의 정도는 낮아져서, 극도로 비탄력적이면 상한가 규제에 의한 공급량 감소는 미미해진다. 만일, 프라임 타임대 광고요율의 규제에 대응해서 일반상품시장에서처럼 광고시간을 줄인다 하더라도, 프로그램의 제작시간은 의미 있게 줄어들지 않아, 광고시간 축소에 따른 비용의 절감은 없고 광고수익 감소에 따른 방송사의 재정적 부담만 커진다. 이러한 속성으로 인해 방송광고시간이란 상품에 대한 가격규제에 직면한 방송사는 공급량의 변화로 민첩하게 대응할 수 없게 된다.

(2) 광고요율과 CPM

광고가격은 단순하게 단위면적당 가격이나 단위시간당 가격만으로 평가하기보다는 1인당 광고비로 평가하는 것이 광고비용 지출의 효율성 평가 차원에서 이점이 있다. 일반적으로 수용자 크기가 증가할수록 이용자 1인당 광고비용은 줄어들다가 일정 수준 이상으로 수용자 크기가 커지면, 비용은 다시 증가로 돌아선다.

〈그림 7-6〉 광고요율과 CPM의 관계

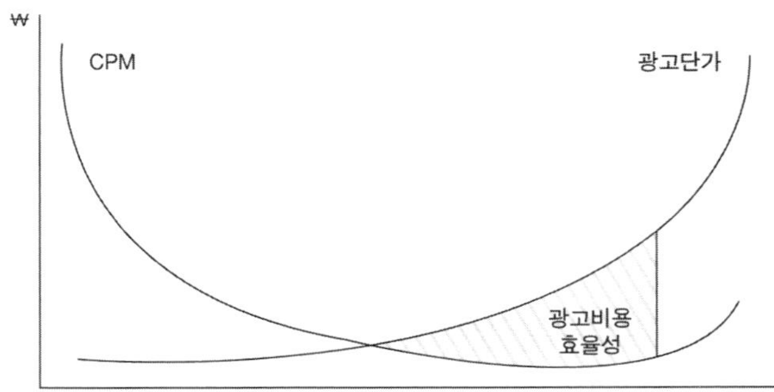

〈그림 7-6〉은 광고요율과 CPM(cost per mille)의 관계를 보여준다. CPM은 천명당 광고비용을 말하는 것으로 광고비용의 효율성을 평가하는 척도가 된다. 수용자 크기가 증가할수록 광고요율은 상승하고 CPM은 줄어드는데, 수용자 크기가 일정 수준을 넘어서면 광고요율은 계속 상승하고 CPM은 감소에서 상승으로 바뀐다. 〈그림 7-6〉에서 CPM과 광고요율의 곡선이 만나는 지점의 바로 오른쪽에서부터 CPM이 하강에서 상승으로 꺾어지는 지점까지의 빗금 친 작은 지역에서만 광고주가 가장 큰 광고비용의 효율성을 실현할 수 있다. 좁은 범위의 타깃 수용자를 가진 미디어 채널에 광고를 하려는 광고주들은 광범위한 수용자를 가진 미디어 채널에서보다 높은 CPM을 지불하고서라도 광고하기를 원할 것이다.

모든 광고주들이 동일한 소비자들을 타깃으로 삼지는 않으며, 광고를 통해 접근하고자 하는 수용자도 동일하지는 않기 때문에, 모든 광고주들이 한 미디어 채널에 몰리지는 않는다. 이종의 미디어 간에, 그리고 동종의 미디어 채널들 간에 동일한 수용자를 두고 경쟁하는 것은 아니어서, 다양한 미디어와 미디어 채널들이 공존할 수 있는 것이다. 이종의 미디어, 동종 미디어의 다른 채널들 간에는 다른 효용가치가 있어서 항상 대체 가능하지는 않기 때문에, 한 미디어의 광고수익의 감소가 다른 미디어의 광고수익의 증가를 반드시 의미하지는 않는다.

이것을 미디어나 광고주의 입장이 아니라 수용자의 입장에서 본다면, 개별 수용자의 미디어 이용에서의 선호도는 매우 다양하여 모든 사람들이 선호하거나 모든 사람들이 싫어하는 미디어나 미디어 채널, 미디어 콘텐츠가 드문 일임을 의미한다. 개별 수용자에게 어떤 미디어 간에 혹은 어떤 미디어 채널 간에는 대체 가능하지만 어떤 경우에는 전혀 대체 가능하지 않다.

2) 광고규제효과

(1) 비탄력적 텔레비전 광고시장에서의 가격제한효과

일반적인 경쟁시장에서 수요가 증가하면 가격은 상승하고, 공급이 증가하면 가격은 하락한다. 광고의 단가는 기본적으로 다른 일반 상품에서처럼 수요공급의 원리에 따르지만, 방송광고시간의 수요와 공급은 매우 비탄력적이라는 특징이 있다. 방송광고시간의 공급은 제도적인 제한과 시간의 물리적인 제한을 받고 있어서 무한정 늘리거나 줄일 수 없다. 텔레비전 방송시간 자체가 아무리 길어도 24시간을 넘어설 수 없을 뿐 아니라, 일정 시간 이상을 광고에 할애할 수 없게 규정되어 있다. 따라서, 방송시간의 공급 조절을 통해 가격을 통제하는 데에는 한계가 있으며, 가격규제를 받을 때 공급 조절을 통해 방송사가 대처하기에도 어려움이 있다.

지상파방송의 프라임 타임대의 광고시간에 대한 수요는 대체로 공급을 초과할 수 있다. 광고주에게 인기 있는 시간대에는 광고주가 몰려들어 광고요율이 상승하게 된다. 광고단가가 인상되었다고 텔레비전 광고 수요가 큰 폭으로 줄지도 않고, 반대로 광고단가가 인하되었다고 수요가 큰 폭으로 증가하지도 않는다. 광고주들은 비싼 광고비를 지불하고서라도 텔레비전 광고로부터 완전히 배제되지 않으려고 한다. 그 결과 가격은 상승하지만, 인상된 광고비를 지불하여 얻는 이익이 광고로부터 배제되어 입게 되는 손실보다 작지 않는 한, 수요는 일정 수준까지 증가한다.

광고가격의 상한선이 규제된다면, 프라임 타임대의 광고판매에서 방송사는 이윤을 극대화하지 못하게 되고, 가장 많이 지불할 의지가 있는 광고주의 광고시간 매입이 시장원리 이외의 요인에 의해 좌절될 수도 있다. 가격의 상한선이 없다면, 지불의지가 가장 높은 광고주가 광고시간을 구매하게 되는 데에 반해, 가격의 상한선이 설정되면 상한가를 지불할 수 있는 광고주들 중에서 가장 먼저 구매하거나 뇌물 등의 뒷거래를 하는 광고주가 그 시간을 이용하게 된다.

현실적으로 프라임 타임대의 지상파방송도 완판되지 않는 경우가 많기 때문에 초과수요가 늘 발생하는 것은 아니지만, 이론상 프라임 타임대의 광고요율상한제는 초과수요를 유발할 수 있다. 〈그림 7-7〉에서 보듯이, 완전경쟁시장에서의 균형가격이 P_0이지만, 가격의 상한선을 P_a로 설정하면 공급량이 감소하면서 초과수요(Qb－Qa)가 발생한다.

그러나, 공급곡선이 비탄력적일수록 상한가 규제에 의한 공급량 감소의 정도는 낮아져, 극도로 비탄력적이면(즉, 공급의 가격탄력성 α가 0에 가까워지면) 상한가 규제에 의한 공급량 감소는 미미해진다. 이때, 광고요율상한제에 대

〈그림 7-7〉 가격상한선이 설정될 때 수요공급곡선

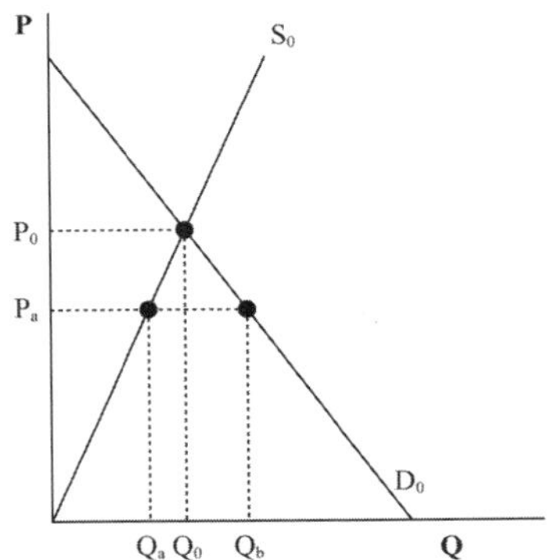

해 방송사가 할 수 있는 대응은 프로그램 제작비용을 줄이고, 프로그램 시간 대비 광고시간을 늘리는 것이다. 초과수요상태에서는 방송사가 프로그램 제작비용을 인상하거나 유지해야 할 필요가 없어진다. 이때, 광고시간이 일반상품과 같은 성격을 가진다고 가정하면, 프로그램의 질이 저하되고 시청률이 떨어져 광고수요가 감소할 수 있다. 일반상품시장에서 가격상한제에 대응하여 공급량이 감소하는 것과는 달리, 가격에 대해 공급이 매우 비탄력적인(프라임 타임대에서 탄력성은 거의 0이다) 방송광고시장에서는 공급량을 변동시키기보다는 수요곡선을 움직이게 함으로써 균형을 이룰 수밖에 없다. 하지만, 현실적으로 제한된 지상파 텔레비전의 프라임 타임대 광고시간에 대한 수요를 획기적으로 줄이기는 어렵다(즉, 수요곡선 D_0를 왼쪽으로 이동시키기는 어렵다). 따라서, 공급이 극도로 비탄력적이고, 수요도 크게 변화하지 않는 프라임 타임대의 방송광고의 상한가 규제는 초과수요를 피하기 어렵다.

그 결과, 광고의 상한가 규제가 실시되면, 프로그램 제작에 일정 수준 이상의 비용이 투입되지는 않는다. 가격상한제 아래에서는 좋은 프로그램에 대해 돈을 더 지불할 의지를 가진 광고주가 있더라도 그것이 방송사의 수입으로 이어질 수 없으므로 방송사는 비용을 투입하는 데에 소극적이 된다.

시장에서 가격제한의 또 다른 형태는 가격하한선의 설정이다. 생산자에게 일정 수준 이상의 가격을 보장하기 위한 가격규제의 대표적인 예는 농산물의 최저가격제와 최저임금제 등을 들 수 있다. 비인기시간대에서 광고가격의 하한선이 설정된다면, 그 시간대를 꼭 선택해야만 하거나 텔레비전 광고를 가장 저렴한 가격에 하고자 하는 광고주들은 그 광고시간대가 가진 가치 이상의 돈을 지불해야만 한다. 수요가 부족한 상황이라면 하한가가 설정되어 100% 판매를 못할 수도 있다.

방송광고시장에서 가격의 하한선은 인기에 영합하지 않지만 공익적인 프로그램의 광고요율의 최소 수준을 정책적으로 유지시킴으로써, 공익적 프로그램 제작을 지원하려는 의도를 가지고 있다. 비인기시간대의 광고요율하한

〈그림 7-8〉 가격하한선이 설정될 때 수요공급곡선

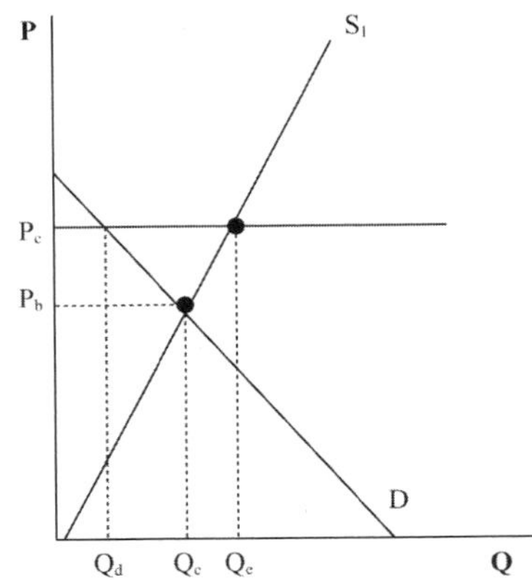

제는 초과공급을 유발한다. 〈그림 7-8〉에서 보듯이, 시장에서의 균형가격이 P_b이지만 가격의 하한선을 P_c로 설정하면, 공급량은 증가하여(Qc에서 Qe로), 초과공급(Qe-Qd)이 발생한다. 하한가 설정으로 방송사는 공급량을 늘리고자 하고(사실 이 경우에도 지극히 비탄력적이다), 광고주들은 규제된 하한가격으로 비인기시간대에 광고하기를 꺼리게 되어, 방송사는 광고시간의 전량을 판매하는 데에 어려움을 겪게 된다. 그런 재정적인 부담은 제작비의 감소로 이어지고, 제작비의 감소는 시청율의 하락으로 이어진다. 이는 다시 광고시간수요를 감소시키는 악순환을 유발한다. 제작비 감소와 시청률 감소의 악순환은 수요곡선을 점차 왼쪽으로 이동시킴으로써 초과공급의 확대를 초래할 수 있다. 방송사는 그런 악순환을 막기 위해 인기 프로그램의 재방송으로 비인기 시간대를 채워나가게 된다.

(2) 공급량 정책

방송광고시간이란 상품은 가격의 변동에 민감하게 공급량을 변동시키기가 어려워, 방송사는 공급량을 조절함에 있어 상품의 특성으로 인한 제약을 받는다. 이러한 상품에 대해 시장수요를 전혀 고려하지 않는 공급량 규제 등의 정

〈그림 7-9〉 공급량 규제가 있을 때의 수요공급곡선

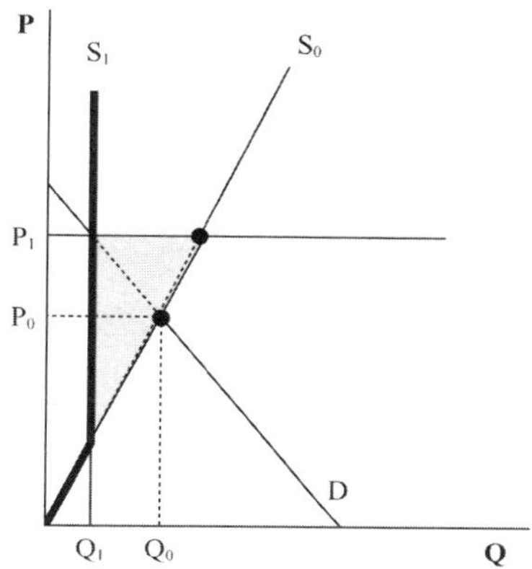

부 개입은 공급자인 방송사에게는 경영전략의 운신의 폭을 심각하게 좁히고, 광고주에게는 광고하고자 하는 상품을 시청자들에게 노출시킬 기회를 박탈시킨다. 공급량 규제의 효과를 비롯해, 방송광고시장에서 공급규제와 직접적으로 관련된 광고시간총량제와 방송시간 연장을 살펴보겠다.

완전경쟁시장에서 공급량이 공급곡선과 수요곡선이 만나는 지점에서 결정된다는 사실은 경제학의 기초이다. 만일 공급량만을 정책적으로 Q_1까지로 규제한다면, 〈그림 7-9〉에서 보듯이, 가격은 상승하여(P_0에서 P_1로) 소비가 가능한 사람의 수를 줄임으로써 수요공급의 균형을 유지하게 된다.

방송광고시장에서 방송광고의 총량을 정부가 줄이는 선에서 규제하거나, 전체 방송시간을 제한한다면 광고요율은 상승하게 되고, 동일한 서비스에 대해서 더 높은 돈을 지불해야 하는 광고주들 중에는 방송광고를 포기하는 사람들이 늘어나게 된다. 공급량의 규제정책 아래 빗금 친 부분만큼 방송사는 손실을 입게 되는데, 이 부분에 대해서 정부가 보상을 해준다면 방송사는 정부의 규제를 수용한다. 그러나, 그 손실을 정부가 보상하지 않고, 방송사가 떠안아야 한다면 방송사에게 불리한 규제가 된다. 광고주들에게는 정부의 방송사에 대한 보상과 상관없이 공급량이 규제되면 그와 동시에 가격이 상승하여 방송사와의 거래에서 (공급량과 가격에서) 이중적으로 불리한 입장에 서게 된다.

방송광고총량제란 방송광고의 허용시간에 대해 총량만 법으로 규제하는 방식으로 일정 기간 동안 총 방송광고 허용량 범위 내에서 각 방송사가 광고의 시간과 횟수를 자율적으로 정하는 방식을 말한다. 방송광고총량제는 광고주가 인기시간대에 몰려 그 시간대 방송 프로그램의 질적 저하를 초래할 수 있고, 광고주들의 영향을 강화시켜 지상파방송의 공익성을 저해할 수 있다는 이유로 허용되지 않다가, 2015년에 방송법시행령 제59조의 개정을 통해서 실시되었다. 현행 방송광고총량제는 1일 방송되는 각 방송 프로그램의 편성시간당 방송광고시간의 평균비율을 15% 이하로 제한하고 있다. 이 제도는 표면적으로는 방송광고시간의 공급을 일정 수준으로 유지하지만, 수요가 많은 프라임 타임대의 광고시간 공급을 증가시키고, 비인기시간대에 초과공급을 줄임으로써 실질적으로는 인기시간대의 공급과 광고수익을 증가시키는 효과를 가져올 수 있다.

3) 디지털 환경과 방송광고모델의 변화

디지털 방송 환경은 텔레비전 시청률이 평가하는 가치의 변화를 불러일으켰다. 디지털 방송의 상호작용성은 프로그램을 매개한 광고판매가 아니라, 직접적인 판매방식을 가능케 하여, 광고주의 시청률 의존도를 낮추었다. 한 프로그램의 시청률은 그 프로그램의 시청자가 그 프로그램 시간에 방송되는 광고에 노출될 것이라는 기대 때문에 의미를 갖는다. 광고 자체에 노출된 시청자들이 얼마나 그 상품을 구매할지 직접적으로 예측할 수가 없기 때문이다. 그런데, 텔레비전 쇼핑과 인터넷 환경에서처럼 소비자가 생산자나 판매자에 직접 연결이 될 때에는 방송콘텐츠를 매개로 하지 않아도 된다. 즉, 텔레비전에서 상품광고 대신에 상품판매가 가능한 환경이라면 광고주는 시청률을 참고할지언정 전적으로 의존하지는 않아도 된다. 시청률에 근거할 때 광고주는 객관적 자료를 참고하여 합리적인 결정을 한다고 하더라도 광고비용의 비효율적 집행이 일어날 수밖에 없지만, 판매량에 근거하게 되면 광고비용의 효율성이 높아진다. 광고채널, 시간, 가격 등의 선택이 잠재 소비자보다 판매량에 근거할 때 광고주는 타깃 소비자에 가깝게 다가갈 수 있다.

그렇다고 해서 방송광고가 완전히 판매방식으로 바뀌게 되는 것은 아니다. 디지털 방송 환경에서도 여전히 잠재 소비자를 대상으로 한 광범위한 광고의 가치는 존재한다. 기업 이미지, 브랜드 이미지 제고를 위해 광범위한 잠재 소비자를 대상으로 한 광고는 그 가치를 유지할 것으로 보인다. 다만 방송광고의 광고주는 시청률에만 의존하지 않고, 각자의 광고 목적과 여건에 따라 시청률의 의미를 다르게 해석하게 될 것이다.

디지털 방송의 수용자들은 광고를 피해 갈 수 있기 때문에 광고주들은 시청률에만 의존할 수 없게 되었다(Doyle, 2002: 57). 아날로그 텔레비전 시대에도 리모컨으로 광고를 피하면서 시청하는 것이 가능했지만, 디지털 방송 시대에는 일일이 리모컨 버튼을 눌러대면서 광고를 피하는 수고조차 필요 없어졌다. 미국의 TiVo와 ReplayTV사가 내놓은 PVR(personal video recorder, 개인용 비디오녹화기)은 디지털로 화질과 음질의 손상 없이 광고는 빼고 본 방송만 녹화했다. 거기다가 2000년대 중후반 들어서는 OTT 활성화로 이용자들은 모바일 기기를 통해 언제 어디에서건 스트리밍 서비스를 이용할 수 있게 되었다. 텔레비전 방송의 시청은 동영상 콘텐츠를 이용할 수 있는 여러 가지 방법들 중 단지 하나에 불과하게 되었다.

코드커팅 현상, OTT 서비스, SNS 등의 활성화로 시청률이 설명할 수 있는 부분이 제한적임을 인식하게 된 미디어 시장에는 대안적인 평가방식의 도입이 필요해졌다. 방송통신위원회가 한국방송광고진흥공사와 협업해서 개발한 '방송콘텐츠 가치정보 분석시스템(Response About Content On the Internet: RACOI)'은 지상파 5개, 종편방송채널 사용 사업자(PP) 4개, 일반 PP 20개 등 총 29개 채널의 드라마, 예능 프로그램을 대상으로 시청자의 온라인 반응을 수치화해

정기적으로 제공하는 지표이다. CJ E&M이 닐슨코리아와 공동 개발한 '콘텐츠 영향력 지수(content power index: CPI)'는 지상파 3사와 CJ E&M 7개 채널 프로그램만을 대상으로 시청자가 프로그램을 시청한 후 관련 콘텐츠를 소비하는 행동을 수집·측정해 산출한 지표이다. KBS는 콘텐츠 이용 통합지수인 '코코파이지수'를 개발했는데, 코코파이는 본방송, 재방송, 유통채널, VOD 시청자수를 합산한 'PIE-TV'와 뉴스, 커뮤니티, SNS, 동영상의 4개 영역에서 시청자 반응을 조사하는 'PIE-non TV'를 포함한다. 굿데이터코퍼레이션은 '텔레비전 화제성 평가'를 발표하는데, 텔레비전 프로그램에 대해서 온라인 뉴스, 블로그, 커뮤니티, SNS, 동영상 조회수를 통해 온라인에서의 화제성을 분석한 것이다. TNMS는 통합 시청자수(TV Total Audience: TTA)를 도입했는데, 본방송, 자사 채널 재방송, 자사 PP 재방송, 타사 PP 재방송, VOD 등을 통해 동일 콘텐츠를 시청한 총 시청자수를 합산한 결과이다.

제8장

시장진입과 기업결합

1. 시장진입

1) 시장진입장벽의 요소들

미디어 기업은 기술적 도전, 이용자 선호의 변화, 글로벌 기업의 위협 등에 직면하여, 새로운 역량을 확보하고 새로운 사업의 영역으로 진출함으로써 경쟁력을 높이고자 한다. 미디어 간의 융합환경이 급속히 진행되면서, 미디어 기업들은 한 분야에 머물러 있지 않고 사업 다각화로 사업영역을 확장해나가는 추세에 있다. 그러나, 새롭게 창업된 벤처기업은 물론이고, 사업영역을 확장하려는 기업들은 많은 어려움에 봉착하게 된다. 낯선 영역으로의 진출은 시행착오를 유발하고, 신규사업자로서의 높은 비용구조를 견뎌야 하며, 경쟁 미디어 기업으로부터의 진입 저지 시도가 있으며, 미비한 제도가 신규사업의 발목을 잡기도 한다. 미디어 기업의 시장진입장벽의 요소는 정책, 자본력, 사업경험 및 누적된 기술수준, 자연독점과 규모의 경제, 독점적 시장구조, 진입제한가격 등을 꼽을 수 있다.

(1) 정책

미디어 기업의 시장진입은 무엇보다도 정책적으로 신규시장 진입에 규제가 없는 경우에 한해 가능하며, 정책적으로 독과점이 허용된 상황에서는 추가로 시장에 진입하기가 현실적으로 어렵다. 신문이 방송사업에 뛰어들려고 하더라도 정책적으로 동일 시장 내에서 신문과 방송의 교차소유를 규제하고 있다면, 정책이 바뀌기 전에는 시장진입이 불가능하다. 독과점 규제, 동일 시장 교차소유 규제, 특정 미디어 혹은 채널의 보호정책, 신규사업자의 설립조건에 대한 규제, 시장점유율 등이 모두 시장진입과 관련된 정책적 쟁점을 유발한다.

그러나, 정책이 시장진입을 막고 있다고 해서 새로운 영역에 뛰어들고자 하는 기업들은 정책이 바뀔 때까지 가만히 기다리지 않는다. 미디어 기업은 정책이 자신에 유리하게 변화하도록 다양한 방법으로 설득하는 작업을 할 것이고, 정책이 언젠가 바뀌게 될 경우에 대비하여 연구개발을 진행한다.

(2) 자본력

시장진입을 위해 기업이 새로운 기업을 설립하거나 인수할 자본력을 가져야 한다는 것은 너무나 당연하다. 디지털 방송 사업이나 통신, 융합미디어 사업 등의 초기 비용[특히, 고정비용(fixed cost)]은 결코 작은 규모가 아니다. 정책과 자본력은 시장진입과 관련한 경영전략과 경영판단에 선행하는 보다 더 기본적인 전제조건이다. 자본력이 약한 기업이 기술을 개발하면 자본력이 강한 기업에 인수 혹은 합병되면서 기술을 넘겨주는 것이 최근의 추세이다. 미디어 산업에서는 특히 시장진입이 어렵고, 유통망을 확보하기가 쉽지 않아서, 기술이나 아이디어를 가지고 있어도 상품화하기가 용이하지 않다. 자본력의 행사는 저작권 문제에서도 나타나는데, 컴퓨터 게임이나 새로운 포털 사이트 등을 개발한 벤처기업들이 초기의 성공에 힘입어, 그들의 지적재산권을 자본력을 가진 기업에 매각하는 경우가 많다. 네이버나 다음카카오와 같은 온라인 플랫폼사는 애플리케이션 벤처사를 인수하면서 사업영역을 확장시켜나가고 있다.

(3) 사업경험 및 누적된 기술수준

미디어 관련 사업의 경험이 있고 미디어 관련 기술을 보유하고 있는 기업이 미디어 시장에 진입한다면, 비교적 유리한 입장에서 출발할 수 있다. 정책적으로 신규 미디어 사업 부문의 사업자를 선정할 때, 미디어 사업과 무관한 사업을 해온 기업이 사업에 선정될 가능성은 지극히 낮다. 정책적인 구제가 없는 경우에조차도 사업경험과 누적된 기술의 보유 여부는 시장진입 초기의 성패에 결정적 영향을 미칠 수 있다.

하지만, 미디어 사업에 대한 경험이 없는 기업들은 장기간 유관 산업에서 쌓아온 경험과 역량에 기초하여 미디어 사업에 진출하기도 한다. 미디어 사업에 무관했던 기업이 미디어 산업 진출 시도에 성공한 예도 있다. 아마존과 같은 기업은 온라인 유통을 전문으로 하는 기업이지만, 콘텐츠 플랫폼으로서의 역할로 확장한 다음, 콘텐츠 제작자로서까지 그 역할을 확장해나갔다.

(4) 자연독점과 규모의 경제

자연독점시장일 경우에도 신규기업의 시장진입은 어렵게 된다. 규모의 경제는 생산규모가 커질수록 평균비용이 감소하는 현상을 말하는데, 생산규모가 커질수록 고정비용의 분산이 이루어지고 단위당 인건비가 줄어들고 재료의 구입 등에서도 비용의 절감이 이루어진다. 케이블방송의 경우 자연독점적 성격이 강한데, 권역 내 복수 SO가 허가되더라도 결국은 한 기업이 사업을 포기하거나 두 기업이 합병함으로써 규모의 경제효과를 높이려고 한다. 이런 시장에서 신규사업자의 진입은 매우 힘들다.

(5) 독점적 시장구조

진입하고자 하는 시장이 독점형태로 운영되거나 독점기업에 의해 자원, 생산, 유통의 전 과정이 수직적으로 통합되어 있다면, 진입하는 기업으로서는 큰 부담이 아닐 수 없다. 케이블업계에서 PP와 SO가 수직 결합되어 있다면, 경쟁영역의 신규 PP는 방송을 통해 시청자에게 다가갈 수 있는 길이 제한되며, 단독 SO의 경우는 MSP 계열 PP의 프로그램을 공급받기가 어려울 수도 있다. 신규 진입할 기업이 자본력이 튼실한 기업이라면, 그 기업의 시장진입으로 기존의 수직결합체계가 위협받을 수도 있지만, 대개는 신규 진입 기업이 불리할 수밖에 없다. 따라서, 시장구조의 문제에 대해서는 공정경쟁을 이유로 정부의 정책적 개입이 이루어지기도 한다.

(6) 진입제한가격

독과점 기업이 추가적인 시장진입을 막기 위해서 진입제한가격(entry-deterring pricing)을 책정할 수 있다. 신규 진입 기업의 생산비용보다 낮은 수준으로 가격이 책정되면, 새로운 기업의 신규시장 진입을 저지하는 효과가 있다. 예를 들면, 넷플릭스가 한국 시장에 진출하려고 할 때, 한국 케이블방송의 ARPU가 매우 낮기 때문에, 미국 온라인 플랫폼이 들어온다고 하더라도 가격 경쟁력이 떨어질 것이라는 추측이 있었는데, 이것이 바로 진입제한가격 효과를 말한 것이다.

2) 시장진입장벽의 극복

시장진입의 장벽들을 극복하기 위해, 기업은 여러 가지 방안들을 모색하게 된다. 가장 일반적인 전략들로는 기존 기업들과의 기술제휴, 유통제휴 등이 있고, 정책의 변경을 위해서 연구 및 로비활동을 전개하기도 한다. 이권이 크게 달린 정책에 관한 설득작업은 상당히 집요하고 장기적으로 이루어진다. 때때로 다양한 이해관계에 놓여 있는 양측의 설득작업이 강할 때는, 정책결정이 지연되어 혼선을 초래하기도 한다. 신규 진입 기업들은 비용과 가격 측면에서의 불리함을 차별화된 기술과 서비스 전략으로 보완함으로써, 진입장벽에 맞서기도 한다.

인수합병의 방법도 있지만, 인수합병은 적어도 1년 이상의 기간이 걸리기도 하며, 인수합병 이후 실제로 완전한 하나의 기업이 되는 기간은 더 길게 잡아야 한다. 인수합병기업의 계열사가 많고 복잡한 지분관계가 있을 시에는 인수합병의 조건을 조정하는 과정에 더 많은 시간이 소요된다. 기술제휴, 인수, 합병 중 어느 전략을 채택하든지 간에, 미디어 기업은 어느 한 분야에서의 비교우위를 가지고 있는 것이 중요하다.

새로이 시장진입을 꾀하는 미디어 기업은 어느 한 역량에 의존하기도 하지만, 다양한 역량을 복합적으로 가지고 있을 수도 있다. 사업영역의 큰 틀에서 보면, 미디어 기업의 역량은 콘텐츠 역량, 플랫폼 역량, 네트워크 역량, 디바이스 역량 등으로 구분될 수 있다. 미디어 기업은 각자 출발점이 어디였는지에 따라 주된 역량에서 차이가 있으며, 각자의 사업영역에서 성공적인 시장진입과정을 거쳐 그 이후에는 다른 사업영역과의 연계를 꾀하게 된다. 어느 영역이든 상관없이 신규사업자는 기술혁신 및 상품과 서비스 차별화, 비용구조 효율화, 자본의 확보, 인재 보유, 유통망 중 한 가지 혹은 그 이상의 역량을 확실하게 보유함으로써, 시장진입에 유리한 위치를 차지할 수 있다.

미디어 기업은 다양한 세그먼트를 분류하고, 스스로를 어디에 포지셔닝할지를 정해 그에 맞춰 새로운 시장으로의 진입전략을 수립할 수 있다. 미디어 기업이 고려할 수 있는 세그먼트는 프로그램 장르, 가격 등에 의해 분류할 수 있는 상품 세그먼트(product segment), 이용자의 성별, 연령대, 라이프스타일 등으로 분류되는 구매자 세그먼트(buyer segment), 방송 프로그램, 극장용 영화, OTT의 오리지널 콘텐츠 등 분배채널에 따른 분류인 채널 세그먼트(channel segment), 이용자의 문화적·지리적 위치에 따른 지리적 세그먼트 등이 있다.

3) 기업결합을 통한 신규시장 진입

(1) 전략적 제휴

미디어 기업은 전략적 제휴, 수직·수평적 결합을 통해서, 기존에 보유하지 않았던 역량을 확보함으로써 새로운 시장으로의 진출 및 확장을 시도할 수 있다. 전략적 제휴는 인수합병과 같은 기업결합과정에서 발생하는 복잡함과 성과에 대한 리스크를 완화하면서, 비교적 신속하게 새로운 시장으로 진출하거나 부족한 역량을 보완하기 위한 전략이다. 전략적 제휴는 MOU 차원의 느슨한 제휴로부터 조인트 벤처 형식의 제휴까지 있다.

예를 들면, 콘텐츠 배급사와 마케팅사의 전략적 제휴를 통해서, 각자가 보유한 콘텐츠 역량과 마케팅 역량을 통해서 시너지 효과를 기대하기도 한다. 풍부한 스토리를 확보한 웹툰 서비스사와 웹드라마 제작사가 전략적 제휴를 통해 웹드라마를 제작한 경우도 있었다. CJ E&M[1)]이 동남아시아 지역의 극장 체인과 조인트 벤처를 설립하여, 콘텐츠 제작 현지화와 유통을 수행하게 하는 사례도 있었다.

(2) 수직결합

수직결합은 재료, 생산, 유통, 판매 등 원재료에서 최종 분배에 이르는 일부 혹은 전 과정의 기업들이 통합하는 것을 말한다. 예를 들면, 방송사가 제작, 패키징, 송출 서비스에까지 연계되어 있거나, 영화사가 영화배급회사, 비디오 배급회사를 가지고, 극장, 케이블 영화채널 등을 소유하는 등 기업통합을 이룬 사례가 수직결합에 해당한다. 콘텐츠 제작사는 제작한 콘텐츠를 안정적으로 공급하기 위한 유통망 혹은 플랫폼을 확보하려고 하며, 플랫폼사는 안정적으로 콘텐츠를 수급하기 위해 제작사를 확보하려고 하는 과정에서 수직결합

---

1) CJ E&M은 2018년 CJ오쇼핑과 합병해, CJ ENM으로 기업명을 변경했다.

적 기업통합을 경험한다.

수직결합에 대해 긍정적으로 보는 사람들은 수직결합에 의해 거래비용이 감소하여 가격이 떨어지고, 지속적이고 안정적으로 물량의 공급이 이루어지게 되어, 상품의 질이 보장된다고 주장한다. 이에 대해 반대론자들은 수직결합은 자유로운 시장의 유통질서를 해치는 행위이며, 기술개혁 및 경영혁신에 둔감하여 장기적으로는 부정적인 영향이 있다고 주장한다. 수직결합을 옹호하는 근거 중에는 거래비용의 감소가 있는데, 반대론자들은 이 부분에 이의를 제기한다. 기업이 통합되더라도 개별 기업이 독립채산제로 운영되고 있다면, 거래비용이 결코 큰 폭으로 줄지 않으며, 그 대신 최소한 어느 정도는 이질적인 둘 이상의 기업을 운영함으로써 관리비용을 증대시킬 수 있음을 강조한다. 또한 통합된 기업일지라도 반드시 계열사와 계약하는 것은 아니며, 이익에 따라서 얼마든지 유동적임을 강조하고 있다.

케이블 텔레비전의 경우에, 네트워크(PP)와 방송사(SO) 간에 수직 결합되면, MSO는 경쟁사 계열 PP의 송출을 거부할 수 있어서 시청자들에게 채널의 이용을 제한하는 효과를 초래할 수 있다. 이는 영화사, 배급업자, 극장 간의 관계에도 나타난다. 영화의 배급업자가 특정 영화사의 영화 배급에 소극적이거나 극장이 특정 영화사나 배급업자의 영화를 상영 거부하는 사태가 일어날 수 있다. 그러나, 이러한 수직결합적 효과에 대해서 시장이 효율성을 찾아가는 과정으로 볼지, 정부가 적극 개입해야 하는 이유로 볼지에 대해서는 논란의 여지가 있다.

수직결합의 맥락과 가능한 문제점 등을 잘 보여주는 사례들이 있다. 인터넷 서비스사인 AOL은 1998년 11월 웹브라우저사인 넷스케이프(Netscape)의 인수를 발표했고, 1999년 3월에 인수작업을 완전히 끝마쳤다. 이로써 AOL의 넷스케이프는 마이크로소프트의 인터넷 익스플로러(Internet Explorer)와 경쟁관계를 형성했다. 이어서 AOL은 2001년 1월에는 미디어 콘텐츠를 공급할 타임워너(Time Warner)와 합병을 마침으로써, 온라인 네트워크와 콘텐츠의 만

남을 통한 도약을 시도했다. 기대와 우려를 동시에 받으며 추진된 이 합병은 대규모 수직결합에 따른 관리비용 증가, 이질적 기업문화의 갈등 등과 같은 이유로 어려움을 겪다가, 2015년 타임워너가 AOL을 버라이존(Verizon)에 매각함으로써 끝났다(임정수, 2018). 2017년 통신사인 AT&T와 타임워너는 합병 과정에 들어가 2018년 법무부의 소송에 관한 연방법원의 판결을 받아 합병이 최종 결정되었다.

케이블 네트워크사인 컴캐스트와 NBC 유니버셜의 합병은 수직결합과 수평결합을 동시에 추구한 사례이다. 2009~2011년에 걸쳐 컴캐스트는 NBC, 텔레문도(Telemundo) 등의 방송 네트워크, 온라인 플랫폼 훌루(Hulu), 콘텐츠사인 유니버셜 스튜디오를 보유한 NBC 유니버셜과 합병했다. 컴캐스트는 수평결합을 통해서 자사의 취약부문인 지상파 네트워크와 온라인 플랫폼을 보유하게 되고, 수직결합을 통해서 콘텐츠 제작과 유통을 맡을 스튜디오를 보유하게 된 것이다. 한편, NBC 유니버셜은 한동안 부진했던 유니버셜 스튜디오의 보다 안정적인 유료방송 플랫폼을 확보하게 된 것이다. 2018년 컴캐스트는 21세기폭스 인수에 나섰다가 디즈니가 경쟁자로 나서면서 포기했고, 대신에 영국의 위성방송 스카이(Sky plc)를 폭스로부터 인수하여 유럽 방송플랫폼 사업에 진출했다.

(3) 수평결합

수평결합은 상품 생산과 유통의 일련 과정에 있는 기업의 결합이 아니라, 규모의 경제를 위한 동종 혹은 유사 영역의 기업들 간의 결합을 말한다. 미디어 산업에서의 수평결합은 몇 가지 다른 유형으로 정리될 수 있다.

첫째, 같은 시장에서 경쟁하는 동종(同種)의 경쟁기업들 간의 결합이 있다. MSO가 동일 지역 내 단독SO를 인수하는 경우가 여기에 해당한다. 2011년 CJ 미디어가 온미디어를 인수한 것도 MPP 간의 인수합병으로 여기에 해당한다. 이 형태의 수평결합은 시장점유율의 확대를 의미한다. 2019년 1월 넷플릭스에 대항하여 SKT의 OTT 서비스인 옥수수(oksusu)와 지상파 3사 연합 OTT 서비스인 POOQ이 통합하기로 합의한 것도 동종 미디어 간 수평결합의 사례다.

둘째, 유사한 분야의 두 기업이 결합하는 경우이다. 2001년 지상파 네트워크인 NBC가 스페인어 지상파 네트워크인 텔레문도를 인수한 것도 여기에 해당한다. 이 형태의 수평결합을 통해 새로운 시장으로의 확장을 기대할 수 있다.

셋째, 다른 지역의 동종 미디어가 결합하는 경우가 있다. MSO가 지역을 확장하여 다른 지역의 단독SO를 인수하는 것이나 한 지역 기반의 신문사가 다른 지역의 신문사를 인수하는 것도 여기에 해당한다. 시장의 지역적 확대를 의미하며, 넓은 지역의 언론이 한 소유주에게 들어가는 것을 의미한다.

넷째, 이종의 미디어 기업 결합은 방송사와 신문사의 결합, 통신사와 위성방송사의 결합 등이 예이다. 2015년 AT&T의 DirecTV 인수, 2108년 컴캐스트의 스카이 인수 등이 대표적이다. 대개의 국가에서 이종의 미디어 기업 결합들 중 동일 지역 신문과 방송의 교차소유는 정책적 쟁점이 되었다. 미국에서도 동일 지역 신문과 방송의 교차소유는 미디어 채널의 단일화를 가져와서 다양한 목소리를 접할 시민의 권리를 침해할 수 있다는 생각 때문에 규제대상이 되어오다가 2007년 이후 완화되고 있다.

다섯째, 디즈니, 바이어컴, 컴캐스트, 타임워너, 21세기폭스, AT&T 등의 거대 미디어 그룹(conglomerate)의 형태가 있다. 이들 미디어 그룹은 방송, 영화, 신문, 출판, 잡지, 온라인 플랫폼 등 미디어의 전 영역에 걸쳐 사업을 확장하고 있으며, 시장의 범위도 한 국가를 넘어 글로벌 시장을 향하고 있다. 그 외에도 스포츠 구단이나 테마파크 등 미디어 사업 밖의 기업을 소유하는 경우가 많다.

미디어 환경이 크게 변화하면, 어김없이 그에 대응하기 위해서 거대 미디어 그룹들 간의 대규모 인수합병이 일어난다. 1970년대 중반 핀씬룰(financial interest-syndication rule)을 적용하면서, 1980년대에 ABC는 캐피털시티즈에 인수되고, NBC는 GE(General Electric Company)에 인수되었다. 1990년대 중후반에 AOL이 주도하는 온라인 커뮤니케이션 환경은 1996년 디즈니의 ABC 인수, 2001년 AT&T와 타임워너의 합병, 2000년 바이어컴의 CBS 인수, 2003년 비뱅디(Vivendi)의 NBC 인수 등을 낳았다. 2005년에 유튜브가 출범하여 2006년 구글에 인수되면서, 컴캐스트는 NBC 유니버셜을 2009년부터 20011년에 걸쳐 인수했다. 2010년대 들어 넷플릭스, 아마존 같은 글로벌 OTT 사업자들의 영향력이 확대되고, 이들이 오리지널 콘텐츠를 제작하면서, AT&T는 타임워너를 인수하고, 디즈니는 21세기폭스를 인수하는 등 기존 미디어 기업들의 대응이 있었다.

2. 전략적 제휴

1) 전략적 제휴의 목적

전략적 제휴는 2개 이상의 기업들이 상품과 서비스의 생산, 유통, 판매의 각 단계에서 공동의 이익을 위해 협력하는 것을 말한다. 바니(Barney, 1997)는 전략적 제휴의 목적을 일곱 가지로 설명했다.

첫째, 규모의 경제: 제휴관계의 기업들이 상호보완적인 자원과 자산을 효율적으로 활용함으로써 개별적으로 활용할 때보다 비용을 낮추는 효과가 있다.

둘째, 경쟁자들로부터의 학습: 제휴를 통해서 상대방 기업의 기술과 기업운영의 노하우를 학습함으로써, 차후 자사의 사업 및 기업 전략에 도움을 받는 효과가 있다.

셋째, 위험관리와 비용 공유: 제휴를 통해서 비용을 공유하게 되어 실패로부터의 위험을 분산시키는 효과가 있다.

넷째, 암묵적 담합의 촉진: 전략적 제휴는 기업 간의 정보 공유를 통해서, 법적으로 금지되어온 기업 간 담합이 암묵적으로 이루어지는 환경을 조성할 수 있다.

다섯째, 새로운 시장으로의 저비용 진입: 해외시장과 같은 새로운 진입을 위한 전략적 제휴의 경우 지역 유통망이나 정보 등의 자원을 저비용으로 확보할 수 있으며, 지역시장에서의 타 지역 기업에 대한 규제 등을 피할 수 있는 이점이 있다.

여섯째, 새로운 산업과 새로운 세부 시장으로의 저비용 진입: 새로운 기술과 능력이 요구되는 새로운 산업이나 세부 시장으로 확장하려는 경우에 관련 기존 기업과의 제휴는 그런 기술과 능력을 얻는 데 소요되는 비용을 줄여준다.

일곱째, 불확실성 관리: 새로운 산업이나 세부 시장으로의 진출 성공의 불확실성이 높을 때, 전략적 제휴를 통해서 가능성을 타진해보고, 민첩하게 대처할 수도 있다.

2) 전략적 제휴의 유형

전략적 제휴는 크게 비지분 제휴, 지분 제휴, 조인트 벤처 등 세 가지 유형으로 분류된다(Barney, 1997).

첫째, 비지분 제휴: 기업 간 협력은 계약에 의해서 직접적으로 관리된다. 제휴의 조건, 속임수에 대한 법적 책임 등을 계약에 명시함으로써, 제휴관계를 유지하는 방법이다. 그러나, 모든 속임수를 미리 예상할 수는 없기 때문에 계약에 의해서 속임수를 차단하기는 어려운 점이 있다. 느슨한 형태의 MOU 체결에서부터 기술, 제작, 마케팅, 유통 등에 대한 협력관계를 형성할 수 있다.

둘째, 지분 제휴: 협력계약이 다른 파트너에 대한 한 파트너의 지분투자, 혹은 상호지분투자에 의해서 이루어진다. 상호 간의 신뢰를 위해서, 제휴하는 협력기업 간의 지분 제휴가 이루어질 수 있다. 이 경우, 상대 기업의 지분을 가지고 있기 때문에, 상대 기업에 속임수를 쓰려는 동기는 약화된다. 예를 들면, 2012년 2월 CJ E&M은 일본의 종합 엔터테인먼트 기업 '아뮤즈'와 각각 50

억 원씩 출자하여 총 100억 원 규모의 '아뮤즈-CJ E&M 드라마 펀드'를 결성하고, 공동으로 드라마를 제작하기로 결정했다. 아뮤즈와 전략적 제휴를 통해 CJ E&M이 제작한 드라마의 일본 진출이 활성화될 것으로 기대되고 있다. 한편, 아뮤즈 역시 CJ E&M에서 제작·투자하는 드라마에 일본 배우 기용, 한류 드라마 제작 참여, 일본 배급판권 활용 등과 같은 전략적 제휴의 시너지 효과를 기대하고 있다.

셋째, **조인트 벤처**: 제휴기업들은 그들이 투자하는 독립기업을 만들어, 그 기업의 활동으로부터 나온 이익을 참여 파트너에게 지급한다. 조인트 벤처의 경우에는 조인트 벤처의 성공에 따라 이익을 배분하게 되므로, 참여 기업들은 상호 간에 존재하는 속임수의 위험을 완전히 없앨 수는 없지만 상당히 줄일 수 있다.

국내뿐 아니라, 한국 콘텐츠의 해외진출 시 다른 문화권에서 콘텐츠 상품의 가치가 절하되는 문화적 할인(cultural discount)[2]을 극복하고 현지화에 유리하게 조인트 벤처를 통한 진출이 늘어나고 있다. 예를 들면, CJ E&M은 2015년 태국 방콕에서 극장사업자인 메이저 시네플렉스 그룹(Major Cineplex Group)과 영화 투자/제작 조인트 벤처 설립을 위한 양해각서를 체결하는 등 동남아시아 시장 진출을 위한 조인트 벤처 설립에 관심을 기울였다.

해외 유력한 콘텐츠를 국내에 도입하는 방안으로 조인트 벤처가 활용될 수도 있다. 예를 들면, 2011년 한국의 게임개발업체인 넥슨이 중국의 게임개발업체인 완미세계와 전략적 제휴를 통해 국내에 조인트 벤처 형태로 공동법인 엔지엘을 설립했다. 넥슨은 엔지엘을 통해 완미세계가 보유한 '신마대륙'과 '소오강호' 등과 같은 우수한 게임 타이틀을 국내에 우선적으로 서비스할 수 있는 권한을 갖게 된다. 엔지엘은 이러한 타이틀의 현지화, 운영 및 고객서비스 등을 맡게 된다. 한편, 완미세계는 넥슨의 경험, 브랜드 명성, 유통망을 토

---

2) 이 책의 제10장 '해외유통전략'을 참고.

대로 한국 시장으로의 진입을 시도할 수 있게 되었다.

3. M&A

1) M&A의 목적

M&A(Mergers & Acquisitions, 합병&인수)는 기업활동에서 기업의 사활이 걸린 중요한 결정이다. 다른 기업을 흡수하거나 다른 기업에 흡수당하거나 부분적인 통합을 하는 경우에, M&A의 결과에 따라 해당 기업들의 미래는 결정된다. M&A 기업들이 시너지 효과를 가져오지 못하고, 비효율성과 조직 갈등, 수익성 확보의 실패 등으로 이내 다른 기업에 다시 인수되거나 둘로 갈라지는 경우도 많다. 미디어 산업에서도 기업 M&A는 활발하게 이루어진다. 지금의 할리우드 메이저 스튜디오나 세계적인 주요 미디어 기업들도 M&A를 통해서 변모하고 오늘의 형태를 갖추게 되었다. M&A는 자사가 보유하지 못한 역량을 강화하기 위한 방편으로서 행해지는 기업활동으로, 변화하는 미디어 산업의 환경 아래 매우 역동적으로 진행될 수밖에 없다.

그렇다면, 미디어 기업들은 위험부담이 큰 경영전략인 M&A를 통해서 무엇을 얻고자 하는가? 첫째, 미디어 기업의 M&A의 가장 중요한 목적 중 하나는 전후방 수직결합을 통해서 콘텐츠 수급과 공급 시장을 확보하는 것이다. 수직결합은 원재료 확보, 생산, 유통 및 판매망에 이르는 과정의 부분 혹은 전부를 통합하여, 한 기업이 시장에서 가격을 결정할 수 있는 힘(시장파워, market power)을 키울 수 있는 전략이다.

전방 수직결합(forward vertical integration)은 원재료에서 판매에 이르는 일련의 과정에서 어떤 기업이 자신보다 후속단계에 위치한 기업을 통합하는 전략이다. 즉, 원재료 공급기업이 생산기업을 통합하거나, 생산하는 기업이 유통 혹은 판매망을 가진 기업을 통합함으로써, 고객과 유통 네트워크를 인수하는 것을 말한다. 콘텐츠 기업이 지상파 네트워크, 케이블 네트워크, 위성방송, OTT 등의 유통망을 인수하는 것이 여기에 해당한다.

한편, 후방 수직결합(backward vertical integration)은 유통기업이 생산기업을 혹은 생산기업이 원재료 공급기업을 통합하는 것으로 주요 공급자를 확보하는 것이다. 지상파 네트워크가 프로덕션을 자회사로 두는 경우, MSO의 PP 인수, 온라인 플랫폼의 제작사 인수, 통신사의 콘텐츠사 인수 등이 여기에 해당한다.

둘째, 미디어 기업 M&A의 또 다른 중요한 목적은 수직·수평 결합을 통한 생산, 유통, 판매망 등에서의 시장 확장이다. 케이블방송에서 SO가 타 지역 SO를 인수하는 것이나 신문사가 다른 신문사를 인수하는 것은 M&A를 통해 시장을 확장시키는 것과 비슷하다. M&A를 통해서 보다 큰 시장을 확보한 미디어 기업은 규모의 경제효과를 기대한다.

셋째, 미디어 기업은 M&A를 통해서 기술과 경영상의 노하우가 적은 새로운 영역으로 사업을 확장할 수 있다. 이종의 미디어 기업 간에 주로 행해지는 M&A의 주된 목적으로 볼 수 있다. 미디어 기술의 빠른 변화로 뒤늦게 기술개발과 시장진입을 하는 기업은 성공할 가능성이 매우 낮다. 기술의 누적 없이 새로운 사업에 참여하려는 기업에게는 새로운 기업의 설립보다 기존의 기업을 인수 혹은 합병하는 것이 훨씬 안정적인 전략이 될 수 있다. 물론, 이런 유형의 M&A가 늘 성공적인 결과를 이끌어내지는 않는다. 인수하는 기업이 새로운 사업에 대해 경험이 부족하여 인수 후에 효율적으로 운영을 하지 못하는 경우가 있다.

넷째, 경쟁업체와의 수평적 M&A를 통해 시장독점력을 높이려는 목적을 가진 미디어 기업 M&A도 있다. 반경쟁적 독점이라는 측면에서 규제대상이 되는 경우가 많다. 수평적 규제는 시장에서의 독점력뿐 아니라, 전후방 기업들에 대한 통제력을 강화시키기도 한다. 예를 들면, MSO에 의한 다른 MSO

인수를 들 수 있다. 표면적으로는 케이블방송 시장의 확장을 위한 수평적 결합으로 보이는데, 실질적으로 상호 경쟁하지 않는 SO 간의 결합은 수평결합적 효과뿐만 아니라, 수평결합을 통해 전방기업인 PP에 대한 협상력을 높이는 효과도 낸다. 즉, 수평통합을 통해서 넓은 시장을 커버하는 대형 MSO에 런칭하느냐 못하느냐가 PP의 매출에 지대한 영향을 주게 되면서 대형 MSO는 PP에 대한 가격 및 거래관계에서 협상력을 높이게 된다.

2) M&A 유형

합병은 2개의 기업이 하나로 합치면서, 두 기업의 모든 자산과 부채를 떠맡는 것을 말한다. 합병에는 두 기업이 합병하면서 기존의 상호(商號)와 법인체를 완전히 없애고 새로운 기업을 설립하는 신설합병(consolidations)과 둘 중 한 기업이 사라지면서 흡수되는 흡수합병(mergers)이 있다. 인수는 상대 기업의 소유권과 경영권을 확보할 정도로 일반주(common stock)를 인수하는 주식인수와 자산인수거래에서 상대 기업의 운영자산의 전부 혹은 일부를 인수하는 자산인수로 구분된다. 일반적으로 인수라고 할 때는 주식인수를 말하는 경우가 많다.

이 밖에도 기업 간에 보유주식을 상호 인수하는 방법으로 교환하는 스와핑(swapping)이 있고, 수익성에 한계가 있는 기업을 인수하여 새로운 사업으로 개발하는 A&D(acquisition & development)도 있다. A&D는 인수합병(M&A)과 기술개발(R&D)이 결합한 형태로 기술개발비용을 줄일 수 있는 이점이 있지만, 자본금이 적고 대주주 지분율이 높은 기업을 대상으로 하는 경우가 많아서 투자기업은 신중한 결정을 내릴 필요가 있다. A&D의 예로는 판매망과 자금이 취약한 기술 중심의 벤처기업이 대기업에 흡수되어 기술의 활용도를 높이고 판매망과 자금을 확보하는 경우를 들 수 있다,

3) M&A 과정

미디어 기업의 M&A도 일반 기업과 유사한 과정을 거치면서 이루어진다. M&A는 기업의 사활이 걸린 중대한 일이므로, 일반적으로 긴 시간 아래 검토되고 계획되면서 진행된다. 웨스턴(Weston, 1994)은 〈표 8-1〉에서 보듯이, 기업의 인수합병과정을 기획, 거래, 이행의 3단계로 나누어 설명하고 있다.

〈표 8-1〉 기업의 인수합병과정

단계	주요 활동
1. 기획	• 인수합병전략과 자체성장전략 중 선택 • M&A의 이익과 리스크(risk)를 평가 • 대상기업 검색, 평가, 선정 • 가격수준을 결정 • 법률 자문사 선정 • M&A Option(인수합병방법) 결정
2. 거래	• 인수인지 합병인지 결정 • 투자자 접촉 • 대상기업의 위상과 처리문제 결정 • 기본 합의서 작성 및 매수계약 체결
3. 이행	• 합의된 대로 인수합병의 구체적 실행 • 두 기업의 기업문화 차이에서 오는 갈등을 처리

(1) 기획단계

기획단계는 기업의 가치를 최대화하기 위해 장기적인 목표하에 장기적 성장을 기획하는 단계로, 일단 목표가 설정되면, 자체적으로 성장을 꾀할지 다른 기업을 인수할지 결정해야 한다. 인수합병을 통해 성장하기로 결정했다면 적절한 인수합병의 기준을 마련해야 하고, 다음으로 인수 가능한 기업들을 검색하여 평가해야 한다. 목표기업이 결정되면, 가격수준이 결정되어야 한다. 이 단계에서 가장 어려운 일은 기업을 평가하는 것이다. 인수합병 후의 기업활동을 예측해야 하는데, 지나친 낙관주의는 대상기업의 인수에 가치 이상의 인수비용을 지불하는 원인이 된다.

M&A를 위해서는 인수기업과 피인수기업 상호 간에 사전기업평가가 있어야 한다. M&A 인수기업이 피인수기업의 기업평가를 하는 것 못지않게 그 반

대의 경우도 중요하다. 1960년대는 수입명세(income statement)가 기업평가의 척도가 되었고, M&A 결과의 평가는 주가수익률 방식(earning per share)이 되었다. 미국에서 인플레이션이 극심하던 1970년대에는 잔고의 수준이 기업의 평가척도가 되었다. 1980년대와 1990년대는 이자, 세금, 감자, 증가 이전의 소득을 의미하는 캐시플로(cash flow)에 기초하여 기업평가를 했다. 요즘 가장 많이 사용되는 방법은 캐시플로 할인방식(discounted cash flow: DCF)으로 기업평가의 일차적인 척도가 된다. 캐시플로 할인방식은 기업의 장래의 캐시플로에 적당한 할인율을 적용하여 현재가치로 환원하여 평가액을 산정하는 방법이다. 그러나, M&A를 결정할 시기에 한 가지 평가만 사용되는 것은 아니다. DCF와 같은 수익가치뿐 아니라, 자산가치(예: 청산가치, 장부가치, 시가평가가치), 상대가치[예: RER(Price-Earnings Ratio), PBR(Price-Book Value Ratio), PSR (Price-Sales Ratio)]와 더불어 무형의 가치인 네트워크 가치, 인적 및 기술력 가치, 브랜드 가치 등도 평가된다.

무엇보다도 M&A를 계획하는 기업들은 시너지 효과를 통한 경제적 이익을 얻고자 한다. 재정적 차원에서 본다면, M&A 이후의 기업가치가 M&A 이전의 인수기업과 피인수기업의 기업가치의 합을 초과할 때[NPV(A+B)>NPV(A)+NPV (B)] 비로소 M&A는 가능해진다. 그 초과된 부분을 M&A의 시너지 효과로 볼 수 있다.

(2) 거래단계

거래단계에서는 인수기업이 대상기업의 입찰구조를 결정할 때 거래가 호의적으로 진행될지 적대적으로 진행될지가 결정되며, 어떤 방식으로 구조화될지도 결정된다. 그리고 이 단계에서 합병의 형식인지 인수의 형식이 될지를 정해야 하고, 대상기업은 자회사가 될지 다른 운영체계에 흡수될지를 정해야 한다. 또한 자금과 인력의 재배치에 대한 논의도 이루어진다.

(3) 이행단계

이행단계에서는 인수합병에 관한 잠정적인 합의가 이루어지고 난 후, 실제로 두 기업이 합쳐진다. 이 시기에 서로 기업문화가 다른 두 기업 간에 비효율적인 효과를 나타내기도 하고, 여러 가지 예상치 못했던 일들이 발생하기도 한다. 기획한 대로 모든 과정이 완료되면, 기업의 자산가치는 상승하게 되며, 주식시장에서는 상종가에 이르게 된다. 주식시장에서의 가치상승은 인수합병의 소문과 함께 시작되지만, 거래가 진통을 겪는 동안 다소 주춤해지다가 인수합병이 완성된 결과에 따라 다시 가치가 치솟든지 떨어지든지 하게 된다.

4) M&A 사례

(1) 타임워너

2001년 1월에는 AOL과 타임워너가 합병을 했다. 대단한 주목을 받고 시작한 거대 통신사와 거대 콘텐츠사의 결합이었던 AOL-Time Warner는 이후 AOL의 기업가치가 떨어지자, 영화에서 AOL을 삭제하고 Time Warner Company만 표기하기로 한 데 이어, AOL의 창업자인 스티브 케이스(Steve Case)가 책임

〈그림 8-1〉 타임워너의 주요 인수합병과정

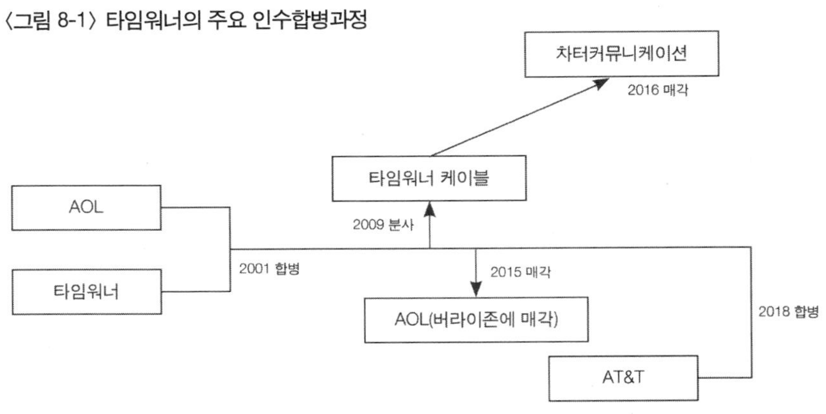

을 지고 회장직을 물러나기까지 했다. 타임워너는 타임워너케이블(TWC)을 분사하고, AOL을 버라이존에 매각한 후, 2018년 6월 AT&T와의 합병했다. 2001년 인터넷과 방송의 결합인 AOL와 타임워너의 합병은 M&A가 항상 긍정적인 결과를 내지는 않음을 보여주는 사례가 되고 있으며, 2018년 AT&T와 타임워너의 결합은 넷플릭스, 아마존 등 OTT의 도전에 직면한 콘텐츠사와 모바일사의 결합 사례가 된다(임정수, 2018).

(2) 디즈니

디즈니의 인수합병과정도 시장의 변화에 맞추어 민첩하게 수직적·수평적 결합을 계속해왔다는 점에서 흥미롭다. 디즈니는 애니메이션 영화와 테마파크로 특화되어온 기업으로 1993년 영화사 미라맥스(Miramax), 1995년에 지상파 네트워크 ABC, 1998년에 스포츠 전문채널 ESPN 등을 인수했다. 2004년에는 머펫스튜디오를, 2006년에는 애니메이션 제작사인 픽사(Pixar)를, 2009년에는 마블엔터테인먼트(Marvel Entertainment)를 인수했다. 이로써, 디즈니는 마블이 보유했던 엑스맨, 아이언맨 등 5000개의 슈퍼히어로 캐릭터에 관한 권리를 갖게 되었다. 마블의 대표적인 캐릭터였던 스파이더맨에 대한 권리는 1985년에 소니에 대여되었고, 2017년 제작된 영화 〈스파이더맨: 홈커밍〉은 마블스튜디오와 콜럼비아픽처스(소니)가 공동으로 제작했지만, 판권은 소니

〈그림 8-2〉 디즈니의 주요 인수합병과정

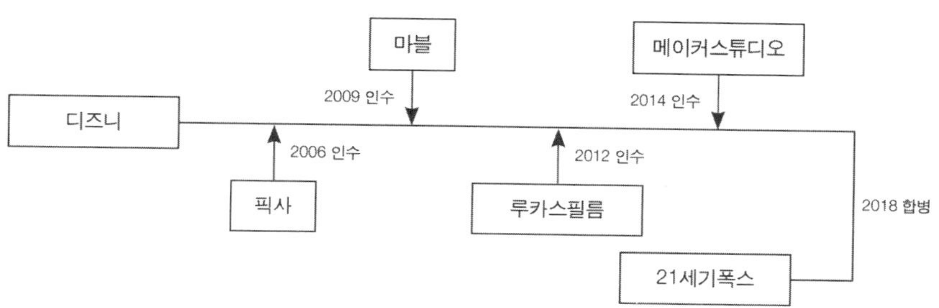

픽처스엔터테인먼트에 있다. 2017년 말부터 디즈니는 21세기폭스 인수를 추진하여 2018년 마무리했다. 디즈니는 폭스를 인수함으로써, 폭스가 마블 등으로부터 구입한 캐릭터들을 다시 확보하게 되고, 폭스가 가진 훌루의 지분을 추가로 확보했다. 디즈니의 폭스 인수에서 폭스 지상파 네트워크와 뉴스 네트워크 등은 제외되었다. 이 밖에도 디즈니는 2012년 루카스필름을 인수했고, 2014년 MCN인 메이커스튜디오를 인수하여 변화하는 콘텐츠 시장에 민첩하게 대응하는 모습을 계속 보여주었다(임정수, 2018).

(3) 컴캐스트와 NBC 유니버셜

훌루의 지분을 갖고자 한 합병이 한 건 더 있었는데, 2011년 컴캐스트가 NBC 유니버셜을 인수함으로써, NBC가 보유한 훌루 지분을 케이블 네트워크인 컴캐스트가 확보하게 된 것이다. 넷플릭스, 아마존이 온라인 동영상 플랫폼으로서 콘텐츠 제작자로서 시장을 확장해감에 따라, 기존 방송과 콘텐츠 사업자들은 이들 OTT에 대항할 온라인 플랫폼을 확보하고자 하는 열망이 커져갔다. 자체적으로 온라인 동영상 플랫폼사를 설립하여 콘티 없이 제작된 영상들이나 1인 창작자들의 콘텐츠를 서비스하기도 하지만, 기존 미디어 기업들에게 지상파 콘텐츠를 온라인으로 전송할 플랫폼으로 훌루는 충분히 확보할 만한 가치가 있었다. 훌루는 미국의 지상파방송사들이 유튜브에 대항할 온라인 유통 창구를 만들기 위해 조인트 벤처 형식으로 설립하면서 시작되었다. 한국의 POOQ과 유사한 취지에서 시작되었다고 볼 수 있다.

5) M&A 불허사례

(1) 컴캐스트와 타임워너케이블

2014년에 거의 최종 단계까지 갔던 컴캐스트의 타임워너케이블 인수가 미국 법무부와 FCC의 반대로 무산되었다. 케이블방송업계 1위였던 컴캐스트가

2위인 타임워너케이블을 인수하게 되면, 가입자수가 무려 3000만 가구에 달해 케이블 전체 시장의 30%를 차지하게 되는데, 이로써 시장지배력이 과도해질 것을 규제기관이 우려한 것이다.

이렇게 인수가 무산된 타임워너케이블은 2016년 5월 케이블방송업계 3위였던 차터(Charter Communications)에 인수되었다. 이어서 차터는 케이블방송업계 6위였던 브라이트하우스(Bright House)까지 인수하여, 인터넷 가입자수에서 컴캐스트에 이어 2위, 유료방송 플랫폼 가입자수에서는 AT&T, 컴캐스트에 이어 3위에 올라섰다.

(2) SKT와 CJ헬로비전

2015년 말 추진되었던 SKT의 CJ헬로비전 인수합병은 조건부 승인이 예상되었다가, 2016년 결국 공정거래위원회의 불허결정으로 무산되었다. 공정거래위원회는 SKT의 CJ헬로비전 인수에 대해서 유료방송시장, 이동통신 소매시장 및 이동통신 도매시장 등 방송통신시장의 경쟁을 실질적으로 제한할 우려가 있다고 판단하여 합병금지조치를 했다. 무엇보다 CJ헬로비전의 방송구역에서 SKT와의 기업결합이 있을 시 시장점유율이 46.9~76%에 달해 구역별 유료방송시장 경쟁제한효과가 우려된다고 판단한 것이다. 또한, 케이블방송과 IPTV의 이종 플랫폼 결합으로 경쟁압력이 약화되고 그로 인해 요금인상이 예상된다고도 보았다. 그리고, SKT가 알뜰폰 1위 사업자인 CJ헬로비전을 인수하게 되면, 이동통신 소매시장의 경쟁압력이 감소할 수 있으며, 이동통신 도매서비스 공급자인 SKT가 가장 유력한 수요자인 CJ헬로비전을 인수함으로써 도매공급 경쟁자들을 봉쇄시킬 우려도 있다고 보았다.

제9장

콘텐츠 파이낸싱

1. 콘텐츠 산업과 파이낸싱

1) 파이낸싱의 중요성

기업이 생산과 유통 등에 필요한 자금을 조달하는 것을 파이낸싱이라고 한다. 융자대출, 투자, 공적자금 등이 영상콘텐츠 제작사가 선택할 수 있는 파이낸싱의 대표적인 소스가 된다. 영상콘텐츠 제작사에 파이낸싱의 중요성은 크게 두 가지, 제작비 조달과 리스크 분산으로 요약할 수 있다.

먼저, 제작비 조달은 파이낸싱의 가장 근본적인 이유가 된다. 콘텐츠의 상품화를 고려하지 않고 제작비 전액을 방송사 예산으로 조달한다면 콘텐츠 파이낸싱의 이슈는 발생하지 않겠지만, 콘텐츠의 상품적 가치를 높이기 위해 더 많은 자금이 필요하다면 기업은 콘텐츠 재원 조달을 위한 방안을 마련해야 한다. 더 많은 자금이 더 높은 예술적 질을 보장해주지는 못하지만, 상품적 질을 향상시키기 위해서는 불가피하다. 콘텐츠 제작사는 캐스팅, 스태프, 야외촬영, 컴퓨터 그래픽, 특수효과 등에 더 많은 제작비를 투입하여 상품적 질을 향상시킴으로써, 보다 매력적인 상품을 시장에 내놓아 매출을 높이고자 할 것이다. 파이낸싱을 통해서 자체적으로 조달할 수 있는 예산역량보다 더 큰 제작비를 투입함으로써 콘텐츠의 상품 질을 향상시켜야 시장이 확장되고, 시장이 확장되어야 더 많은 투자를 유치할 수 있어, 향후에 상품 질을 더 높일 수 있는 선순환구조가 만들어진다.

국내 방송콘텐츠 제작이 할리우드식 스튜디오 시스템 아래 진행되고 있지 않아서, 거의 대부분의 프로그램 제작사들은 기본적으로 방송사 제작비 예산과 협찬을 통해 제작비를 조달하고 있다. 콘텐츠의 상품성을 높이고, 해외수출을 전제로 제작하기 위해서는 더 큰 제작비를 투입해야 하므로, 제작사는 공적자금을 지원받거나 투자를 유치받아서 예산의 규모를 키우게 된다. 그러나, 전적으로 외부의 자금에만 의존하게 되면, 성공에 따른 수익지분을 가질 수가 없다. 수익지분을 기대하는 제작사들은 자체적으로 조달한 제작비 비중이 커야 하므로, 투자에만 의존할 수는 없으며, 금융권으로부터 융자를 받아 자금을 조달하기도 한다.

파이낸싱의 또 다른 중요성은 리스크 분산에 있다. 2010년대 들어서서 텔레비전 드라마 제작비의 상승은 매우 가파른데, 콘텐츠의 제작비가 높아지면 재원을 마련하는 것도 어렵지만 마련한다고 하더라도 투자의 위험을 한 주체가 모두 다 떠안기가 어려워진다. 그런 측면에서도 콘텐츠 파이낸싱의 중요성이 생겨난다. 콘텐츠 생산을 위해서는 큰 자금이 모집되어야 할 뿐 아니라, 위험을 나누어 가질 주체들을 확보해야 하는 것이다. 자체 자금 이외의 투자자금을 유치함으로써, 자체적으로 제작할 수 있는 규모보다 큰 규모의 작품을 제작하면서도 리스크를 높이지는 않게 된다. 반면, 콘텐츠의 상품 질을 높임으로써 성공가능성을 높이고 기대수익도 높일 수 있다. 제작비의 무리 없는 조달이 파이낸싱의 보다 근본적인 이유이기는 하지만, 최근의 영상콘텐츠 산업에서 투자 리스크 분산의 목적도 결코 부차적이지 않다.

또 다른 측면에서의 리스크 분산은 제작사가 배급사의 투자를 받는 경우 양자 간에 발생한다. 콘텐츠 제작에 투자한 배급사가 이를 성공시키기 위해서 배급망 활용에 적극적이기 때문에, 제작사는 유통단계의 리스크를 줄일 수 있다. 이런 이유로 콘텐츠 제작사와 해외 배급사가 전략적 제휴를 통해 지분 제휴나 조인트 벤처를 운영하는 경우가 있다.[1]

2) 파이낸싱의 어려움

영상콘텐츠의 파이낸싱은 중요하지만, 몇 가지 장애요인들이 있다. 첫째, 영상콘텐츠 산업은 제작의 재원 마련에 어려움을 겪는 일이 많은데, 가장 중요한 장애요인은 콘텐츠 산업의 불확실성이다. 콘텐츠가 성공하면 큰 수익률을 올릴 수 있는 반면, 실패가능성이 매우 높아 불확실성이 높은 프로젝트에 투자를 유치하기란 쉽지 않다. 이런 경우에 투자자는 불확실성에 따른 리스크를 완화하고자 하므로, 제작자는 스타를 캐스팅하고 저명한 작가를 영입함으로써 투자자의 요구를 충족시키려고 한다. 이 요건을 갖춘 경우에 중국, 일본 등의 해외 투자자들이 프로그램의 기획단계에 투자하기도 한다. 해외 투자자 입장에서 본다면, 불확실성을 완화시킬 수 있는 주요 조건을 확보했기 때문에 과감한 투자를 할 수 있는 것이다.

둘째, 시간차를 둔 다양한 후속시장으로부터 수익을 내야 하는 콘텐츠 산업의 특징상 다른 사업에 비해 투자자가 수익을 회수하는 데에 시간이 상대적으로 다소 오래 걸린다. 방송사 예산이 상당 부분 투입된 텔레비전 드라마의 경우에 1차 윈도우인 방송사 본방의 광고수입은 전액 방송사에 귀속되고 있어, 대체로 투자자들은 2차시장에서의 수익을 배분받고 있다. 투자자 입장에서는 투자금과 수익을 가급적 빨리 회수해야 하기 때문에, 방송콘텐츠 투자에 익숙하지 않은 투자자들에게 매력적인 분야는 아니다. 영화의 경우에는 개봉관 흥행이 이루어질 때, 1차 윈도우에서의 수입으로부터 투자수익을 낼 수 있다. 하지만, 그렇지 못할 경우에는 VOD, 유료방송, 해외시장 등 후속시장에

---

1) 이 책의 제8장 '시장진입과 기업결합'을 참고.

서의 수입을 통해 수익을 기대할 수 있는데, 투자금 회수에는 상당한 시간이 걸려 기회비용이 커진다.

셋째, 제작사의 영세성도 재원 마련을 어렵게 하는 이유 중 하나이다. 금융기관의 융자대출을 받기 위해서는 물적담보가 필요한데, 대개의 영세한 독립제작사는 물적담보가 부족하거나 없는 경우가 많아서 사실상 대출을 받기가 어렵다. 융자대출은 제작 이전의 기획단계에서 제작을 진행해나가는 단계 사이에 주로 필요한데, 콘텐츠는 아직 아이디어 혹은 기획안 상태이거나 제작 중이라고 하더라도 완성되지 않아 유형의 물적담보로 사용할 수 없다. 이에 대한 대책으로 마련된 것이 완성보증보험과 연계한 네거티브 픽업 방식이다. 제작사가 방송사와 프로그램 제작 전에 편성계약을 맺고, 그 계약서를 가지고 완성보증보험에 가입한 뒤, 이를 금융기관에 물적담보 대신 제출하고 심사를 거쳐 대출받는 형식이다.

넷째, 콘텐츠 산업은 어느 나라에서나 다른 산업에 비해 상대적으로 회계투명성이 낮아, 투자의욕을 낮추는 요인으로 작용했다. 2010년대 초반 콘텐츠 투자에 대한 관심이 높아지고, 독립제작사의 회계투명성에 대한 요구가 높아지면서, 이 문제를 해결하기 위해 문화전문회사(문전사)로 불리게 된 SPC(Special Purpose Company)가 대안으로 제시되었다. 드라마, 영화, 뮤지컬 등을 프로젝트 형식으로 추진하면서 특정 프로젝트만을 위해 설립된 문전사를 이제는 빈번하게 볼 수 있다. 문전사는 사업관리자, 자산관리자, 제작사 및 배급사, 투자자 등을 선정해서 이들과 업무위탁계약 등을 체결하여 프로젝트를 추진하게 되므로, 자금과 회계의 운영에서 투명성이 보장되고, 투자된 자금이 프로젝트 이외의 용도로 전용되는 일도 없다. 이러한 방식은 콘텐츠 프로젝트 투자에 대한 회계불투명성의 우려를 상당히 덜어주는 데 기여했다.

2. 콘텐츠 파이낸싱의 유형과 특징

1) 자금의 성격에 따른 유형

(1) 대출

콘텐츠 자금의 성격에 따라 대출, 투자, 지원의 형태로 구분할 수 있다. 대출은 금융기관으로부터 부족한 자금을 빌려 제작비로 충당하고, 이자를 지불하는 방식이다. 콘텐츠 사업자가 금융기관의 대출을 받기 위해서는 대체로 부동산 담보가 필요한데, 대출담보물이 부족할 경우에는 대출을 통한 자금 충당이 어렵게 된다. 특히, 독립제작사들은 이런 이유로 해서 금융기관으로부터 대출을 받기가 어렵다. 금융기관은 콘텐츠 제작사에 부동산 담보 대신에 기획 중인 콘텐츠의 제작 완성을 보장받기 위해서 완성보증보험(이번 장의 제3절에서 설명함)을 요구하기도 한다.

(2) 투자

투자는 콘텐츠 제작 및 유통에 필요한 자금을 조달받아 사업을 추진하여 발생한 수익을 투자자에게 배분하는 방식으로, 이는 빌린 자금에 대해 사업의 성패와 무관하게 일정한 이자를 지불하는 대출과는 다르다. 투자는 사업의 성과에 달려 있기 때문에 불확실성이 높아, 사업이 실패할 경우에는 투자원금의 회수가 어려울 수 있는 반면, 사업이 성공할 경우에는 높은 수익률을 올릴 수도 있다. 개별 프로젝트가 아닌 기업에 대한 투자인 기업자본투자와 특정 콘텐츠 제작 혹은 유통에 대한 프로젝트 투자로 구분해볼 수 있다.

(3) 지원

콘텐츠에 대한 지원은 민간기업이나 재단이 행하기도 하지만, 공공기관이 집행하는 국고나 공적자금에 의한 지원이 중심이 된다. 지원 결정은 주로 공모를 통해 심사를 거치게 된다. 제작비의 전액 혹은 일부를 지원받는 콘텐츠사는 선정과정에서 지원기관으로부터 기획안과 예산을 심사받고, 사업 후에는 예산집행에 대해 지원기관에 보고해야 하며, 실적 및 회계를 평가받는다.

2) 자금소스에 따른 유형

(1) 민간자본

콘텐츠 자금소스에 따라, 민간자본과 공적자금으로 구분할 수 있다. 민간자본은 금융기관, 창업투자사, 일반 기업, 방송사, 제작사, 배급사 등으로부터 대출 혹은 투자의 형식으로 콘텐츠사에 투입된다. 콘텐츠 산업은 그 자체가 시장에서 매우 불확실성이 높기 때문에, 제작사는 리스크를 분산시키고자 한다. 따라서, 순수하게 자체 자금으로 콘텐츠를 제작하는 사업자는 매우 드물다. 민간자본을 사용한 콘텐츠사는 이자나 수익배당금을 대출기관이나 투자자에게 지불해야 한다. 사업의 성공경험을 갖게 되면 향후 사업에서 자금 조달이 보다 용이해지지만, 반대의 상황이 발생하면 향후에 자금 조달에 어려움이 발생할 수 있다. 콘텐츠사는 투자자를 안심시킴으로써, 민간자본 유치가 보다 쉽도록 스타 작가와 스타 배우의 캐스팅에 열을 올릴 수밖에 없다.

민간자본에는 해외자본도 포함되는데, 주로 콘텐츠 제작 혹은 유통에 투자하는 형태로 투입되며, 개별 콘텐츠가 아닌 기업투자로 참여하기도 한다. 해외기업은 콘텐츠 제작비 투자를 통해서 지분을 확보하기도 하지만, 자국시장에서의 유통권을 확보하는 형태로 투자계약을 하기도 한다.

(2) 공적자금

공적자금은 방송발전기금, 방송진흥기금, 지방자치단체의 콘텐츠 지원자금 등이 있으며, 공적자금의 지원은 순수지원, 투자, 융자의 형태가 있다. 순수지원은 콘텐츠 제작 및 유통에 필요한 자금의 전액 혹은 부분을 무상 지원하는 방식이다. 순수지원을 받은 사업자가 지원받은 자금을 목적에 맞게 사용한다면, 지원받은 콘텐츠의 흥행 여부에 따른 대가나 벌칙금은 없다. 순수지원은 사업자의 자금 확보와 흥행에 대한 부담을 동시에 덜어주어, 시장에서 자금 마련이 어려운 성격의 콘텐츠 제작이 가능하도록 하는 역할을 한다.

공적자금이 지원된 투자는 투자조합에 투입되는 공적자금이 대표적인 사례이다. 공적자금이 민간 콘텐츠 사업자나 방송사를 투자 지원하는 경우는 드물지만, 투자조합의 민간자본의 유입 및 투자안정성을 위해 공적자금이 투입된다(투자조합은 이번 장의 제3절에서 다시 자세히 설명함). 투자형태로 지원되는 공적자금은 그 자체로 수익극대화를 추구하기보다는 투자조합의 경우처럼 사업자의 투자유치를 지원하고, 사업실패에 따른 손실을 완충해줌으로써 콘텐츠 제작과 유통을 활성화하는 것이 주된 역할이다.

공적자금에 의한 융자제도도 있는데, 대체로 지원사업별로 공모절차를 거쳐 지원하게 된다. 민간금융기관보다 낮은 이자율이 적용되지만, 융자지원금이 제한적이므로 심사를 통해 일부 사업자만 지원받을 수 있다.

3) 투자자 목적에 따른 유형

(1) 재무적 투자

콘텐츠 투자자의 목적에 따라, 재무적 투자, 전략적 투자, 공공목적투자로 구분된다. 재무적 투자는 수익분배를 목적으로 하는 투자인데, 은행, 증권사, 보험사, 자산운용사 등이 주된 재무적 투자자가 될 수 있다. 매출에서 콘텐츠 제작 비용을 빼고 남은 순수익에서 수익지분을 배분받게 된다. 재무적 투자자는 투자조건에 따라, 목표수익을 실현하고 나면 투자금을 회수하게 된다. 재무적 투자자는 투자대상기업의 장기적인 성장보다는 프로젝트 중인 콘텐츠의 경쟁력, 수익성, 안정성을 중심으로 투자를 결정하게 된다.

(2) 전략적 투자

전략적 투자는 수익배분뿐 아니라, 경영권 참여나 사업적 권리 등을 목적으로 지분 투자하는 것을 말한다. 콘텐츠 산업에서 전략적 투자자가 추구하는 사업적 권리는 방영권, 라이선스 사업권, 해외시장 유통권, 온라인 및 모바일 플랫폼 유통권 등이 있다. 플랫폼 사업자, 방송사, 배급사, 부가사업자 등이 콘텐츠 제작에 투자하고 수익배분, 배급 수수료, 유통권리 등을 확보하는 방식이 콘텐츠 산업에서 가장 흔히 볼 수 있는 전략적 투자이다. 드라마 제작비를 확보하기 위해서, 선판매하거나 투자를 받는 조건으로 중국 방송사나 유통사에 중국 내 판권과 유통권을 넘기는 방식이 그 대표적인 예이다.

(3) 공공목적투자

공공목적투자의 일차적 목적은 공적자금을 통해서 수익을 내는 것이 아니라, 콘텐츠 산업의 진흥을 지원하는 것이다. 공공목적투자는 공모에 지원한 사업자들의 사업적 안정성, 기획력, 제작수행력, 시장성 등을 고려하여 결정하게 된다. 제작비를 전액 지원하는 방식도 있지만, 사업자에게 수익창출의 동기를 부여하기 위해서 점차 사업자가 제작비 일부를 직접 조달하고, 공적자금의 투자를 받아 나머지를 조달하는 방식이 증가하고 있다.

3. 콘텐츠 파이낸싱 방법

1) 직접조달방식

영상콘텐츠 파이낸싱에서 자금의 직접조달방식은 주로 할리우드 메이저 스튜디오와 미니 메이저급 스튜디오 등이 영화나 드라마를 생산할 때 전통적으로 행해온 방식이다. 스튜디오가 콘텐츠 제작비를 직접 조달하면서, 콘텐츠 유통에 대한 모든 권리를 갖는 방식으로 P-D 방식 혹은 PFD 방식(Production-Financing and Distribution)으로 불린다. 스튜디오가 제작비를 직접 조달한다는 말은 단순히 스튜디오가 보유한 자본으로 제작하는 것만을 의미하지는 않으며, 소수의 고액 투자자를 대상으로 고위험 고수익 성향의 사모펀드와 헤지펀드 등 다양한 형식의 자금조달방식을 복합적으로 활용하여 제작에 필요한 자금을 확보하는 것을 포함한다. 투자의 규모를 키우고, 투자의 위험부담을 줄이기 위해서 몇 개의 대형 스튜디오들이 공동으로 제작하기도 한다.

제작, 배급, 방송 네트워크, 온라인 플랫폼 등을 수직 결합하고 있는 할리우드 메이저 혹은 미니 메이저급 스튜디오는 P-D 방식을 통해 제작비를 직접 조달하여, 제작 전 과정에 대한 통제권을 갖고, 유통배급권을 확보하게 된다. 개인 프로듀서가 스튜디오와 계약을 하기도 하지만, 많은 경우에 프로듀서는 기업 차원에서 스튜디오와 계약을 함으로써, 스튜디오의 통제로부터 보다 큰 자율권을 갖게 된다. 큰 예산이 투입되는 할리우드 영상콘텐츠 제작에서는 책임 프로듀서 체제가 100여 년 전부터 정착되어왔는데, 책임 프로듀서는 프로젝트에 관해 스튜디오로부터 큰 권한을 위임받아 제작을 총괄 지휘하게 되고, 작품이 흥행하면 그에 따른 수익배분도 받게 된다. 그럼에도 불구하고, P-D 방식 아래 스튜디오는 제작을 중단하거나 일정을 조정할 수 있는 권한을 확보함으로써, 자금의 직접조달로 인해 가중된 리스크에 적극적으로 대처할 수 있다.

P-D 방식의 효율성은 기획, 제작, 유통의 3단계로 나누어 정리해볼 수 있다(임정수, 2010).

첫째, **기획단계**: 메이저 스튜디오가 가진 높은 협상력으로 프로듀서, 감독, 작가, 캐스팅, 엔지니어 등과의 계약과정을 상대적으로 원활하게 처리할 수 있다. 스튜디오는 프로듀서, 감독, 작가, 연예인들과의 계약을 거의 에이전트를 통해서 진행함으로써 업계표준을 따르고 있지만, 특권을 누리는 극소수 예술인들과의 계약에서는 주요 조건들에서 상당 부분을 양보하기도 한다.

둘째, **제작단계**: P-D 방식 아래 스튜디오는 책임 프로듀서의 결정에 대해 이런저런 참견을 할 수도 있지만, 스튜디오의 각종 인프라와 인적 네트워크를 활용할 수 있도록 지원한다. 또한, 촬영지 섭외 및 일정관리 등에서도 스튜디오는 오랜 노하우를 가지고 신속하고 효율적으로 일을 처리할 수 있다. 그런 장점도 있지만, 계약관계에 있는 메이저 스튜디오의 인프라 사용에 따른 비용은 독립 스튜디오를 사용할 때보다 훨씬 높다.

셋째, **유통단계**: 프로듀서와 제작사는 스튜디오와의 작업을 통해서, 네트워크 확보와 2차 유통시장의 개발에서 유리한 위치를 확보하게 된다. 영화의 경우, 메이저 스튜디오와 연계되지 않고 제작된 작품들은 극장을 잡기 어렵고, 간혹 극장 상영관 편성에서 공백이 생기는 타임이나 오전타임에 때우기용(filler)으로 상영되는 경우가 많다. 드라마 시리즈의 경우에는 네트워크의 파일롯 제작 동의를 거쳐 완성되었으므로, 제작하기로 결정만 나면 1차시장인 네트워크 납품에는 문제가 없다. 네트워크는 스튜디오 시스템 아래 제작된 프로그램을 선호하는데, 이를 스튜디오와 배급사의 뿌리 깊은 공조관계의 결과로 보는 견해들이 많다. 이러한 관계는 텔레비전 드라마의 제작과 유통에서 스튜디오와 방송 네트워크의 수직적 기업결합을 통해 더욱 공고해져 왔다.

2) 대출융자와 완성보증보험

자본력이 부족한 독립제작사나 소형 스튜디오는 자체적으로 자금을 조달하는 데에 어려움이 있고, 투자유치도 여의치 않아서, 금융기관으로부터 대출융자를 받으려고 한다. 금융기관은 대출을 승인하는 조건으로 담보를 요구하는데, 중소형 기업들은 이를 충족시키기가 쉽지 않다. 제작하려는 콘텐츠는 아직 제작 전의 기획안 상태여서, 담보물로 인정되지 않는다. 이럴 때에, 기획된 콘텐츠가 배급이 보장되어 있다는 확인이라도 있다면 그것에 근거해서 금융기관이 대출을 승인하는 것이 가능하다고 보고 만들어진 제도가 완성보증보험(completion bond)이다. 완성보증제도는 큰 자본이 투입되면서도 불확실성이 높은 영상콘텐츠의 재원 마련을 위한 수단으로 고안되었다. 배급사의 배급확인서나 방송 네트워크의 편성확인서는 콘텐츠가 완성된 후 수익창출을 보장하는 것이므로, 이를 통해서 금융기관은 대출금 회수를 보장받고자 한다.

〈그림 9-1〉은 완성보증제도의 기본 모델을 보여준다. 제작사와 배급사의 배급계약만으로 금융기관이 대출을 승인하는 것이 아니라, 제작사가 보증사에 보험료를 납부하고, 배급계약서에 근거해서 완성보증서를 발급받아 금융기관에 제출하고 융자대출을 받게 된다. 만일에 작품이 완성되지 못하여 제작사가 대출상환이 어려워지면, 보증사는 미회수액에 대한 손실부분에 대해서 금융기관에 보험금을 지급해야 한다. 따라서, 보증사는 제작사가 정상적으로 일정에 따라 제작을 진행하고 있는지, 제작이 지연될 요소가 없는지를 수시로 점검하여 파악하고 있어야 한다.

제작사 입장에서는 보증사의 완성보증 아래 미완성의 작품의 배급계약서(혹은 편성계약서)를 담보로 융자나 투자를 받을 수 있어서, 담보물이 없는 제작사에게 특히 유익한 제도가 될 수 있다. 금융기관에서 대출을 받는 경우에 독립제작사는 대출을 통해 제작비를 충당하며, 나중에 완제품을 공급하고 배급사로부터 받은 돈으로 대출금을 갚는다. 이런 경우에는 투자가 아니기 때문에 이자만 지불하고 수익배분을 하지 않아도 되는 이점이 있다. 금융기관의 입장에서는 보증사를 통해서 대출의 위험을 덜게 된다.

〈그림 9-1〉 완성보증제도의 기본 모델

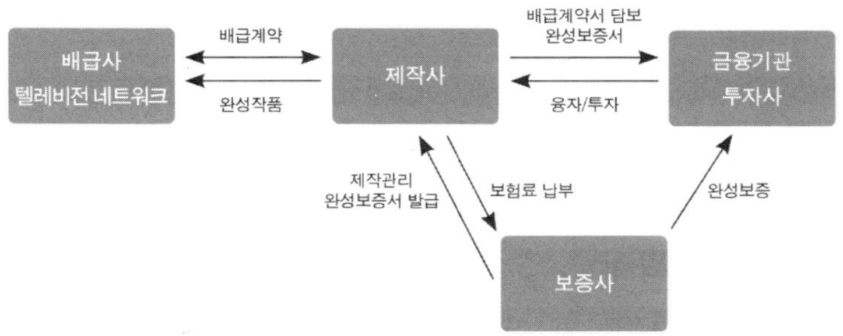

보증사는 단순히 보험업무만이 아니라, 예산 초과로 마무리에 어려움이 있을 때는 추가 대출도 고려할 수 있으며, 인력문제가 발생하면 인력을 공급해주는 등 작품이 완성에 이르도록 전방위적 지원을 하게 된다. 보증 수수료는 미국의 경우 제작비 예산의 4~6% 정도이며, 한국에서는 순제작비의 2.5~3% 정도가 된다. 수수료의 발생은 전체 제작비의 증가를 가져오지만, 자금 조달이 어려운 독립제작사에 유용한 파이낸싱 방법이다. 또, 전체 예산이 초과할 때 사용하도록 예비비 책정을 요구하기도 한다. 미국의 International Fim Guarantors, Film Finance(1950년에 영국에서 설립됨), Cine Finance, 프랑스의 공적독립기관인 IFCIC, 일본의 Film Finances Japan 등이 대표적인데, 이러한 완성보증보험사가 제작사의 촬영 포기로 돈을 물어야 했던 경우는 0.5% 이내로 상당히 낮았다. 이럴 때를 대비해서 이들 보험사는 재보험을 가입해둔다.

3) 투자유치

(1) 투자조합

투자조합은 창업투자회사가 정부나 공적기관으로 구성된 특별 조합원과 일반 조합원을 참여시켜 결성하고, 조합원이 출자한 자금을 높은 수익이 기대되는 기업을 정하여, 이들 기업이 발행하는 주식, 전환사채, 신주인수권부 사채 등에 투자하거나 무담보 자금지원방식 또는 특정 프로젝트에 투자하고, 미투자자산은 금융기관에 예치하여 운영하는 투자방법이다. 1개 투자조합의 총 출자액은 30억 원 이상으로 규정되어 있으며, 투자조합의 자산운용 창업투자회사가 전적으로 맡아서 하며 조합 설립일로부터 3년 이내에 출자금 총액의 50% 이상을 창업자에게 투자하고 해산 2년 전까지는 출자금 총액 50% 이상의 투자실적을 유지하도록 되어 있다.

1998년 영화투자조합이 처음 시작된 이후 2000년대에 영화, 텔레비전 드라마, 애니메이션, 음반, e-book 등의 프로젝트에 투자하는 투자조합의 설립이

〈그림 9-2〉 영상투자조합 구성

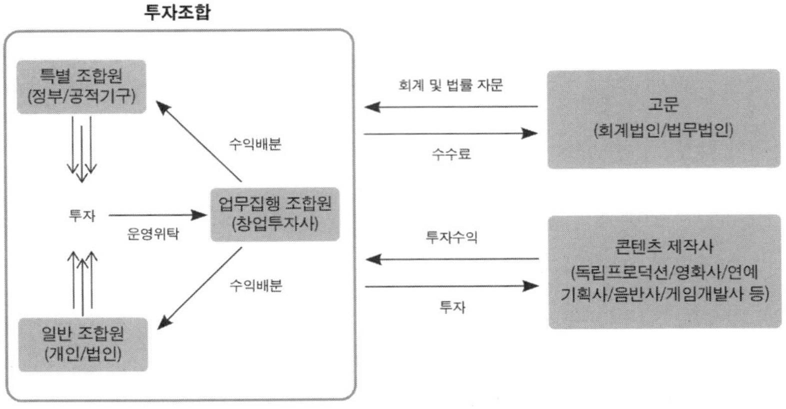

활기를 띠었다. 2002년 문화관광부와 방송위원회는 디스커버리 창업투자(현재의 CJ 창업투자)를 업무집행 조합원으로 선정하여 국내 최초의 방송영상투자조합을 출범시켰다(양승혜, 2003). 이처럼 방송영상투자의 활성화를 위해, 문화관광부와 방송위원회는 특별 조합원으로 투자조합에 참여하기도 했다. 투자손실이 발생했을 때에 특별 조합원의 지분에서 우선적으로 손실금이 차감되며, 이는 일반 투자자들의 위험을 덜어주는 기능을 한다.

투자조합을 통해서 일반 투자자들의 자금을 유치할 수 있지만, 투자조합의 조합원들은 콘텐츠 창작과정에 개입하거나 직접적인 영향을 행사할 권리를 가지지는 않는다. 이는 투자자들이 콘텐츠 제작과정과 작품에 대한 조건을 전제로 투자계약을 하지 않기 때문이다. 그 대신, 관련법들에 근거해서 투자조합은 위탁 회계법인과 법무법인으로부터 프로젝트 투자와 운영에 관해 자문을 받아야 한다.

(2) 사모펀드

사모펀드(private equity fund: PEF)는 2인 이상의 소수 투자자로부터 모은 자금을 운용하여 수익을 배분하는 펀드로, 투자조합과 유사한 펀드조성방식이지만, 고위험 고수익을 추구하여 투자 모집과 프로젝트 투자에서 제약이 적다. 사모펀드는 공모펀드에 적용되는 것과는 달리 동일 종목에 대한 신탁자산의 10% 이내 투자제한이 없어, 한 종목에 집중적인 투자도 가능하다. 이러한 사모펀드의 특징은 고수익의 이점을 주기도 하지만, 프로젝트 실패에 따라 큰 손실을 초래할 가능성도 동시에 갖는다. 2016년 한국산업은행과 KBS가 공동으로 1000억 원대 대규모 문화콘텐츠 투자전문 사모펀드를 형성하여, SPC를 설립하거나 프로젝트별 투자를 통해 드라마, 예능, 애니메이션 등 영상콘텐츠에 대해 투자한 사례가 있다.

(3) 선매방식

1970년대 이후 HBO, showtime 등의 채널이 활성화되고, 1980년대 비디오 대여사업이 등장하는 등 다양한 윈도우가 개발되면서, 영화산업에서 판권을 미리 팔아 자금을 확보하는 방식이 도입되어 1990년대에 활성화되었다. 제작되지 않은 콘텐츠의 해외 구매자는 특정 해외지역으로부터의 수입에 대한 권리를 일정 기간 갖고, 지분참여를 하고자 한다. 선매(presale)는 제작비의 일정 비율 이내에서 콘텐츠의 비디오 유통권, 신디케이션권, 해외유통권 등을 판매하거나 지분참여를 시키는 방식으로 이루어지며, 은행에서 약속어음을 발행받아 현금화한다.

선매계약이 이루어지면, 제작비용의 조달이 원활해지며, 콘텐츠의 유통지역이 확대되어 더 넓은 지역의 이용자들에게 콘텐츠를 보여줄 수 있다는 이점이 생긴다. 수익을 낸 투자자들은 후속작품의 투자에도 관심을 보일 수 있으며, 콘텐츠가 유통된 해외시장에서 이용자들의 향후 콘텐츠 선호에 긍정적 영향을 미칠 수 있는 2차적인 혜택도 있다.

그러나, 수익을 낼 수 있는 주요 판권들을 이미 팔아버린 상태이기 때문에, 후속시장에서의 수익을 내는 데에 한계가 발생한다. 게다가, 콘텐츠가 빅히트 작품이 된다면, 유통권을 가진 선투자자는 큰 수익을 얻을 수 있지만, 콘텐츠 제작사는 명성만 얻고, 수익을 내지 못하는 경우도 생긴다.

(4) 에셋 베이스드 파이낸싱

아직 제작되지 않는 작품을 두고, 제작비를 융자받거나 펀드를 모집하여 제작하는 경우를 말한다. 운전자금[2)]방식이라는 점에서 볼링베이스 파이낸싱이라고 하며, 아직 제작되지 않은 작품의 미래가치를 두고 투자한다는 점에서 에셋 베이스드 파이낸싱(asset-based financing)이라고 한다. 독립제작사보다는 대형 스튜디오를 중심으로 이루어지는 투자방식이다. 투자자가 개별 작품에 대해서 간섭하지는 않지만, 수익이 발생하면 배당해야 한다. 예를 들면, CJ엔터테인먼트에 의한 드림웍스 지분참여 등이 있다.

(5) 문화산업전문회사 설립

문화산업전문회사는 「방송산업진흥기본법」 제43조(2006년 4월 28일 신설)에 근거한 일종의 특수목적회사(special purpose company: SPC)이다. 문화산업전문회사는 문화산업에 속하는 문화상품의 기획·개발·제작·생산·유통 및 소비 등과 이에 관련된 서비스, 문화산업에 속하는 문화상품의 관리·운용 및 처분, 그리고 이와 관련한 업무를 수행하는 데에 필요한 계약의 체결과 관련 업무 이외의 업무를 할 수 없도록 법으로 정해져 있다. 문화산업전문회사는 그 업무를 사업위탁계약에 따라 사업관리자에게 위탁하여야 하며, 자금 또는 자산의 보관·관리에 관한 업무와 권리관계를 증명하는 서류의 보관업무를 자산관

2) 기업이 임금이나 이자의 지불 또는 원재료의 매입 등 경상적 활동에 필요로 하는 자금. 경영자금이라고도 하며, 설비투자에 소요되는 설비자금과 구별된다. 일반적으로 운전자금은 자금의 지출에 의하여 생산된 생산물 또는 매입한 상품의 매출로서 회수된다. 설비자금의 회수가 고정적·장기적인 데에 반하여, 운전자금은 유동적·단기적인(일반적으로 1년 이내) 점이 특징이다. 운전자금의 대부분은 단기자금이므로 어음할인이나 당좌대월(當座貸越)에 의하여, 예금을 주요 자금원으로 하는 은행 등을 통하여 조달된다.

리위탁계약에 따라 자산관리자에게 위탁하여야 하는데, 사업관리자와 자금관리자는 동일인(법인)이 될 수 없다. 문화산업전문회사는 특수 프로젝트를 중심으로 설립되어, 모기업과는 재무적으로 분리 운영되며, 투자받은 자본을 해당 프로젝트 이외의 용도로 사용할 수 없고, 목적 달성 후에는 해산한다. 문화전문회사에 투자한 투자자들은 운영실적에 따라 수익배분을 받게 되며, 모기업의 재무상황으로부터 영향을 받지 않게 된다. 이렇게 함으로써, 문화산업전문회사를 통해 콘텐츠 제작사의 회계투명성을 높임으로써 더 용이하게 투자유치를 할 수 있다.

(6) 크라우드 펀딩

2000년대 중반부터 소셜미디어의 발달과 함께 시작한 크라우드 펀딩(crowd funding)은 온라인 크라우드 펀딩 플랫폼을 통해 불특정 다수로부터 자금을 조달하는 방식이다. 2012년 미국 오바마 정권에서는 신생기업의 자금조달을 원활하게 하고, 이들 기업에 대해서 기업 공개절차와 규제를 간소화하여 소액 투자자의 투자를 촉진시키기 위해, 일명 잡스법(Jumpstart Our Business Startups Act: JOBS Act)으로 불리는 신생기업 지원법이 마련되어, 크라우드 펀딩의 법적 근거가 되었다.

초기에는 크라우드큐브(crowdcube), 인디고고(Indiegogo)와 같은 플랫폼들이 특정 프로젝트를 목표로 대중이 자금을 후원하고 기부하는 형식으로 시작했다. 대출형식의 크라우드 펀딩도 있는데, 온라인 대출 플랫폼 업체가 사용정보를 처리하고, 투자금과 이자를 받아 전달하는 측면에서는 은행의 역할을 하지만, 기존 은행이 예금자가 맡겨놓은 돈으로 대출자를 심사하여 대출을 승인하는 것과는 달리, 투자자가 대출자를 선택해서 대출해주는 P2P 방식의 대출이라는 점에서 차이가 있다. 또, 킥스타터(kickstarter)와 같은 플랫폼들이 대중의 투자를 받아 특정 프로젝트를 성공시켜 거둔 수익을 투자지분에 따라 배분하는 증권형 크라우드 펀딩도 있다. 그 후에는 암호화폐를 이용한 크라우딩 펀딩도 주목을 받았다.

국내에서는 와디즈, 오픈트레이드, 다음 스토리펀딩, 뮤직파밍, 펀딩4U, 텀블벅, 펀딩21 등의 크라우드 펀딩 플랫폼들이 운영되고 있다. 국내 증권형 크라우드 펀딩은 2016년부터 출범하여, 벤처기업과 이노베이션 기업을 제외한 7년 이하 기업은 1년 동안 7억 원까지 모집이 가능하고, 지분증권(보통주, 우선주), 채무증권(회사채, 전환사채), 투자계역증권 등의 형태로 가능하다. 전문 투자자의 연간투자한도나 동일 기업 연간투자한도는 없지만, 저금리 시대에 자칫하면 과도한 기대를 갖게 되는 일반 투자자를 보호하는 차원에서 일반 투자자의 소득수준에 따른 차등적 한도액을 법으로 정하고 있다.

영화 〈귀향〉(2016)이 제작비 50%를 후원형 크라우드 펀딩으로 조달하여 세상에 나올 수 있었고, 영화 〈재심〉(2016), 〈연평해전〉(2015) 등이 증권형 크라우드 펀딩으로 제작되어 높은 수익률을 보였다. 영화, 웹드라마 등의 영상콘텐츠 제작에서 크라우드 펀딩은 이제 더 이상 새로운 일이 아니다.

제10장
해외유통전략

1. 콘텐츠 해외시장 확장

1) 공공재의 시장 확장

영상콘텐츠는 공공재적 속성을 가지고 있어, 소비는 한계비용의 증가를 동반하지 않는데, 이런 속성으로 인해서 국내1차시장을 넘어 국내2차시장, 해외시장으로 확장할수록 평균비용은 계속 낮아지는 규모의 경제가 뚜렷하게 나타난다. 거기다가, 영상콘텐츠는 일반적인 사적재화와는 달리 고급화를 통해서 가격을 인상시키는 데에는 한계가 있기 때문에, 수익을 증대시키기 위해서는 시장을 넓히는 것이 최선이다. 영상콘텐츠를 고급화한다고 하더라도 이는 가격 측면보다는 시장 확장에 기여하게 된다. 드라마의 제작비를 2배 더 투입할 때, 각 이용자가 지불하는 가격이 2배가 되는 것이 아니라, 드라마의 상품적 질이 높아지면서 더 많은 사람들이 그 드라마를 시청하게 되고, 그에 따라 광고 수주 혹은 가입자 유치에서 유리해진다.

영상콘텐츠는 공공재로 지불의지에 따라 가격이 형성되기 때문에, 지불의지가 높은 시장에서는 제작비의 의미 있는 회수가 가능한 반면, 지불의지가 상대적으로 낮은 시장에서는 제작비의 회수가 어려워지고, 지불의지가 지극히 낮은 시장에서는 시장 개척에 의미를 두고 수익성은 기대하기 어려운 경우도 있다. 공공재의 한계비용이 0에 근접하기 때문에, 잠재성이 큰 시장이라면 당장 큰 수입이 발생하지 않더라도 낮은 지불의지를 수용하면서 진출이 가능하다.

콘텐츠의 해외시장이 확장되면, 콘텐츠 제작에서 예상되는 기대수입이 커지고, 그에 따라 제작비를 상향 책정하게 되고, 그 결과로 제작의 투입요소를 고급화할 수 있으며, 상품의 질을 높일 수 있게 된다. 질이 향상된 콘텐츠는 더 넓은 시장에 팔려 나갈 가능성이 높아지고, 그에 따른 기대수입이 커지는 선순환구조가 만들어진다. 불확실성이 높은 영상콘텐츠 산업에서 제한적인 내수시장만 염두에 둔다면, 콘텐츠 제작사가 기대수입을 높게 잡고 많은 제작비를 투입할 수는 없을 것이다.

영상콘텐츠 기업은 본질적으로 시장 확장을 추구하기 마련이어서, 해외시장 진출을 통해서 도약할 수 있는 계기를 마련하곤 한다. 2000년대 초반 〈겨울연가〉와 〈대장금〉으로 방송드라마의 한류가 본격화된 이후, 한국 드라마는 2010년대 초반까지 일본 시장을 중심으로 해외수출을 추진했다. 독도와 위안부 문제로 한일 간 국민정서적 갈등이 불거지면서, 일본 시장이 주춤하게 되었지만, 잠재적 시장으로 자리하던 중국 시장에서 매출이 상승하면서 일본 시장을 대체해나갔다.

2010년대 들어서면서, 중국 시장은 드라마, 예능 프로그램, 음악 등의 한류 콘텐츠에 열광했다. 중국 자본이 기업투자와 프로젝트 투자 등의 형태로 유입되면서 한국 콘텐츠 제작산업은 활력을 띠면서 들썩였다. 중국이 적극적으로 투자를 하던 2016년 상반기에 KBS에서 제작된 〈태양의 후예〉가 일본에서 빅히트를 하자, 중국뿐 아니라 한동안 하락세이던 일본 시장까지도 다시 활기를 나타냈다.

한편, 2016년 하반기부터 중국과의 사드문제로 외교적 마찰이 발생하면서 한류에 대한 제재(일명 한한령)가 가해져 갑자기 한류 콘텐츠의 중국 수출길이 막히게 되었고, 이러한 무역제재는 2018년 초반까지 계속 이어졌다. 해외시장이 절박했던 한국 영상콘텐츠 산업은 중국이 가장 중요한 교역국임을 부정할 수 없었음에도 불구하고, 대안적 시장을 찾아야 한다는 생각을 갖게 되었다. 그 대안적 시장이라 함은 인도네시아, 말레이시아, 인도, 브라질, 러시아 등 인구가 많지만, 아직 한국 영상콘텐츠가 충분히 파고들지 못한 미개척 국가들을 의미한다. 이처럼 영상콘텐츠 산업에서 해외시장의 확장은 중요한 의미를 갖는다.

2) 문화적 할인[1)]

영상콘텐츠 산업은 내수시장이 성장하면 어느 국가에서건 해외시장 확장에 관심을 보이지만, 영상콘텐츠는 문화상품으로서 휴대전화나 자동차와는 달리 문화적 할인(割引)을 크게 받는 상품이다. 영상물을 포함해 문화상품의 국제거래에서 발생하는 일반적 현상인 문화적 할인은 '기대되었던 상품의 효용가치가 무역하는 양국 간의 문화적 이질성에 의해서 감소되는 현상'으로 정의될 수 있다. 문화상품이 해외시장에 수출될 때, 상품이 생산된 문화와 소비되는 문화 간의 차이만큼 현지시장에서 가치 할인되는 것이라고 볼 수 있다. 문화적 할인은 가설적 성격을 가지고 있기는 하지만, 문화상품의 교역에서 반드시 고려해야 하는 점으로 받아들여지고 있다. 다른 상품들도 상품에 따라서 생산국 내수시장과 해외시장에서 가치할인이 어느 정도 발생하기는 하지만, 문화상품의 경우는 할인 폭이 현저하기 때문에, 문화적 할인은 상당히 설득력 있는 가설로 받아들여지고 있다. 문화적 할인을 유발하는 이유로 언어적 거리(linguistic distance)와 언어 외적인 문화적 거리(cultural distance), 장르

---

1) 임정수, 「프로그램 친숙도의 분석을 통해 본 미국 드라마의 수용에 대한 연구」, ≪한국언론학보≫, 52권 3호(2008), '제2장 배경논의'를 재구성했다.

선호, 인구학적 변인 등을 들 수 있다.

(1) 언어적 거리

많은 문화적 요인들 중 특히 언어는 수출된 영상콘텐츠 상품의 효용가치를 낮추는 주요 변인으로 간주되어왔다. 서유럽 위성방송시장에서 언어적 이점의 실체를 보여주고자 한 콜린스(Collins, 1989), 국제무역에서 언어시장의 규모가 주는 힘을 보여준 와일드만과 시웩(Wildman & Siwek, 1987), 오웬과 와일드만(Owen & Wildman, 1992) 등은 언어에 의해 정의되는 영상콘텐츠 시장의 규모를 중심으로 문화적 할인을 다루었다.

영어는 단순히 사용 인구수에서는 중국어 사용자보다 훨씬 적지만, 중국어를 제외한 가장 큰 언어시장을 형성하고 있으며, 영어를 제1언어로 사용하는 국가들의 경제력으로 볼 때 가장 영향력 있는 언어이다. 많은 언어들 중에서도 영어는 문화상품의 국제교류에서 절대적인 위치를 차지하고 있는바 많은 연구에서 다루어져 왔다.

미국의 영상물 제작은 영어시장의 규모로 인해 크게 몇 가지 면에서 이점을 누리고 있다. 첫째, 미국의 영상물 제작은 내수시장에서 3억 명 이상의 이용자를 확보하고 있다. 둘째, 그 어느 시장보다 영상물 제작에 유리한 인적자원과 물적자원을 확보하고 있다. 셋째, 영어를 제1언어로 사용하는 인구의 규모가 6억 명 이상을 차지하고 있는데, 이는 언어에 의해 효용가치가 손상받지 않는 시장이 해외에도 확보되어 있다는 것을 의미한다. 국제 통용어로서 영어의 영향력은 문화상품의 교류에서 다른 언어로 만들어진 상품에 비해 문화적 할인의 정도를 낮춘다고 가정할 수 있다(Owen & Wildman, 1992). 넷째, 영어시장의 규모가 다른 언어시장에 비해 월등히 크기 때문에 제작자의 투자규모도 확대되고, 양질의 콘텐츠를 생산할 가능성이 높아져 비영어권 사회를 포함하는 국제시장에서 경쟁력을 높일 수 있다. 이런 논리로 볼 때, 미국 드라마가 우리나라에서 받는 문화적 할인은 한국 드라마가 미국에서 받는 문화적 할인보다 작다고 할 수 있다. 그렇다고 하더라도, 언어적 계통이 전혀 다른, 영어로 제작된 텔레비전 드라마는 한국에서 언어적 거리에 기인한 문화적 할인을 받는다고 가정할 수 있다.

(2) 언어 외적인 문화적 거리

언어가 문화적 할인을 유발시키는 유일한 변인은 아니며, 언어 외적인 문화적 요소를 종합적으로 다루기 위해 문화적 거리 개념이 도입되곤 한다. 홉스테드(Hofstede, 1991)가 제시한 국가 간 문화와 조직 연구에서는 문화적 거리를 파워에 대한 인식, 불확실성 회피 방법, 남성성/여성성, 유교적 전통, 개인주의/집단주의 등 다섯 가지 차원으로 정리하고 있다. 그 분류에 따라면, 파워에 대한 인식은 사회구성원들의 권력 불균등에 대한 수용 정도를 의미한다. 서구사회가 남미와 동남아시아 지역에 비해 사회평등을 더 기대한다는 것이다. 불확실성 회피 방법은 구조화되지 않는 상황에 불편함을 느끼는 정도를 뜻하는데, 서구사회는 불확실성에 더 많은 인내심을 보이고 있지만, 남미와 아시아 사회는 보다 명료한 계획과 정책에 편안함을 느낀다고 보았다. 남성성/여성성의 차원에서 일본, 미국, 독일은 경쟁과 독단의 성격을 지닌 남성성을 보이고, 남미와 북유럽은 감성적인 여성성을 보였다. 유교적 전통의 차원은 장기지향성과 단기지향성을 측정하는데, 서구사회는 단기지향적인데에 반해, 극동아시아 사회는 장기지향적이라는 것이다. 마지막으로 개인주의/집단주의 차원은 개인이 집단 속에서 자신의 권리를 갖는지 측정하는데, 서구사회는 개인주의적 성향을 보였고, 아프리카, 아시아, 남미 사회는 집단주의적 성향을 보였다.

이 5개의 문화적 거리 측정도구는 리드(Read, 1993)에 의해서 채택되기도 했지만, 기본적으로 서구사회의 시각에서 서구사회와 비서구사회의 특징을 열거하고 있으며, 서로 다른 사회의 전반적인 문화적 차이를 보여줄 수는 있지만, 시청자들이 외국 영상물을 시청할 때 국가 간 문화적 거리만큼 문화적 할인이 발생할 것이라는 증거를 명백히 제시하지는 못하고 있다(McFadyen, Hoskins, & Finn, 2004: 52). 개별 시청자들은 제각기 다른 문화적 경험을 가지고 있고, 그러한 경험은 자극에 대해서 각기 다른 형태로 나타날 가능성이 있다. 예를 들면, 개인적으로 미국 문화에 대해서 느끼는 거리에 의해 어떤 사람은 미국 드라마보다는 미국 스포츠를 수용하는 데에 관대할 수 있으며, 또 다른 어떤 사람은 미국 드라마를 수용하는 데에 더 관대할 수 있다는 것이다. 그뿐만 아니라, 미국 드라마 중에서도 하위 장르나 콘텐츠의 내용에 따라 시청자의 문화적 거리는 수용과정에서 다르게 작용할 수 있다. 이 연구는 문화적 거리와 콘텐츠의 수용에 대해 보다 개인적이고 미시적인 차원에서 접근하고자 한다.

문화적 거리 개념은 문화적 할인을 설명하는 핵심인자이지만, 경험적으로 볼 때 예외적인 현상들이 많이 발견되기 때문에, 문화적 할인에 어느 정도 기여하는지를 명확히 밝히기는 어렵다. 홉스테드(1991)가 제시한 파워에 대한 인식, 불확실성 회피 방법, 남성성/여성성, 유교적 전통, 개인주의/집단주의 등의 문화적 거리에서 한국과 미국보다는 한국과 일본의 거리가 가깝지만, 일본 콘텐츠는 한국에서 그다지 주목할 만한 성과를 올리지는 못했다. 언어적 거리를 보더라도, 한국어와는 전혀 계통이 다른 영어를 사용하는 미국 드라마가 시청자들의 주목을 끄는 동안, 한국어와 같은 계통의 언어인 일본어를 사용한 일본 드라마는 2004년 제4차 일본문화개방과 함께 수입되었지만 성공을 거두지 못한 채 소수 마니아층만을 형성하고 있다.

그럼에도 불구하고, 해외 영상물이 사용하고 있는 언어의 이해수준과 직간접적인 문화적 교류를 통한 문화적 이해의 수준을 높여가면 문화적 할인의 폭이 좁아진다는 가설은 쉽게 무시될 수 없다. 홉스테드(1991)에 따르면, 사람들은 해외에서 여행과 장기체류를 할 때, 처음에는 문화적 당혹감(cultural shock)이 들지만 시간이 흘러서 이해도가 높아지면 외국의 문화에 동화되고 편안해한다. 또, 영화, 텔레비전, 이메일, 모바일, 인터넷 등의 새로운 커뮤니케이션 기술 역시 문화적 조우를 이루는 역할을 한다고 홉스테드는 주장했다(1991: 423~453). 문화적 할인 자체를 다루고 있지는 않았지만, 국가 이미지 형성 연구에서 파파도폴러스와 헤스로프(Papdopoulos & Heslop, 1986)는 외국 여행과 같은 직접적 접촉의 영향을 보고한 바 있으며, 박기순(1996)도 직접적인 경험뿐 아니라, 상품, 서비스, 매스미디어 등의 간접적 체험의 영향을 제시한 바 있다(강형구·문효진·윤정원, 2007에서 재인용).

(3) 장르 선호

수입 영상물 수용에서의 문화적 할인 이슈를 다루는 몇몇 연구들은 시청자들의 장르선호변인에 주목하고 있다. 리(Lee, 2006)는 홍콩에서의 미국 영화 수용을 분석한 결과에서, 해외 영상물은 국제시장에서 지역적 특성에 따라 달리 수용되는데, 코미디 장르가 가장 지역성의 영향을 많이 받고, SF 장르는 보편적인 성격이 강하다고 보고했다. 국내외 프로그램 수용의 차이를 분석한 전범수(2005)는 해외 프로그램의 수입과 소비에서 영화, 만화, 다큐멘터리 등의 장르에 대한 집중이 나타나고 있음을 보여주었다.

(4) 인구학적 변인

해외 프로그램의 수용에서 인구학적 변인들의 영향도 종종 연구되었다. 맥패디언, 호스킨스, 핀(McFadyen, Hoskins, & Finn, 2004)은 문화적 할인을 해외에서의 미국 프로그램의 가격으로 평가하고, 그에 영향을 미치는 요인들 중에 인구학적 변인을 포함시켰다. 맥패디언 등이 사용한 인구학적 변인에는 성별이나 연령대와 같은 개인적 정보는 포함되지 않았으며, 영어를 사용하는 인구의 비율, 영어를 할 수 있는 인구수, 영어를 쓰는 국가의 여부 등 3개 변인을 사용했는데, 어떤 변인들도 가격에 유의미한 영향을 미치지 않는 것으로 나타났다. 전범수(2005)는 드라마를 제외한 모든 장르에서 남성의 선호가 여성보다 높게 나타남을 보여주었고, 연령대별로 볼 때는 20대의 선호가 가장 높음을, 30대, 40대로 갈수록 해외 드라마 선호도가 낮아짐을 보여주었다. 해외 프로그램에 대한 수용도는 연령대가 낮을수록 높은 것은 변하지 않았지만, 2010년대에 글로벌 OTT의 성장과 함께 해외 프로그램을 접할 기회가 커진 수용자들의 수용도는 전반적으로 높아지고 있다.

2. 콘텐츠 수출양상과 변화

1) 수출양상

방송콘텐츠의 수출은 지상파방송사의 낱개 프로그램 판매에서 시작해 2000년대 〈겨울연가〉, 〈대장금〉 이래로 본격화되었다. 2014년 SBS 드라마 〈별에서 온 그대〉가 중국 시장에서 히트를 치면서, 드라마 수출의 급신장과 함께 일명 '천송이 패션' 붐을 일으켜 관련 상품의 수출도 함께 성장했다. 〈별에서 온 그대〉는 2000년대 초반의 〈겨울연가〉와 〈대장금〉 등 빅히트작의 맥을 잇는 성공작이었다고 평가할 수 있다. 2016년에는 KBS의 〈태양의 후예〉

〈그림 10-1〉 지상파방송사 수출유형별 매출액 추이

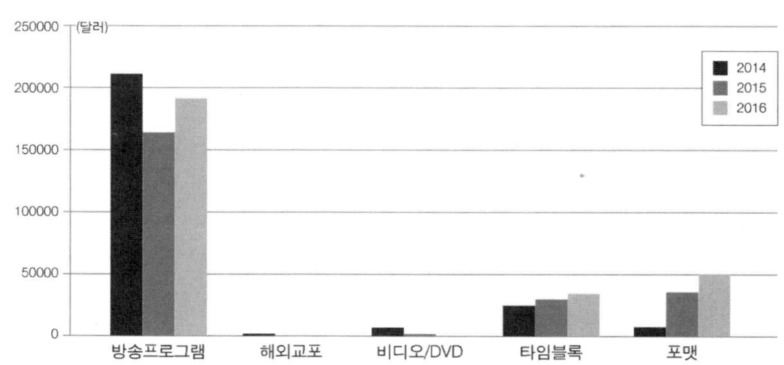

자료: 한국콘텐츠진흥원(2018: 141).

가 그 뒤를 이었다고 볼 수 있다.

이처럼 방송콘텐츠의 수출이 늘어나는 동안, 수출의 형태도 다양해졌다. 프로그램 판매의 비중이 여전히 가장 높기는 하지만, 타임블록 판매가 다소 증가하는 추세이고, 포맷수출의 증가가 눈에 띄게 나타나고 있다. 2016년 지상파방송사의 방송 프로그램 판매는 1억 9147만 달러로 전체의 46.6%를 차지했으며, 해외교포 방송지원은 69만 달러(0.2%), 비디오 및 DVD 판매는 52만 달러(0.1%), 타임블록 판매는 3458만 달러로 전체의 8.4%를 차지했다. 2016년 지상파방송사의 포맷판매는 5120만 달러로 전년 대비 16.5% 증가해서 전체의 18.3%를 차지했다. 주목할 만한 부분은 DVD 등 패키지 상품의 판매가 급감하고, 포맷수출이 성장 중에 있다는 점이다(한국콘텐츠진흥원, 2018: 140).

2010년대 중반에 들어서면서, 지상파방송사 중심의 방송콘텐츠 수출에 tvN, JTBC 등 PP 채널들도 합류하는 모습을 보였다. tvN의 〈치즈인더트랩〉, 〈또 오해영〉, 〈디어 마이 프렌즈〉 등이 해외에 수출되었고, tvN의 〈꽃보다 할배〉, 〈윤식당〉, JTBC의 〈히든싱어〉 등의 포맷이 수출되는 등 PP채널들의 수출영역이 드라마, 오락, 포맷 등으로 다채로워지고 있다.

2) 수출대상국

2010년대에는 방송콘텐츠 주요 수출대상국에 변화가 일어났다. 일본 시장으로의 한국 방송콘텐츠 수출은 〈겨울연가〉를 시작으로 본격화되었으며, 2000년대 내내 이어져 왔다. 게다가 일본 시장은 지불의지도 높아 2010년까지도 한국 방송콘텐츠 수출의 거의 70%를 차지할 정도였다. 오히려 일본에 대한 수출의존도가 너무 높아, 외생적 리스크가 발생하게 될 경우 국내 콘텐츠 산업이 타격을 받게 될 것이라는 우려가 나올 정도였다. 과거에도 일본과는 국민정서적 마찰로 인해 무역에 영향을 미친 사례들이 많았기 때문에, 정서적 쟁점에 특히나 민감한 영상콘텐츠의 수출이 일본에 크게 의존하고 있는 상황은 한국 콘텐츠 산업에 불안감을 남겨놓았다. 우려했던 대로, 2012년 이후 독도와 위안부 문제 등으로 한일관계가 악화되면서, 일본에서의 한국 콘텐츠 인기는 급속히 위축되었다. 매출액 기준으로 지상파방송사의 수출대상국들 중 일본이 차지하는 비율은 2012년에 61.3%, 2013년에 57.9%였다가, 2014년에는 32%로 급격히 하락했고, 그 후 30%대를 유지하고 있다.

2014년 이후 중국, 홍콩 등 중화권의 비중이 눈에 띄게 커졌고, 상대적으로 일본은 감소했다. 〈그림 10-2〉에는 중국과 홍콩을 분리하여 집계했지만, 이 둘을 합하면, 2014년에 43.4%에 이르고 있어, 32%의 일본을 앞지르기도 했다. 2013년까지 중국 시장은 한국 콘텐츠에 대한 선호를 보여왔지만, 지불의지가 낮고, 불법유통이 만연하여 실질적인 수출실적으로 파악되지는 않았다. 그러나, 2014년 〈별에서 온 그대〉 이후 중국은 한국 드라마에 직접적인 투자자가 되기를 자처했고, 그 결과 2016년 초에 중국 투자자본이 유입된 〈태양의 후예〉가 빅히트를 쳤다. 잇따라, 중국 자본은 한국의 제작사, 제작 프로젝트 등에 직접적인 투자를 타진해왔고, 한국 제작인력을 영입하는 등 공격적인 모습을 보였다.

중국 사업자들은 드라마뿐만 아니라, 한국 예능 프로그램에도 관심을 보였

〈그림 10-2〉 지상파방송 사업자의 프로그램 수출대상국 비중 추이

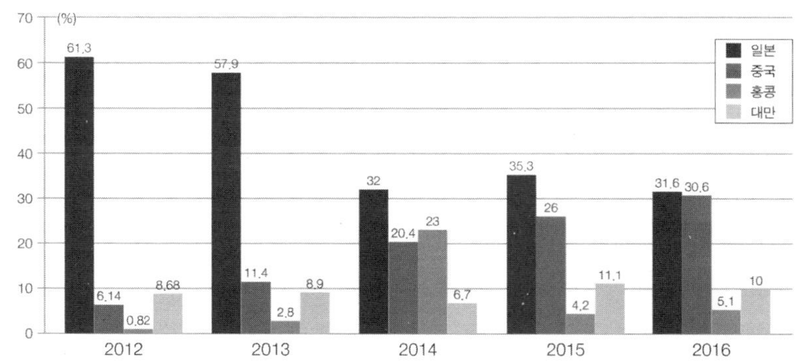

자료: 방송통신위원회(2013, 2014, 2015, 2016, 2017)에 기초함.

다. 예능 프로그램은 프로그램 수출과 함께 포맷의 수출로 이어졌다. 〈런닝맨〉, 〈나는 가수다〉, 〈진짜 사나이〉, 〈우리 결혼했어요〉, 〈냉장고를 부탁해〉 등 많은 한국 예능포맷이 중국판으로 제작되어 인기를 끌었다. 이러한 과열양상은 2016년 후반부에 한중 외교쟁점이 발생할 때까지 계속되었다.

한국 방송콘텐츠 산업에 대한 중국의 투자과열은 투자에 목말라하던 한국 콘텐츠 산업에 활기를 불어넣었지만, 장기적인 측면에서의 우려가 있었다. 첫째, 한국 드라마에 대한 중국의 투자열기로 중국 사업자들은 중국 내 판권을 통해서 큰 수익을 남기지만, 한국 사업자에게는 그만큼의 수익이 발생하지 않는다는 사실이 지적되었다. 중국의 투자이유가 한국 드라마의 질적 가치 때문만이 아니라, 중국 드라마의 제작비용과 한국 드라마의 구매비용 차이가 커졌기 때문이라는 것이다. 참고로, 중국의 급상승하는 제작비를 보면, 2015년에 〈환천골〉, 〈랑야방〉 등 최대 1억 위안 수준의 드라마를 제작하다가, 1~2년 만에 제작비가 3~5배 넘게 상승하여, 2018년에는 〈부요〉, 〈영천하〉 등의 5억 위안(약 800억 원)을 상회하는 드라마도 제작하게 되었다. 중국의 동영상 사이트 아이치이(iQIYI)는 〈별에서 온 그대〉에서 약 1000억 원, 〈태양의 후예〉에서는 약 1300억 원의 수익을 올린 것으로 추정된다. 아이치이는 이 두 편의 한국 드라마로부터 투자 대비 46배가 넘는 수익을 창출한 것인데, 한국 사업자가 거둔 판권수익은 중국 대비 17% 수준에 그쳤다.

〈표 10-1〉 아이치이의 〈태양의 후예〉 매출액 추정

항목	실적
조회수	38억 건
CPM	25달러
플랫폼 광고 매출	9500만달러
정액제 사용자	300만 명
ARPU	3.0달러
플랫폼 정액제 매출	270만달러
총 매출	1억 2200만 달러

자료: 한국콘텐츠진흥원(2018: 71)에서 재인용함.

둘째, 한국 방송콘텐츠 제작 인력과 노하우의 중국 유출에 관한 우려도 있었다. 한국 프로그램이 중국에서 인기를 끌면서, 문화적 할인을 배제한 중국판을 제작하려는 시도들이 이어졌고, 동시에 제작인력의 중국 진출도 일어났다. 드라마 부문에서 프로듀서의 중국 진출로는 〈검사 프린세스〉, 〈닥터 이방인〉의 진혁, 〈파리의 연인〉, 〈시크릿 가든〉의 신우철, 〈풀하우스〉의 표민수, 〈꽃보다 남자〉의 전기상, 〈별에서 온 그대〉의 장태유 등이 있으며, 작가로는 정하연, 우수진 등이 중국 진출을 시도했다. 오락부문에서 〈X맨〉, 〈패밀리가 떴다〉, 〈아빠를 부탁해〉의 장태혁, 〈나는 가수다〉의 김영희 등은 한중 합작사 설립을 통해 중국에 진출했다. 〈런닝맨〉의 조효진, 〈꽃보다 할배〉의 나영석, 〈아빠! 어디 가?〉, 〈진짜 사나이〉의 김유곤 등도 포맷수출에 따른 플라잉 PD로 중국에 진출했다. 중국 사업자의 한국 작가에 대한 수요가 큼에도 불구하고 언어를 직접적으로 다루는 영역에서는 중국 진출이 용이하지 않아 성공적인 안착이 어려웠던 반면, 제작 노하우 전수를 주된 역할로 하는 프로듀서의 진출은 상대적으로 더 활발했다.

셋째, 인력 유출에 대한 우려는 결국 중국이 한국의 제작인력으로부터 노하우를 습득한 후에 방송콘텐츠의 완전자체제작체제로 들어가면, 한국 방송콘텐츠의 해외유통출구가 막히게 되고 한국 콘텐츠 산업은 중국의 하청시장으로 전락할 수 있다는 우려로 이어진다. 중국에 진출하여 성공적으로 자리잡은 국내 프로듀서나 제작사는 중국 내 사업에 대한 노하우와 네트워크를 형성하여 향후 한중 콘텐츠 무역에 중요한 교량역할을 할 수도 있지만, 중국의 막대한 자본력과 방대한 콘텐츠 시장의 규모로 미루어볼 때, 한국 콘텐츠 산업의 중국의 하청시장화는 우려할 만하다.

3. 콘텐츠 수출전략

1) 포맷의 상품화

(1) 포맷의 정의

텔레비전 프로그램의 수출이 문화적 할인에 의해 해외시장에서 상품적 가치가 떨어져, 그 대안의 하나로 포맷수출이 주목받아왔다. 텔레비전 프로그램 포맷은 "프로그램 체제나 구성 등을 포함하여 다른 프로그램과 구별할 수 있는 반복적·고정적으로 체계화된 계획", 혹은 "프로그램 출연자의 역할이나 성격, 무대장치, 소품, 조명, 배경음악 등을 나타내는 방송 프로그램 제작사의 모든 원칙적인 형태를 묘사한 가이드"(Moran, 2006), "성공적인 텔레비전 프로그램을 다른 지역에서 재생산하기 위한 레시피"(Moran, 2006)로 정의되기도 한다. 레시피는 콘텐츠 재생산에 필요한 구성요소들을 기록한 포맷 바이블(format bible)의 형태로 판매될 뿐만 아니라, 전문 요리사에 해당하는 컨설턴트가 파견되어 콘텐츠 재생산 작업에 직접 자문을 주기도 한다. 따라서, 포맷은 프로그램의 단순한 아이디어 이상을 의미하며, 프로그램에 관련된 정보와 지식의 상호 연결된 패키지이다(Moran, 2006).

아이디어 그 자체만으로는 저작권의 보호대상이 되기 어려운 점이 있고, 거래 가능한 상품이 되기도 어렵기 때문에, 상품으로서의 포맷은 관념적이지 않고, 포맷 바이블의 형태로 만들어진 가시적인 상품이다. 포맷의 판매는 그 포맷을 이용하여 방송 프로그램을 만들 수 있는 라이선스를 판매하는 것이다. 이러한 방식은 1950~1960년대 버거킹, KFC, 맥도날드와 함께 붐을 일으키던 프랜차이즈 산업을 모델로 하고 있어서, 포맷산업은 프랜차이즈 방식과 거의 동일하다. 잘 구성된 레시피로서의 포맷을 가지고 지역별 시장에서의 독점적 제작 및 판매권(라이선스)을 판매하는 것이므로, 프로그램 포맷을 프랜차이징 하는 것으로 볼 수 있다.

(2) 포맷이 상품적 가치를 갖는 배경

포맷이 상품으로서의 가치를 갖게 된 데에는 크게 네 가지 배경이 있다. 첫째, 방송 프로그램이 경험재적 속성을 가지고 있으므로, 그로 인해 높아진 불확실성을 완화시키는 방안으로 포맷이 주목받는다. 포맷을 활용함으로써 이미 시장에서 성공한 프로그램이거나 수차례의 테스트를 거쳐 보다 안정적인 경쟁력을 가진 프로그램을 생산할 수 있게 된다. 한 지역시장에서의 성공이 다른 지역에서의 성공을 보장하지는 않지만, 불확실성을 상당히 낮추는 효과는 있다.

둘째, 프로그램 개발비용 면에서도 포맷의 구매는 유리한 측면이 있다. 성공적인 작품을 위해 시행착오를 줄일 수 있고, 포맷의 적용에 따른 다른 지역에서의 결과도 참고할 수 있다. 포맷의 활용은 자체적으로 일정 수준 이상의 프로그램을 새로 기획하여 개발하는 시간과 돈을 절약할 수 있는 측면이 있다.

셋째, 하나의 포맷상품으로 인정받기 위해서는 그 포맷만이 보유한 차별성이 있어야 하는데, 프로그램의 형식적 요소, 내용적 요소, 기술적 요소들이 다양하게 조합됨으로써 차별성을 형성한다(정윤경·전경란, 2010).

넷째, 방송 프로그램의 해외진출이 문화적 할인의 장벽에 부딪히게 되는 문제를 제작의 현지화를 통해 완화시켜준다. 한 지역에서 성공적인 프로그램이었다고 하더라도 다른 문화권으로 수출될 경우에 문화적 할인을 받아 기대한 효과를 못 보기도 한다. 특히, 버라이어티쇼, 리얼리티쇼, 퀴즈쇼 등은 출연자의 인지도, 시의적 소재, 지역적 배경 등이 시청률에 중요한 영향을 미치게 되므로, 완성된 프로그램을 수입하는 것보다는 포맷을 구매하여 새롭게 제작하는 것이 더 효과적일 수 있다. 이유진·유세경(2016)이 서술했듯이, 예능 프로그램의 경우 주제와 내용, 출연자를 자국의 대중문화와 사회적 맥락에서 재구성한다면 드라마나 시사 다큐멘터리보다 문화적 할인의 측면에서 더 효과적인 결과를 얻을 수 있기 때문이다.

(3) 포맷 바이블

포맷 바이블은 프로그램의 기획단계, 제작단계, 방송 후 단계에 관한 가능한 한 모든 정보와 자료가 정리된 문서 및 자료이다. 기획단계와 관련해서는 프로그램을 기획하는 과정에서 필요한 정보를 담고 있는데, 프로그램의 기획의도와 취지, 프로그램의 개요, 관련 프로그램에 관한 조사결과, 광고주, 협찬사, 시청률, 시청자 인구학적 구성 자료, 편성 관련 자료, 캐스팅, 스태프 구성, 쇼의 규칙, 재미의 요소 등을 포함한다. 제작단계와 관련해서는 제작에 관여한 모든 사항에 대한 세밀한 자료를 포함하는데, 스토리 흐름, 진행자 역할과 멘트, 캐릭터 설정, 에피소드 발굴 방법, 제작일정, 샘플대본, 로케이션, 카메라 움직임, 세트·의상·음향·음악·조명 등의 세부 계획서 및 도면도, 예산, 제작 관련 사진자료 등이 여기에 해당한다. 방송 후 단계는 프로그램이 방송된 이후의 상품화와 유통과정과 관련한 자료와 관련 있는데, 프로그램 부가사업과 상품화 전략, 프로그램 시청자 대상 커뮤니케이션 전략, 프로그램 홍보 전략 등을 포함한다.

포맷 바이블은 사진, 설계도 등을 포함하는 문서형태가 기본이지만, 데이터, 소프트웨어, 음악 및 음향 파일 등의 디지털 형태의 자료도 포함한다. 포맷 바이블은 요약본은 수십 페이지 정도이지만, 독점적 권리 인정을 확보하고 상품적 가치를 높이기 위해서, 점차 프로그램과 관련한 광범위하고도 세밀한 자료들을 포함하게 되어 수백 페이지에 이르렀다. 그뿐 아니라, 포맷 수입사에 제작 노하우를 전수하기 위해 플라잉 PD가 파견되기도 하여, 인적 교류로까지 이어지고 있다.

(4) 포맷의 저작권

프로그램 포맷의 저작권에 대한 관련 법령이 국내외를 막론하고 명확하게 정비되어 있지 않다. 단순히 아이디어 차원은 저작권 보호의 대상이 아니며, 방송 프로그램을 포맷화한 경우에도 저작물에 대한 독점적 권리를 인정받을 수 있는지와 인정한다고 하더라도 포맷저작권 침해 여부를 판정하기는 간단한 일이 아니다. 문화체육관광부(2016)의 보고서를 참고하면, 법원에서 포맷저작권을 인정하는 경우도 있지만, 판단이 모호한 상황에서는 포맷저작권 보호의 편에 서지 않는 경우가 많았다.

호주에서 있었던 Talbot vs General Television Corporation(1977)의 분쟁에서 법원은 텔레비전 포맷을 지적재산의 일부로 인정했으며, 브라질에서 있었던 TV Globo & Endemol vs TV SBT(2004)의 분쟁에서 법원은 텔레비전 포맷이 프로그램의 핵심적인 아이디어를 포함할 뿐 아니라 광범위한 기술적·예술적·경제적 비즈니스 정보까지 담고 있어 아이디어 이상의 것이라고 판단했다. 영국에서 있었던 Melville, Boone, Baccini vs Celador(2004)의 분쟁에서 법원은 유사성 테스트를 통해 저작권 침해 여부를 판가름했는데, 그 결과 Baccini의 'Millionaire'와 〈Who Wants To Be A Millionaire?〉가 상당히 유사하다고 결론내기도 했다.

그러나, Dillon vs NBC Universal Media LLC(미국), Endemol vs Banijary(프랑스), Banijary vs Eyeworks(네덜란드), Goodness Films LLC et al. vs TV One LLC(미국), Haraway vs E! Entertainment, Morris, NBC(미국), Stephanie Counts, Shari Gold vs 21 Century Fox(미국), Hale et al. vs Atlantic Recording Corp(미국), Seven Network vs Nine Network(호주) 등의 법원 판결에서는 저작권 침해를 주장한 원고가 패소 혹은 각하 처리되어, 포맷이 법적으로 인정받기 쉽지 않음을 보여주고 있다.

(5) 포맷개발기업

• **엔데몰**(Endemol) 엔데몰은 1994년 네덜란드에서 욥 반덴 엔데(Joop van den Ende)와 욘 데 몰(John de Mol)이 각각 소유했던 텔레비전 제작사의 합병사로 두 소유주의 이름을 합쳐 새로운 미디어사의 이름으로 정하면서 시작되었다. 드라마, 리얼리티 프로그램, 코미디, 게임쇼, 오락, 다큐멘터리, 어린이

프로그램 등의 다양한 장르의 프로그램을 기획하여 포맷 라이선스를 전 세계 방송사, OTT 등에 판매하는 미디어 기업이다. 2015년 엔데몰은 21세기폭스와 아폴로 글로벌 매니지먼트(Apollo Global Management)의 조인트 벤처사인 엔데몰 샤인 그룹(Endemol Shine Group)에 인수되었다.

엔데몰이 기획한 대표적인 포맷으로는 〈Big Brother〉, 〈Deal or No Deal〉, 〈Wipeout, The Money Drop〉, 〈Your Face Sounds Familiar〉 등이 있고, 〈The Fall〉, 〈Peaky Blinders〉, 〈Hell on Wheels〉, 〈Benidorm〉, 〈Ripper Street〉, 〈Black Mirror〉, 〈Bad Education〉, 〈My Mad Fat Diary〉, 〈Hot in Cleveland〉, 〈Kirstie〉, 〈Leverage〉, 〈Home and Away〉, 〈Death Comes to Pemberley〉, 〈The Crimson Field〉 등의 드라마와 코미디 시리즈도 기획했다. 엔데몰은 〈Deal or No Deal〉 같은 모바일 게임과 텔레비전 포맷을 합친 새로운 포맷의 개발에도 관심을 기울이고 있다. 2016년 엔데몰은 76개 지역, 295개 방송사에 프로그램 포맷을 공급했으며, CJ E&M과 엔데몰 샤인이 tvN 예능 프로그램 〈소사이어티 게임〉을 합작으로 개발하기도 했다.

• **프리맨틀미디어**(FremantleMedia) 프리맨틀미디어는 2001년 유럽 10개국에 59개 텔레비전 방송사와 31개 라디오 방송사를 보유한 엔터테인먼트 기업 RTL의 자회사로 설립되었으며, 영국에 본사를 두고 있는 텔레비전 콘텐츠 포맷 개발, 제작, 배급 등을 수행하는 기업이다. 프리맨틀미디어는 토크백(Talk-back), 템스 텔레비전(Thames Television)[이 두 기업은 토크백 템스(Talkback Thames)로 다시 합병함], 그룬디 텔레비전(Grundy Television), 크래커잭 프로덕션(Cracker-jack Productions)(프리맨틀 오스트레일리아에 합병됨), 굿슨 토드먼 프로덕션(Good-son-Todman Productions) 등 많은 제작사들을 인수했다.

〈Idols〉, 〈The X factor〉, 〈Pokerface〉, 〈Let's Make a Deal〉, 〈Family Feud〉, 〈The Sooty Show〉, 〈Rainbow〉, 〈Press Your Luck〉, 〈Temptation〉, 〈Quiz-mania〉(인터랙티브 게임쇼), 〈Supermarket Sweep〉 등의 콘텐츠에 대한 권리를 보유하고 있다.

• ITV Studio ITV Studio는 영국에서 가장 오래된 상업방송인 ITV의 모기업 ITV plc의 자회사로 방송콘텐츠 제작사이며, 영국에서 가장 많은 콘텐츠 포맷을 수출하는 기업이다. 2017년에는 CJ E&M이 ITV Studio와 게임쇼 〈더 라인업(The Line-Up)〉 포맷의 공동 개발에 들어가기도 했다.

(6) 한국의 포맷시장

지금까지도 세계 방송포맷시장은 영국, 네덜란드, 미국 등이 주도하고 있지만, 2000년대 후반부터 아시아 지역에서 한국 콘텐츠의 인기와 영향력이 커지면서, 한국 미디어 기업들도 방송포맷에 관심을 갖기 시작했다. 처음에는 몇몇 성공작들의 포맷판매에서 시작했지만, 지금은 포맷이 미디어 기업의 매출에서 일정 부분을 차지하고 있을 뿐 아니라, 매출액 비중이 빠른 속도로 커지고 있다. 〈표 10-2〉에서 보듯이, 해를 거듭하면서 포맷수출편수의 증가도 있었지만, 편당가격의 증가로 2015년에 포맷수출 매출액의 가파른 증가가 있어, 포맷수출이 자리를 잡아가는 양상을 보여주었다.

국내의 방송포맷 수출은 지상파 3사, CJ E&M, JTBC를 중심으로 활기를 띠기 시작했지만, 여전히 완성품 위주의 수출이 중심을 이루고 있다. 하지만, 내수시장이 제한적인 한국 콘텐츠 산업으로서는 해외진출이 중요한데, 문화적 할인을 극복하면서 해외시장을 확장할 수 있는 포맷에 대한 의존도는 점차 커질 것으로 예측된다.

tvN의 〈꽃보다 할배〉 포맷은 미국, 일본, 대만 등에 수출되었다. 이 포맷은

〈표 10-2〉 국내 방송사 포맷수출현황

(단위: 편, 천 달러)

유형	2012		2013		2014		2015		2016	
	편수	금액	편수	금액	편수*	금액	편수	금액	편수*	금액
지상파	1,002	1,298	1,622	3,099	-	7,290	1,824	35,818	-	51,202
PP	0	0	260	327	-	1,361	966	3,327	-	3,729

* 해당 연도에 포맷편수가 집계 발표되지 않았음.
자료: 방송통신위원회(2013, 2014, 2015, 2016, 2017).

미국 NBC에서 〈Better Late Than Never〉로 제작되었는데, 문화적 거리가 큰 미국 시장에 한국의 예능 프로그램 포맷 진출의 가능성을 열었다는 점에서 의미가 크다. JTBC는 〈비정상회담〉, 〈히든싱어〉, 〈크라임씬〉 등의 포맷을 수출함으로써, 자체적으로 포맷을 개발하여 수출할 수 있는 한국 미디어 기업이 늘어나고 있음을 보여주었다.

포맷만 수출하던 데서 한 단계 더 나아가, 포맷수출과 함께 제작기술의 수출이 동시에 이루어지면서 일명 '플라잉 PD'가 등장하게 되었다. 예능 프로그램의 포맷이 수출될 때, 제작 노하우를 가진 담당 PD가 직접 기술을 전수하는 계약조건이 추가되는 경우가 있다. 예를 들면, 〈나는 가수다〉(MBC)의 김영희 PD는 중국 후난위성TV에 포맷을 수출하면서 플라잉 PD로 제작자문을 했고, 〈슈퍼스타K〉(m-net)의 포맷을 중국에 수출하여 〈슈퍼스타C〉를 제작하면서 김태은 PD가 플라잉 PD로 파견되는 등 중국으로의 방송콘텐츠 포맷수출에서 포맷 바이블과 플라잉 PD의 패키지 계약은 점차 일반화되었다.

BCWW 2012 세미나에서 HBO의 프로듀서 팀 기븐스(Tim Gibbons)는 미국에서 한국 드라마의 진출가능성에 대한 질문에 미국 시장은 기본적으로 외국의 프로그램을 선호하지 않는다고 잘라 말했다. 그는 한국의 한 방송사로부터 당시 높은 시청률을 올리던 사극의 구매를 제의받았지만, 미국에서의 성공가능성이 없다고 했고, 미국 네트워크사는 해외에 좋은 스토리가 있다면 구매보다는 리메이크를 더 선호한다고 했다. 오락 및 교양 프로그램에서 포맷이 문화적 할인을 극복하고 해외수출의 길을 열었듯이, 드라마도 구미지역으로는 직접수출보다 스토리 수출이 가능함을 시사하는 말이다(임정수, 2012). 2013년 방영된 KBS의 〈굿닥터〉가 미국 ABC에서 같은 제목으로 리메이크되어 2017년에 방영된 것이 대표적인 사례이다.

2) 현지화 전략

(1) 제작 현지화

제작 현지화 전략은 수출대상국의 제작인력, 출연자, 촬영지, 문화적 요소 등에서의 현지화와 관련된다. 가장 초보적인 단계에서의 현지화는 수출대상국 배우를 캐스팅하거나 로케이션 일부를 현지에서 진행하는 경우이다. 미국 드라마와 영화에서 이러한 사례는 흔히 찾아볼 수 있는데, 〈G. I. JOE 2〉에 한국 배우 이병헌이 출연한 사례, 〈어벤저스 2〉의 배경 일부가 서울로 설정이 되고, 촬영도 실제로 서울에서 진행되었던 사례, 넷플릭스의 드라마 〈센스 8〉에서 세계의 여러 도시가 배경이 되고, 한국 배우 배두나가 출연한 사례 등도 여기에 해당한다.

완성품 수출로 시작한 한류 드라마 산업도 2000년대 중반에 들어서면서 중국과 베트남 등에서 스태프와 출연진을 현지인으로 참여시킨 공동제작을 늘려나갔다. 이런 공동제작방식은 지금은 보편화되었지만, 2004년 중국 로케이션으로 제작하여 중국에서 먼저 방영한 후, 2008년 SBS에서 방영한 〈비천무〉는 당시 한중 공동제작의 사례로 주목받기도 했다. 무술감독과 세트, 미술 등에서 중국과 홍콩의 업체들이 공동제작에 참여하고 중국 배우들도 출연했다.

최근의 제작 현지화 작업은 여기서 확대되어 단순한 공동작업 차원의 제작 현지화뿐 아니라, 국가 간의 투자와 제작기술의 결합, 제작과 유통의 결합 등을 통한 다양한 시도들을 하고 있다. 2016년에는 태국에 영화제작을 위한 합작법인 'CJ Major Entertainment'와 콘텐츠 사업을 위한 합작법인 'True CJ Creations'를 설립했다. 또한, 2016년 12월에는 베트남 콘텐츠 제작사인 '블루그룹'을 인수해 'CJ Blue Corp'를 출범하는 등 동남아시아 시장 공략에 적극 나서고 있다(≪한국경제신문≫, 2016년 10월 16일).

스토리와 포맷의 수출도 현지화의 대표적 전략이 된다. 문화적 할인이 큰 미국에 드라마 완성품을 수출하기는 어렵지만, 스토리를 판매하여 리메이크하는 것은 가능성이 있다. 예능 프로그램의 경우에 중국과 동남아시아 수출에서 직접수출의 예도 많지만, 포맷수출과 제작 현지화를 통해서 현지에 더 친숙한 출연자들을 출연시킴으로써 현지의 반응을 불러일으키는 경우가 많다. 아시아 지역으로는 포맷수출과 함께 제작인력이 파견되어 자문을 하는 경우도 많이 있다.

해외기업과 다양한 형태의 공동제작을 통한 현지화는 콘텐츠 기획, 제작 및 유통에서 현지화가 용이하기 때문에, 현지의 정서에 부합하는 콘텐츠를 제작하고, 제작과정과 유통에서 해외국가의 수입 콘텐츠 규제를 피해 갈 수 있는 방법을 찾기에 유리한 전략이다.

(2) 유통 현지화

제작 현지화뿐 아니라, 유통 현지화도 주요한 해외진출전략이다. 콘텐츠는 유통망 확보에서 불확실성이 크게 따르는데, 해외시장에서는 안정적인 유통망 확보가 더욱 어렵다. 무역대상국가 내부의 경제, 사회상황 혹은 제도 변화나 국가 간 외교관계, 국민정서적 문제 등 예기치 않았던 요인들에 의해서 콘텐츠 수출이 차단된 예는 많았다. 이런 불확실성을 낮추는 방안으로 유통 현지화는 주목받고 있다. 유통 현지화를 통해서, 현지시장의 문화를 더 정확히 파악할 수 있으며, 사회적·정책적 변화에 민감하게 대응하는 데에 유리하다. 또한, 현지화된 기업은 현지인을 고용함으로써 현지시장에 보다 깊이 자리를 잡을 수 있다.

미국 메이저사들은 미국 내 영화산업의 위축을 만회하기 위해서 인도, 중국, 러시아, 중남미, 기타 아시아 지역으로의 콘텐츠 수출, 기업 진출 및 지역화 전략을 추진해왔다. 소니, 20세기폭스, 바이어컴, 타임워너 등도 중국 시장에서 규제의 벽을 경험하고, 2000년대 후반부터 중국에서 상대적으로 규제가 덜한 인도, 브라질 등으로도 관심을 기울이고 있다.

한국 콘텐츠 기업들도 해외에 조인트 벤처 제작사뿐 아니라, 채널과 콘텐츠 전문 유통사를 설립함으로써, 한국 콘텐츠의 안정적인 공급을 도모하고 있다. CJ E&M은 지난 2015년 홍콩에 'CJ E&M Hong Kong' 지사를 설립하고 이를 통해 동남아시아 9개국 약 650만 가구에 한류채널인 'tvN Asia'를 제공하고 있다(≪한국경제신문≫, 2016년 10월 16일).

3) 견본시[2)]

(1) 다양한 견본시

방송콘텐츠의 수익구조에서 해외시장의 비중은 점점 커지고 있어, 해외유통을 위한 주요 창구들 중 하나인 방송영상 콘텐츠 견본시의 중요성도 같이 커지고 있다. 〈표 10-3〉이 보여주듯이, 1964년부터 MIPTV, NAPTE 등의 지금 대표적인 견본시가 된 행사들이 시작되었고, 1980년대와 1990년대에 MIPCOM, MIPDOC, STVF, FILMART 등 다양한 견본시들이 등장했다. 2000년대 들어 아시아 콘텐츠 시장이 성장하면서 미국, 유럽 중심의 해외 콘텐츠 견본시에만 의존하지 않고, 아시아 지역의 콘텐츠 유통을 활성화하기 위해서 2000년 싱가포르의 ATF, 2001년 한국의 BCWW, 2002년 중국 베이징의 CITV, 2004년 대만의 TTF, 일본의 TIFFCOM, 2007년 부산의 BCM 등이 만들어져 점차 자리를 잡아가고 있다. 이는 아시아 콘텐츠 시장이 자국의 방송콘텐츠를 해외에 적극적으로 홍보하고 판매할 수 있는 창구를 구축해가는 과정을 보여주고 있다. 아시아 콘텐츠의 주된 구매자는 결국 아시아 지역 구매자들이므로, 아시아 지역 국가들은 스스로 견본시를 열어 아시아 콘텐츠 마켓의 중심에 서려는 시도들을 하고 있는 것이다.

방송영상 콘텐츠의 견본시 참여와 정책적 지원의 평가기준은 행사규모와

---

2) 임정수, 「방송콘텐츠 해외유통에서 견본시의 산업적 의미와 정책적 함의」, ≪콘텐츠+퓨처≫, 10호(2012)에 기초했다.

〈표 10-3〉 대표적인 견본시

시작연도	견본시	개최국, 개최도시	행사시기(매년)
1960(연중행사:1998)	ANNECY	프랑스, 안시	6월
1961	Monte Carlo Festival	모나코, 몬테카를로	7월
1964	MIPTV	프랑스, 칸	4월
1964	NAPTE	미국, 라스베이거스	1월
1976	BBC Showcase	영국	2월
1984	MIPCOM	프랑스, 칸	10월
1986	STVF	중국, 상하이	6월
1989	MIPDOC	프랑스, 칸	3월
1989	Sunny Side of the DOC	프랑스, 라로셸	6월
1991	DISCOP	헝가리, 부다페스트	6월
1996	LA TV Screenings	미국, 로스앤젤레스	5월
1996	MOSCOW TELESHOW	러시아, 모스크바	5월
1997	FILMART	홍콩	3월
2000	ATF	싱가포르	12월
2001	BCWW	한국, 서울	8월
2002	CITV	중국, 베이징	8월
2004	TTF	대만, 타이베이	9월
2004	TIFFCOM	일본, 도쿄	10월
2007	BCM(부산 콘텐츠 마켓)	한국, 부산	5월

행사기간 중 계약체결의 규모 등이 되었고, 견본시에 대한 언론보도도 주로 행사의 규모와 계약성과에 집중되었다. 프랑스 칸에서 10월에 열리는 MIPCOM과 4월에 열리는 MIPTV, 미국 라스베이거스에서 1월에 열리는 NAPTE, 싱가포르에서 12월에 열리는 ATF, 홍콩에서 3월에 열리는 FILMART, 중국 상하이에서 6월에 열리는 STVF, 일본 도쿄에서 10월에 열리는 TIFFCOM 등이 끝나고 나면, 국내 기업들의 수출계약성과에 관한 글들이 인터넷과 언론에 보도된다.

견본시는 콘텐츠 라이선스 판매계약실적뿐 아니라, 시사회, 시상, 컨퍼런스, 기업 간 네트워크와 제휴, 새로운 미디어 기술에 대한 대응전략 모색 등의 다양한 활동이 일정한 시기에 일정한 공간에서 이루어지는 역동적인 콘텐츠 마켓이다.

(2) 견본시의 산업적 의미

견본시는 과학기술에 근거한 새로운 상품을 생산하고 소비하는 근대산업사회와 함께 시작되었는데, 미디어 산업적 의미를 몇 가지로 요약해볼 수 있다. 첫째, 견본시는 신흥시장의 부상과 향방을 예측해볼 수 있는 중요한 지표가 된다. 해외유통사와의 직거래나 해외 에이전트와의 간접거래에서 파악되지 않을 수 있는 신흥시장을 견본시를 통해 접해볼 수 있다. 예를 들면, 2011년 MIPCOM에 러시아 160개사가 참여함으로써 직전년도의 20% 성장을 보이고, 중국 52개사가 전시에 참여하여 예년보다 56%의 증가를 나타내어, 러시아와 중국 콘텐츠 시장의 성장을 보여주었다.

둘째, 견본시는 우리나라의 드라마에 주목된 해외 바이어들의 시선을 다른 장르의 프로그램으로도 돌릴 수 있는 좋은 기회를 제공한다. 드라마 영역의 수출이 약 90%를 차지하고, 예능 프로그램이 나머지의 대부분을 차지하고 있는데, 견본시를 통해서 다큐멘터리, 애니메이션, 교육 프로그램 등 다양한 장르의 좋은 콘텐츠를 해외에 소개할 수 있다.

셋째, 견본시는 콘텐츠의 상품적 가치를 높일 수 있는 촉매제가 된다. 특히, 국제 방송콘텐츠 마켓에서 우수 프로그램을 수상하는 것은 가장 빠른 시간에 구매자들의 시선을 끄는 방법이다. 리트만(Litman, 1998: 189)의 연구는 스타 캐스팅이 흥행을 예측해주지 못하는 반면, 아카데미상 수상 여부는 영화의 흥행에 긍정적인 영향을 미친다고 보여줌으로써, 수상의 경제적 가치를 시사했다. 그뿐만 아니라, 우리나라 방송 프로그램의 높아진 수준을 알림으로써, 개별 프로그램의 우수함을 인정받는 것을 넘어 향후 해외시장에 나오게 되는 한국 콘텐츠의 가치를 높이는 데에도 기여할 수 있다.

넷째, 기업 간, 국가 간 네트워크를 형성시켜준다. 최근의 견본시 및 텔레비전 페스티벌에서는 공동제작에 관한 세미나, 인터뷰, 쇼케이스 등이 활발하게 열리고 있다. 견본시에는 수십에서 백 개 이상의 국가로부터 수천 명의 바이어들이 모이는 공개 피칭 자리가 있으므로, 공동제작, 투자유치 등의 거래를 진행하기에 효과적이다. 견본시에서 프로그램의 공개 피칭을 통해 투자를 유치하여 제작비 조달이 원활해지면 제작과정이 순조로울 뿐 아니라, 더 많은 제작비를 투입함으로써 보다 상품성 있는 작품을 생산할 가능성이 커진다. 또한, 견본시는 다양한 목적과 여건을 가진 해외 콘텐츠 기업과 투자사들이 모인 자리이므로, 공동제작을 위한 거래가 이루어지기 좋은 환경이다.

제11장

리스크 관리

1. 영상미디어 기업의 리스크 유형

기업은 기업 내외부에 존재하는 다양한 유형의 리스크에 직면하게 되는데, 리스크에 대한 기업의 대처 결과는 향후 기업의 성패에 중대한 영향을 주게 된다. 기업들이 직면하는 일반적인 리스크는 전략 리스크, 프로젝트 리스크, 운영 리스크, 재무 리스크, 브랜드 리스크, 평판 리스크, 기술 리스크, 외부환경 리스크 등이 있다. 영상미디어 기업도 다른 기업들과 공통적인 리스크를 안고 있는데, 이 책에서는 모든 기업들의 공통적인 부분보다는 영상미디어 기업이 다루어야 하는 특수한 상황들을 중심으로 설명하겠다.

영상미디어 기업의 리스크를 다룰 때는 몇 가지 특수한 상황이 고려되어야 한다. 첫째, 영상미디어 기업이 생산하는 콘텐츠는 상품의 질에서 불확실성이 높다는 점이다. 영상콘텐츠의 불확실성에 대해서는 이미 이 책의 제4장에서 영상콘텐츠의 상품적 속성의 하나로 설명한 바 있다. 일정한 생산요소를 투입한다고 해서 상품의 질이 안정적으로 예측되는 것은 아니라는 점이다.

둘째, 영상콘텐츠의 전통적인 유통창구의 병목현상이 대단히 심해, 유통과정에서의 불확실성이 매우 높다는 점도 영상미디어 기업이 처한 특수한 상황의 하나이다. 이는 온라인 플랫폼이 활성화되기 이전의 상황에 기초하고 있지만, 온라인 플랫폼이 활성화된 후에도 일정 수준 이상의 제작비가 투입된 영상콘텐츠의 1차 유통창구의 병목은 여전히 좁다.

셋째, 테크놀로지의 변화가 콘텐츠 생산, 유통 및 서비스 양식은 물론이고 이용자들의 미디어 이용 방식에까지 큰 영향을 미치게 된다. 온라인 미디어와 모바일 미디어의 일상에 대한 지배력이 커지고 있으며, 새로운 테크놀로지에 의해서 디바이스는 물론이고, 콘텐츠와 서비스 영역에서도 급격한 변화가 일어나고 있어, 테크놀로지로부터 기인한 리스크 영역이 확대되고 있다.

영상미디어 산업에 존재하는 주요 기업 리스크를 유형별로 나누면 〈표 11-1〉에 정리된 바와 같다. 사업 프로젝트는 프로젝트 수행과 관계 있는 리스크로, 영상콘텐츠 제작에 필요한 원작 저작권 확보, 투자유치, 창작자·출연자·스태프 등의 구성, 유통망의 확보 등을 포함한다. 기업 전략 리스크는 전략 수립의 기초가 되는 시장분석, 기업 인수합병, 전략적 제휴, 신규사업 진입과 시장철수, 해외진출 등과 관련된 리스크를 말한다. 운영 리스크는 부적절한 비용관리, 인사관리, 조직시스템 관리 등과 관련된다. 평판 리스크는 기업

〈표 11-1〉 영상미디어 기업의 리스크

리스크	내용
사업 프로젝트	• 영상물 제작에 대한 원작 저작권 확보 • 제작예산/투자유치 • 제작요소(인력, 시설, 장비, 기술 등) • 유통망 확보
기업전략	• 이용자 선호, 경쟁사 상품 및 서비스 등에 대한 시장분석 • 기업 인수합병, 전략적 제휴 • 신규사업 진입, 시장철수, 해외진출
운영	• 비용관리 • 인사관리 • 조직시스템 관리
평판	• 기업 브랜드, 상품, 경영진, 사회 기여 등에 대한 사회적 평판
테크놀로지	• 새로운 테크놀로지의 등장과 도입, 표준화 채택
재무/금융	• 무역수지, 부채, 금리
외부	• 국내외 사회적 쟁점의 등장과 변화 • 정책방향의 전환, 규제 및 탈규제 • 해외국가의 미디어와 콘텐츠 정책 변화

브랜드, 상품, 경영진, 사회 기여 등에 대한 사회적 평판 등을 포함하며, 새로운 테크놀로지의 등장 및 도입과 관련된 테크놀로지 리스크도 있으며, 무역수지, 부채, 금리 등과 관련된 재무/금융 리스크도 있다. 또한, 국내외 사회적 쟁점의 등장과 변화, 정책방향의 전환, 규제 및 탈규제, 해외국가의 미디어와 콘텐츠 정책 변화 등과 관련된 외부 리스크도 영상콘텐츠 기업에 중요한 영향을 미치고 있다.

2. 주요 리스크 유형별 대응전략

1) 사업 프로젝트 리스크: 제작단계

(1) 리스크

미디어 콘텐츠는 경험재적 속성을 가지고 있기 때문에, 콘텐츠 제작에 투입된 요소들에 기초해서 시장에서의 성패를 예측하기가 어렵다. 흥행을 기대할 수 있는 요소들이 투입되었음에도 불구하고 흥행에 실패하는 작품들이 많다. 유명 원작, 스타 캐스팅, 최고 수준의 스태프를 작품에 투입하기 위해서는 예산도 그만큼 증가하지만, 제작자는 더 큰 수입을 기대하면서 모험을 하는 것이다. 그러다 보니, 큰 예산이 투입된 작품의 흥행 실패는 콘텐츠 제작사에 중대한 재정적 문제를 일으키기도 한다.

영상콘텐츠의 수입을 설명하는 요인을 추출하려는 학술적 연구가 종종 나오고 있는데, 이 연구들은 대체적으로 유사한 변인을 사용하고 있다. 리트만(Litman, 1998)의 분석을 예로 살펴보겠다. 이 연구에서 눈여겨볼 것은 스타 캐스팅이 영화의 수입에 의미 있는 영향을 주고 있지 않았다는 점이다. 반면, 미국 내 영화의 수입과 관련된 유의미한 변인 중 정적관계에 있는 것으로는 비평가 리뷰점수(REVIEWS), 오스카상 수상(OSCAR), 여름철 개봉(SUMMERS), 크

〈표 11-2〉 영화흥행요인의 다중회귀분석

독립변인	종속변인	
	국내 총수입	국내외 총수입
COST	.38254*	1.49551**
REVIEWS	19.39275**	39.64378**
SCREEN	.01982**	.03711**
CR8	-1.69710**	-3.90414**
STAR	8.49935	13.03995
SOCAR	39.40593**	96.19216**
MAJORS	-4.25815	-19.45512
SUMMER	26.88411**	52.41079**
MPAA PG	7.48703	6.186814
CHRISTMAS *FAMILY	34.61009**	75.92744*
Constant	35.57675	92.92928
N	238	238238
R^2	.4594	.4410
Adj R^2	.4356	.4164
F(10,227)	19.29	17.91
Prob > F	.0000	.0000

* p < .05, two-tailed. ** p < .01 two-tailed.
자료: Litman(1998: 189).

리스마스 개봉(CHRISTMAS)과 가족영화(FAMILY)의 상호작용, 상영 스크린의 수(SCREEN), 제작비용(COST) 등이 있으며, 부적관계에 있는 것으로는 상위 8개 영화의 시장점유율(CR8)이 있다. 해외영화시장에서도 정도의 차이는 있으나 거의 유사한 결과를 보였다. 단, 크리스마스와 가족영화의 상호작용효과는 미국 밖에서는 비교적 영향이 작았다. 영화 시상식과 비평가의 리뷰가 영화산업에서 흥행전략으로 사용될 수 있음을 보여주는 결과는 특히 흥미롭다. 메이저사(MAJORS) 제작, 전 연령층이 관람할 수 있는 심의등급(PG 등급, MPAA PG), 스타 캐스팅 등은 영화의 수입에 유의미한 영향을 주지 않는 것으로 드러났다.

유니버셜 스튜디오가 제작한 〈47 로닌〉(2013)은 스타 배우인 키아누 리브스가 출연했음에도 불구하고, '일본', '사무라이'와 같은 소재가 시장에 어필하는 정도를 잘못 예측하여, 무려 1억 7500만 달러의 제작비와 5000만 달러의 마케팅비를 투입하고도, 국내외 총수입으로 1억 5000만 달러를 버는 데 그쳐 최악의 실패로 기록되기도 했다. 좋은 원작 스토리에도 불구하고 시나리오 구성의 완성도가 미흡한 경우, 캐스팅이 적절하지 않으며 당초 계획보다 효과·그래픽·로케이션 등의 비용이 축소 집행되는 경우, 도중에 작가나 감독이 교체되어 작품의 일관성이 깨지는 경우, 제작자·작가·감독·배우 사이에 작품의 방향성에 대한 갈등이 조율되지 않는 경우, 갑작스러운 정치·경제·사회적 쟁점이 발생하여 미디어 콘텐츠의 소비에 영향을 미치는 경우, 경쟁대작의 출시일정, 기획시점과 제작시점의 간격이 큰 경우 등 미디어 콘텐츠 시장에서의 불확실성을 높이는 원인은 일일이 열거할 수 없을 만큼 많다.

이런 흥행 예측분석은 과거의 종합적인 경향을 보여줄 뿐, 제작사의 전략적 선택을 위한 절대적인 근거가 되기는 어렵다. 예를 들면 리트만의 분석에서 스타 캐스팅이 영화의 흥행을 보장하지 않는 것으로 나타났지만, 영화 제작자나 감독이 이 분석결과를 믿고 스타 캐스팅에 무관심할 것으로 보이지는 않는다. 흥행이라는 것은 그만큼 복잡한 요소에 의해 종합적으로 이루어지지만 때로는 일부 부정적인 요소가 전체를 압도하기도 하여 불확실성이 매우 높은 것이다.

(2) 대응전략

제작단계에서 불확실성을 줄이려는 노력들 중 영상산업에서 가장 일관되게 지속되어온 것은 스타시스템이다. 수용자의 꿈을 대신 이루어주는 스타는 영화가 시작된 이래 언제나 영상산업의 중심에 있었다. 스타 캐스팅이 언제나 흥행을 보장해주지는 못했지만, 제작자들은 스타시스템을 포기하지 않았다. 스타는 영상작품을 위해서 존재할 뿐만 아니라, 때로는 영상작품이 스타의 상품성을 활용하기 위해서 생산되기도 했다. 에이전트는 스타의 상품적 가치를 만들어내고 관리하는 역할을 한다. 유튜브에서 1인 창작자들의 활동이 부각되면서, 이들의 창작을 후원하고 관리하는 MCN(multi-channel networks)이 주목받고 있다.

스타시스템 이외에도 제작단계에서 불확실성을 줄이기 위해 원작 활용, 스핀오프, 시즌제 등이 채택되고 있다. 기존에 성공한 스토리를 활용하는 방안은 할리우드의 초창기부터 채택되었다. 이러한 방법의 대표격으로는 원작 소설이나 만화를 영상콘텐츠로 제작하는 경우, 성공한 시리즈의 시즌제와 스핀오프, 과거 성공작의 리메이크 등이 있다. 현재까지도 많은 작품들이 비영상콘텐츠로부터 스토리를 가져오고 있다. 최근에는 웹툰이 텔레비전 드라마와 웹드라마의 주요 스토리원이 되고 있다. 그뿐만 아니라, 성공적인 영상콘텐츠가 출판물, 뮤지컬, 온라인 게임 등의 소재로 발전되는 경우도 있어, 좋은 스토리를 갈구하는 콘텐츠 산업에서 새롭고 흥미로운 스토리는 한 장르에서 다른 장르로 확장됨을 알 수 있다.

시즌제는 한 시즌 동안 성공적이었던 프로그램이 1~2년 정도 휴지기를 갖고 난 후 전 시즌과 연결되는 스토리나 새로운 에피소드로 구성되는 방식이다. 미국에서 시즌제는 드라마와 예능 프로그램에서 이미 정착된 방식이고, 한국에서는 드라마보다 한 번 성공을 거둔 예능 프로그램들이 연이어 시즌제를 채택하는 경우가 많다. 〈꽃보다 할배〉, 〈K팝스타〉, 〈윤식당〉, 〈삼시세끼〉, 〈신서유기〉 등이 시즌제 예능 프로그램의 대표적 사례이다.

스핀오프(spin-off)는 성공을 거둔 스토리의 기본 틀을 유지하면서도 다른 배경과 인물을 등장시켜 새로운 시리즈로 제작하는 것을 말한다. 예를 들면, CW는 1990년대 FOX에서 인기를 끌었던 〈베버리힐스의 아이들〉를 리메이크하여 〈90210 West Beverly Hills High〉를 제작했고, 스핀오프작으로 〈멜로즈 플레이스(Melrose Place)〉를 1992년부터 제작하여 1999년까지 방송했다(임정수, 2010). 〈CSI 라스베이거스〉가 성공하면서 〈CSI 뉴욕〉, 〈CSI 마이애미〉 등으로 확대된 것도 스핀오프의 대표적 사례이다. 리메이크는 과거에 제작되었던 영화나 드라마를 동일 혹은 유사 타이틀로 다시 제작하는 것인데, 반드시 그대로 제작하는 것은 아니고 배경이나 인물 설정 등을 현대판으로 재구성하는 것이 일반적이다.

시즌제, 스핀오프, 리메이크의 공통점은, 모두 기존 작품의 인기에 편승하여 안정적인 성공을 기대하는 전략이라는 것이다. 수익성의 압박을 받는 스튜디오와 네트워크들은 시즌제, 스핀오프, 리메이크를 통해서 새로운 창작물을 시도하기보다 기존 상품을 재생산함으로써 안정적으로 시장에 나서려고 한다.

아무리 콘텐츠 기업이 제작과 시장 경험이 많고, 과학적인 방법을 동원하여 시장을 분석한 후 제작에 착수한다고 해도 영상콘텐츠 산업의 불확실성으로 인한 리스크를 획기적으로 줄일 수는 없다. 시장예측 실패의 리스크를 가능한 한 줄이기 위해서, 콘텐츠 관련 기업들은 시장분석, 박스오피스 실적 조사, 시청률 조사, 프로그램 모니터 등을 실시한다. 시장 예측을 위한 시장분석 연구는 리트만(1998)뿐만이 아니라 국내에서도 빈번히 행해졌다. 박승현 등(2011)은 한국 영화의 흥행에 관한 연구에서 제작비가 상대적으로 크면 개봉 스크린 규모와 전문가 평가 및 온라인 평가가 흥행성과에 미치는 영향력이 유의미하지만, 제작비 규모가 작으면 유의미한 관계가 나타나지 않는다고 분석했다. 황영미 등(2016)은 빅데이터를 활용해 영화의 어느 부분에 웃음과 눈물 요소가 많은지 장르별 구성방식을 분석하여, 시나리오상에서의 흥행 예측에 기여하고자 했다. 방송산업에서는 시청률 조사를 통해 시간대별, 시즌별, 주 시청자별 프로그램 선호에 대해 파악하는 것을 시장 예측에도 참고했다. 최종현 등(2017)은 평균시청률을 판단하는 지표로 지상파 첫 회 시청률 예측 모형을 제시했는데, 이런 연구는 방송사, 제작자, 광고주의 의사결정에 도움을 주기 위함이다.

2) 사업 프로젝트 리스크: 유통단계

(1) 리스크

미디어 콘텐츠 산업에서 유통망 확보의 리스크는 개별 콘텐츠 사업자뿐 아니라, 미디어 산업 구조 전반에도 영향을 미치게 된다. 콘텐츠 산업에서 유통영역은 배급사, 방송사, 플랫폼 등을 말하는데, 제작된 상품이 최종 소비자에게 도달하기 위해 지나야 하는 길목을 지키고 있다. 지상파방송사의 경우에는 콘텐츠를 직접 제작하기도 하지만, 독립제작사 입장에서는 콘텐츠의 플랫폼 역할을 한다. 콘텐츠 제작사 입장에서는 유통영역의 기업이 병목을 쥐고 영향력을 남용할지도 모른다는 위험을 늘 안고 있다.

영화제작사는 영화를 제작하더라도 배급사나 극장을 확보하지 못할 위험을 늘 안고 있다. 영화진흥위원회(2017)의 통계에 따르면, 2016년 한 해 한국에서 372편의 영화가 제작되었고, 그중 302편만 극장에 개봉되었다. 한 해 제작된 영화의 18.8%는 같은 해 극장에 올라가지 못했다. 물론 개봉이 다음 해로 이월되는 영화도 있었겠지만, 이런 현상은 해마다 계속되고 있어 그 정도 비율의 영화는 극장개봉이 안 된다고 봐도 된다.

방송용 프로그램을 제작하는 독립제작사도 방송을 편성할 방송사를 확보해야만 한다. 따라서, 방송 프로그램의 경우에 방송사의 편성결정을 얻어내지 않은 상태에서는 제작에 돌입하기 어렵다. 이러한 사정은 공급의 가치사슬 이동에 따라 콘텐츠 제작사가 떠안게 되는 필연적인 위험이기 때문에, 미국이건 한국이건 간에 마찬가지이다. 예를 들면, 중국의 사전검열제도 때문에 중국에 수출하기 위해서는 완전한 사전제작을 해야 하는데, 이러한 방식은 한류 콘텐츠를 수출하는 방송사나 제작사에 대단히 큰 리스크이다. 리스크를 줄이기 위해서는 중국의 투자를 받거나 편성을 확보함으로써 리스크를 나누어야 한다. 사전제작이 완료된 〈태양의 후예〉가 성공하자, 사전제작의 붐이 일었는데, 2016년 말경부터 사드배치문제로 외교적 갈등을 빚던 중국이 한국

콘텐츠에 대해 제재를 가하면서 사전 제작된 콘텐츠의 중국 수출길이 막히기도 했다. 이는 건전한 방식의 '사전제작'으로 볼 수 없으며, 결국은 중국의 검열제도에 떠밀려 한국 콘텐츠 산업이 리스크를 떠안게 된 것으로 봐야 한다.

콘텐츠 제작사가 유통망 확보의 리스크를 안고 있는 것과 마찬가지로, 방송채널사나 플랫폼사는 콘텐츠 확보의 리스크를 갖고 있다. 제작사의 수가 방송사나 플랫폼사의 수보다 많으므로, 유통의 병목이 발생하는 게 더 일반적이기는 하지만, 콘텐츠 수급의 실패로 방송사나 플랫폼사의 서비스에 차질이 생기는 경우도 간혹 발생한다. 가장 대표적인 사례는 위성 DMB였는데, 2005년 플랫폼 출범 이후 지상파방송사가 채널 제공을 거부하여 유력한 콘텐츠 확보에 어려움을 겪으면서 가입자 확대에 실패했다. 결국 2012년 위성 DMB는 상황을 전환시키지 못하고 서비스를 종료하기에 이르렀다.

(2) 대응전략

산업 전체의 관점에서는 리스크를 각 영역들이 적절히 나누어 갖는 것이 가장 합리적인 선택이 되겠지만, 각 영역의 기업 입장에서는 가능하다면 조금이라도 위험을 회피하고, 다른 영역으로 떠넘기는 대응을 할 수밖에 없다.

미디어 산업에서 이러한 공급의 가치사슬 이동에 따른 위험을 줄이기 위한 가장 대표적인 방법이 기업결합이다. 스튜디오와 네트워크, 네트워크와 제휴사, PP와 SO의 인수합병 혹은 전략적 제휴 등을 말한다. 제작사의 유통망 확보와 플랫폼사의 콘텐츠 확보를 위한 인수합병은 미디어 산업에서 흔한 일인데, 예를 들면, 케이블방송사인 컴캐스트는 2011년에 NBC 유니버셜이 100% 인수함으로써, 콘텐츠 영역인 유니버셜 스튜디오를 확보하고, 온라인 플랫폼 훌루의 일부 지분을 확보했다. 또, 유니버셜 스튜디오와 파라마운트의 조인트 벤처 형식의 배급사 UIP(United International Pictures)는 유니버셜 스튜디오, 파라마운트, MGM, UA(United Artist) 등이 제작한 영화를 배급하는 유통망을 확보했다.

둘째, 기존 기업들의 기업결합이 아니라, 수직계열사를 설립하는 방안이 있다. 방송사나 유료 플랫폼사가 제작사를, 제작사는 유통사를 설립하는 방식이 여기에 해당한다. 예를 들면, CJ E&M은 2016년 드라마 기획 및 제작을 맡을 '스튜디오 드래곤'을 자회사로 설립했다.

셋째, 유통망을 확보한 방송 네트워크사나 유료 플랫폼사가 콘텐츠를 자체적으로 생산하고 자체 네트워크를 활용하여 유통하는 전략이 있다. 지상파방송사들이 자체 제작인력을 유지하고 일정 부분의 프로그램을 자체 제작하려는 것도 이러한 맥락에서이다. OTT 플랫폼인 넷플릭스가 2013년 드라마 시리즈 '하우스 오브 카드' 시즌 1을 제작한 이후 아마존, 애플, 유튜브 등과 같은 OTT 사업자들이 콘텐츠 제작에 뛰어들게 된 것도 같은 이유에서이다.

넷째, 글로벌 다각화를 통한 해외시장을 개척함으로써, 콘텐츠 산업의 불확실성과 미디어 산업의 위험을 완충하려는 시도들이 계속되어왔다. 예를 들면, CJ E&M은 2015년 홍콩에 'CJ E&M Hong Kong' 지사를 설립하고, 동남아시아 9개국에 tvN Asia를 서비스하고 있으며, 2017년에는 24시간 한국영화채널인 tvN Movies를 싱가포르에 서비스하기 시작했다.

3) 기업 전략 리스크: 새로운 시장 진입

(1) 리스크

새로운 시장에 진입하는 기업은 기존 기업의 진입 저지, 네트워크 부족, 기술과 사업 측면에서의 노하우 부족, 축적된 정보 부족, 시장 예측의 어려움 등으로 불확실성이 높은 상태이고, 그로 인한 리스크가 커진다.

1990년대 중반 유료방송의 불모지였던 국내방송산업에 케이블방송이 출범하면서 등장한 20여 개의 PP사들은 의욕적으로 사업에 매진했지만, 대개는 실패하고 수년 내로 매각되었다. 초기 PP사들은 방송 유료화에 대한 시장의 저항강도를 충분히 예측하지 못했고, 초기 수입이 미미한 상태에서 제작비를 과다하게 지출했다. 게다가, 1997년 IMF 경제체제로 들어서면서 유료방송시장이 얼어붙게 되어, 다수의 PP는 더 버티내지 못하고 한동안 어려운 시기에 접어들었던 적이 있다.

(2) 대응전략

신규시장 진입의 리스크를 줄이기 위한 가장 기본은 시장에 대한 정보와 지식을 확보하는 일이다. 이것은 노력으로만 갑자기 되는 일은 아니며, 유관 분야에 머물면서도 신규로 진입하고자 하는 시장에 대해 정보와 지식을 접해온 시간이 어느 정도는 되어야 가능한 일이다.

그 시간을 단축시키기 위해서는 기존 시장으로부터 물적·인적·정보적 자원을 흡수해야 한다. 이런 것들을 단번에 해결하기 위해서 M&A가 고려될 수 있으며, M&A의 리스크를 줄이기 위해서 전략적 제휴 방식, 조인트 벤처 설립 등을 택하기도 한다. 물론 그런 해결책들에 따른 리스크도 존재한다.

2000년대 중반에 한국 드라마와 온라인 게임 등의 중국 진출이 본격화되면서, 한국의 제작사와 중국의 미디어 관련 혹은 유통 관련 사업자들이 조인트 벤처를 설립하는 경우가 늘어나기 시작했다. 이런 경우도 중국 시장 진출의 리스크를 줄이기 위한 합리적인 전략이라고 할 수 있다.

4) 기업 전략 리스크: M&A

(1) 리스크

M&A는 신규사업에 뛰어들거나 시장을 확장하는 것이 목적이지만, 인재, 기술, 문화 등 기업자원에서 차이가 있는 두 기업이 합쳐지는 일이므로 상당한 리스크가 따른다. M&A 과정에서 인수기업의 피인수기업에 대한 가치평가 리스크로부터 시작해서, M&A 이후 구조조정과정에서의 갈등으로 인한 리스크, 기업문화 차이로 인한 시너지 미진에 따른 리스크 등이 있다.

2000년에 있었던 AOL과 타임워너의 합병은 대표적인 실패사례로 꼽히는데, 21세기로 전환되는 시점에 통신과 방송의 융합을 상징하는 합병으로 주목과 우려를 동시에 받으며 진행되었다. 합병 직후부터 AOL이 신흥 검색엔진인 구글 등에 의해 도전받으면서 실적이 하락했고, 방송사와 통신사의 이질적인 기업문화의 융화 실패 등으로 삐걱거렸다. 그 결과, 타임워너는 2015년에 AOL을 버라이존에 매각했고, AOL과 타임워너의 15년 관계가 정리되었다.

루퍼트 머독(Rupert Murdoch)이 설립한 뉴스코퍼레이션의 합병과 분리의 사례도 흥미롭다. 뉴스미디어로 자리 잡았던 뉴스코퍼레이션은 1984년 20세기폭스사의 인수를 완료하여, 뉴스와 엔터테인먼트를 한 울타리 안에 두게 되었다. 그 여세를 몰아 1986년 메트로미디어 그룹을 인수하고, 뉴스와 엔터테인먼트 콘텐츠를 유통시킬 창구로 폭스방송사를 세워 지상파 네트워크 사업을 시작했다. 2013년에 뉴스코퍼레이션 산하 뉴스오브더월드가 불법도청파문을 일으키자, 뉴스영역의 명성에 금이 가게 되었고, 수습책의 일환으로 머독은 뉴스코퍼레이션에서 21세기폭스사를 분사했다. 2018년에는 21세기폭스의 영화, 텔레비전 제작사를 디즈니 그룹에 매각했다. 뉴스코퍼레이션은 엔터테인먼트 영역을 내려놓고, 뉴스미디어로서의 명예를 되찾고자 고군분투 중이다.

(2) 대응전략

M&A의 리스크를 줄이기 위해서는 무엇보다도 M&A의 궁극적인 목적이 무엇인지 명확히 정의하고, 그에 부합하는 전략을 수립해야 한다. 업계의 위상을 높이려는 것이 주된 목적이거나 사주들 간의 친분에 따른 인수합병거래는 실패로 이어지기 쉽다. M&A는 기업 인수 혹은 매각을 통해서 기업이 안고 있는 단점을 보완할 수 있고, 시너지 효과를 통해서 성장하는 것이 전제되어야 한다.

기업의 현재와 미래의 가치를 산정하는 일은 쉽지 않아서, 이 작업에서의 오류와 오판은 M&A에 치명적인 문제를 유발한다. 인수대상기업의 자산평가, 부채평가 등을 면밀히 파악하고 결정해야, 비싼 가격에 인수하거나, M&A 후에 예기치 않은 부채상환에 시달리는 일을 방지할 수 있다. 또한, 기업재무상황뿐 아니라, 기업문화를 보다 심층적으로 파악해서, 문화충돌로 인한 시너지 효과 감소나 불화를 미연에 방지할 수 있도록 조직을 재구성해야 한다.

M&A에 따른 리스크를 완화하고자 한 전략의 하나로, 전략적 제휴와 같은 다소 느슨한 형태의 협업이 있다. 두 기업의 강점을 가지고, 제휴기업의 약점을 보완하는 방식으로 진행되는데, 자본과 조직 등이 분리되어 있어 갈등적인 부분들을 피해 가기에 유리한 반면, 조직적인 차원에서의 시너지가 미약하여 장기적으로 두 기업이 윈-윈 하기는 어려운 면이 있고, 힘의 우열에 따른 종속적 현상이 일어날 수도 있다. 또한, 협업하고자 하는 두 기업이 조인트 벤처를 설립함으로써, M&A의 리스크는 줄이면서도 전략적 제휴보다는 협업의 목적에 더 집중할 수 있는 독립적 실체를 만들어 운영할 수도 있다.

3. 할리우드의 리스크 관리[1)]

1) 수직적 결합의 명암

1990년대 이후 미국 드라마 생산과 유통의 리스크 분산 전략의 중심에는 스튜디오와 네트워크의 수직결합이 있었다. 수직결합을 통한 리스크 분산에서 네트워크의 가장 중요한 역할은 편성의 안정적인 보장이며, 스튜디오는 바로 그것을 위해서 수직적 결합을 유지하고 있다. 그리고, 네트워크는 그들이

1) 임정수, 「미국 TV드라마 산업에서 메이저 스튜디오의 리스크 분산 메커니즘」, ≪한국콘텐츠학회논문지≫, 11(11)(2011), 137~144쪽에 기초했다.

편성한 텔레비전 드라마에 네트워크 브랜드 가치를 제공한다.

반면, 스튜디오의 중요한 역할은 제작 인프라, 인력 및 재정적 관리 능력, 배급능력, 상품화 전략 구사 등으로 들 수 있다. 스튜디오와의 수직결합을 통해 네트워크는 드라마의 2차시장 및 부가 수입에 대한 권리도 확보하게 되어, 네트워크의 프로그램 제작비 투입의 규모는 커진다. 즉, 수직적 결합 아래 네트워크는 더 큰 규모의 드라마 제작을 시도할 수 있게 된다.

에피소드당 20억 원이 넘는 비용은 할리우드에서도 부담이 안 되는 규모가 아니다. 따라서, 생산과 유통 과정에서 발생할 수 있는 리스크는 스튜디오와 네트워크의 수직적 결합을 통해서 어느 정도 완화시킬 수 있지만, 누적되는 제작비 부담은 몇몇 실패작을 경험하게 되면 큰 문제로 확대될 수 있는 위험의 여지가 있다고도 볼 수 있다.

스튜디오가 독립제작사와 텔레비전 네트워크와의 관계에서 리스크에 어떻게 대응하고 있는가는 핀씬 규칙(Financial Interest and Syndication Rule: Fin/Syn Rule)이 잘 보여주고 있다. 핀씬 규칙이 시행되기 전인 1970년대 중반 이전, 시행 중이던 1970년대 중후반부터 1990년대 중반, 그리고 완전히 폐지된 1995년 이후로 나누어 네트워크, 스튜디오, 독립제작사가 떠안게 된 리스크의 상대적 크기를 보면, 스튜디오의 리스크 분산 메커니즘을 이해하는 데에 도움이 된다.

〈그림 11-1〉 핀씬 규칙의 전후 리스크 분산 변화

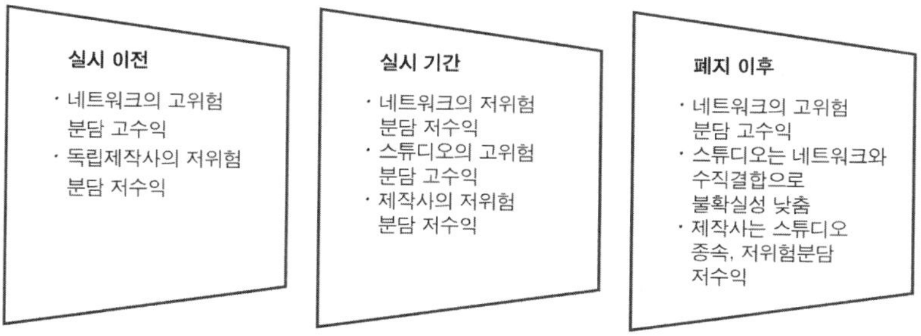

실시 이전	실시 기간	폐지 이후
· 네트워크의 고위험 분담 고수익 · 독립제작사의 저위험 분담 저수익	· 네트워크의 저위험 분담 저수익 · 스튜디오의 고위험 분담 고수익 · 제작사의 저위험 분담 저수익	· 네트워크의 고위험 분담 고수익 · 스튜디오는 네트워크와 수직결합으로 불확실성 낮춤 · 제작사는 스튜디오 종속, 저위험분담 저수익

1990년 중반 이후의 미드 활성화는 1995년 있었던 핀씬 규칙의 폐지와도 무관하지 않다. 이 제도는 네트워크가 드라마와 오락 프로그램 등에서 외주제작 프로그램의 방영권만 가지며, 신디케이션을 통해 재정적 이익을 볼 수 없게 규정한 제도로,[2] 네트워크의 수직결합적 사업을 제한하고 독립제작사를 활성화하려는 취지에서 시작했다. 그러나, 이 제도가 독립제작사 활성화에 실제로 기여하기보다는 메이저 스튜디오의 이익에 더 기여하고 있다는 비판이 제기되면서 1991년부터 1995년까지 단계적으로 폐지되었다. 그렇게 되자, 1990년대 중반부터 현재에 이르는 시기 동안에, 네트워크를 소유한 할리우드 메이저 스튜디오를 중심으로 자체 텔레비전 스튜디오를 가동시킴으로써, 실질적인 자체제작체계(in-house production)를 구축했다(임정수, 2010). 예를 들면, 1993~1994년에 NBC, CBS, ABC, FOX 등 4대 네트워크의 자체제작비율은 18~34%였으나, 2002~2003년에는 49~67%로 증가했다.

1990년대 중반 이후 스튜디오는 네트워크와의 수직적 결합을 통해서 텔레비전 제작 시스템을 더욱 공고히 했다. 디즈니와 합병한 ABC는 1985년에 설립된 터치스톤 텔레비전(Touchstone Television)을 2007년 ABC 스튜디오로 이름을 바꾸었다. NBC 유니버셜 그룹은 2004년에 NBC 유니버셜 텔레비전 그룹을 설립했고, 2007년에는 그 산하에 유니버셜 미디어 스튜디오(이전에는 NBC 유니버셜 텔레비전 스튜디오로 불림)를 설립했다가, 2010년 11월에 컴캐스트에 인수되었다. CBS는 파라마운트 텔레비전과 CBS 스튜디오를 합병하여 2006년에 CBS 텔레비전 스튜디오를 설립했다. 뉴스코프사의 FOX 텔레비전 스튜디오는 1997년에 설립되었다.

반면, 소형 드라마 독립제작사는 독립적인 생존이 어려워져 스튜디오의 하청업체로 남든지 사라지든지 결정해야 했다. 핀씬 규칙이 폐지된 이후, 스튜

---

2) 방송사 프로그램의 저작권을 확보하여, 네트워크 방영 이후 케이블방송이나 독립방송사 등에 방송권을 유통시켜 수익을 올리는 기업활동을 금지한 제도를 뜻한다.

디오의 재정적 후원 아래 네트워크의 제작비는 30% 이상 증가했고(박남기, 2004), 특히, 드라마 시리즈 제작에서는 편당 200만 달러를 넘는 제작들이 이루어지게 되었다. 이런 와중에 독립제작사들은 비용에도 못 미치는 제작비 계약을 하기도 했는데, 흥행에 실패하여 2차시장에서 수익을 올리지 못하면 적자재정에 어려움을 겪기 일쑤였다(박남기, 2004; 임정수, 2010; 장병희, 2004).

드라마 제작으로부터의 재정적 이익이 보장되면서, 네트워크는 대형 미드 제작에 박차를 가하게 되었다. 독립제작사들은 핀씬 규칙의 재도입을 주장하지만, 이미 1980년대의 미디어 기업 거대화 과정을 거치면서 네트워크와 한배를 타게 된 할리우드 메이저 스튜디오가 1970년대처럼 독립제작사의 입장에 동조할 리가 없었다.

2) 스튜디오의 역할

미국 텔레비전 드라마 산업의 가장 큰 특징 중 하나는 영상산업에서의 리스크 분산을 중재하는 스튜디오 체계이다. 할리우드는 북부의 추위도 없고, 동남부의 습기도 없으며, 남부의 더위도 없는, 연중 영화 촬영과 필름 보관이 가능한 영화산업의 최적지이다. 유리한 기후와 환경을 배경으로 1910~1920년대에 할리우드는 미국 영화산업의 메카로서 자리를 잡아가기 시작했다. 할리우드 시스템 이전의 영화제작이 비효율성이 높았다면, 할리우드 스튜디오 시스템에서의 제작은 헨리 포드의 자동차 대량생산에 비견할 만했다(Hoppenstand, 1998).

스튜디오 체제의 주요 이점을 정리해보면 다음과 같다. 첫째, 생산에서 인력, 시설, 장비, 사회적 네트워크 등의 인프라를 통한 규모의 경제를 실현한다. 둘째, 제작·유통·분배 영역 간의 리스크를 분산시키는 기능이 있다. 셋째, 제작을 산업적 관점 아래 두고 비용, 인프라, 인재 등을 관리하며 유통에서도 비즈니스적 접근을 주도할 주체로서의 기능과 역할을 한다. 넷째, 철저히 사전 기획된 프로그램의 생산 및 유통(OSMU , 머천다이징, 이벤트, 관광상품 등)을 주도할 수 있다.

텔레비전 드라마 산업에서 누가 더 큰 리스크를 분담하는가는 투자, 수익 지분, 통제권에 영향을 미친다. 제작비용 및 마케팅 비용 분담이 상승하면, 리스크가 상승한다. 리스크에서 가장 크게 작용하는 부분은 편성 확보 여부이며, 광고수입 및 2차시장 수입, 해외시장 등에서의 영업실적 리스크가 존재한다. 직접제작비, 간접제작비 등 비용 분담의 증가로 인해 리스크가 상승하게 되는데, 그러한 리스크는 주로 편성권을 확보하는 문제, 방송광고수입을 확보하는 문제, 국내2차시장 및 해외시장에서의 수입 등에서 발생한다. 텔레비전 드라마 산업의 각 영역들에서 비용 투입에 대한 리스크가 상승하게 되면, 각 영역은 콘텐츠 생산 및 유통 등에서 자신의 통제권을 강화시키는 방향으로 힘을 확대하고자 한다.

예를 들면, 책임 프로듀서의 통제권이 강화된다든지, 네트워크와 스튜디오의 수직적 결합을 통해서 네트워크의 편성권을 안정적으로 확보한다든지, 캐스팅에 대한 권한을 가진다든지, 저작권, 부가사업권, OSMU 관련 사업권 등을 확보하려는 시도들이 모두 투자를 통해 리스크를 떠안은 기업의 리스크 완화를 위한 대응이라고 볼 수 있다(Valle, 2008).

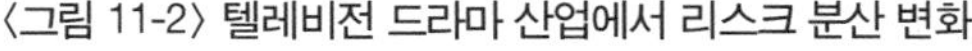
〈그림 11-2〉 텔레비전 드라마 산업에서 리스크 분산 변화

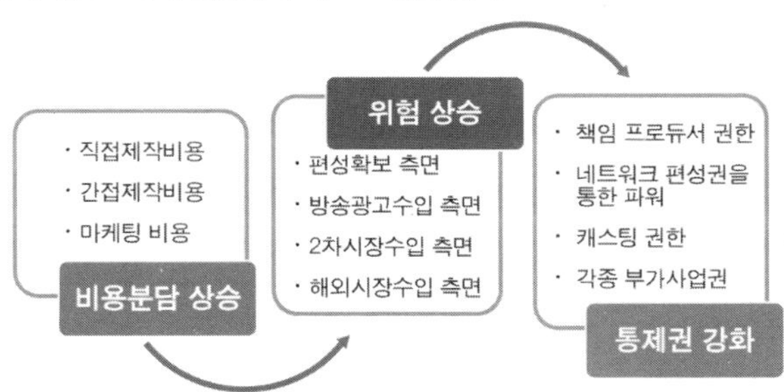

3) 스타시스템

할리우드 영화산업의 중요한 특징 중 하나는 스타시스템의 활용이다. 스타시스템은 영화 스튜디오가 전속배우를 키우고 관리하여 거래하고 소비하는 것을 말한다(김호석, 1998). 오늘날 영화산업의 스타시스템은 할리우드 영화산업의 전신이었던 보더빌(vaudeville)을 모델로 한 것이다. 스타의 생산은 치밀하게 계획되고, 광고 홍보 등의 선전에 비용이 투자되며, 아카데미 시상식 등의 의식을 거쳐 이루어진다.

스타시스템은 산업적 측면에서 다음과 같은 의미를 가지고 있다. 첫째, 문화 산업의 불확실성을 반영한다. 영화의 품질은 투자액, 사용한 재료의 질 등에 의해 완전히 결정되는 것이 아니다. 여기에도 생산자가 통제할 수 없는 부분들이 많이 작용한다. 소비자의 선호, 초기 부존자원, 기업의 생산기술 등은 생산과정 이전에 외생적으로 결정되는 요소들이다. 이러한 요소에서의 불확실성을 외생적인 불확실성(exogenous uncertainty)이라고 하는데, 특히 소비자의 선호는 영화산업에서는 다루기 가장 미묘한 부분이다. 아무리 인기배우를 캐스팅하고, 돈을 많이 들여도 실패하는 영화가 있는가 하면, 그 반대 경우도 있다. 이런 데서 발생하는 불확실성을 줄이기 위해 도입된 것이 스타시스템이다. 스타가 영화의 성공을 100% 보장하지는 않지만, 현실적으로 위험을 줄일 수 있는 좋은 방안임에는 틀림없기 때문이다. 둘째, 스타시스템은 영화상품의 마케팅 차원에서 중요하다. 마케팅 차원에서의 스타시스템을 김호석(1998)은 정보체계로서의 스타시스템이라고 표현했다. 영화의 홍보는 영화의 작품성이나 오락성만을 가지고 이루어지는 것은 아니다. 영화의 내용을 홍보하는 것보다 출연한 스타가 누구인지를 알리고, 그가 거기서 어떤 이미지를 보여줄지 알리는 것이 영화를 알리는 데 훨씬 효율적이다. 셋째, 스타시스템은 스타가 자생적으로 나타나기를 기다리면서 검증이 안 된 수많은 스타 지망자들에게 비용을 투입하는 대신에, 소수의 스타를 키우고 관리함으로써 효율성을 기할 수 있다.

4) 스토리

할리우드 스튜디오와 네트워크는 콘텐츠 성공의 불확실성을 완화시키기 위해서 기존 성공작의 스토리를 재활용하는 방안에 능숙하다. 시즌제, 스핀오프, 리메이크 등이 대표적인 예이다. 시즌제는 한 시즌 동안 성공적이었던 드라마의 후속편을 그다음 해에 전 시즌의 스토리와 연결하거나 새로운 에피소드로 구성하는 것을 말한다. 스핀오프는 최초 시리즈가 성공할 경우에 기본적인 틀은 유지하면서도 세트를 바꾸어 새로운 시리즈를 제작하는 것을 말한다. 리메이크는 과거에 제작되었던 영화나 드라마를 다시 제작하는 것을 말하는데, 반드시 그대로 제작하는 것은 아니고 배경이나 인물 설정 등을 현대판으로 재구성하기도 한다.

이런 식으로 다소 구분하여 사용하고 있는 용어들이지만, 모두 기존 작품의 인기에 편승하여 안정적인 성공을 기대하는 전략이라고 볼 수 있다. 수익성의 압박을 받는 스튜디오와 네트워크들이 시즌제, 스핀오프, 리메이크 등을 통해서 새로운 스토리로 도전하기보다는 기존 스토리의 재생산을 통해서 안정을 추구하려는 것이다. 이들 방법은 기존의 스토리와 인물 설정 등을 활용함으로써 프로그램 홍보에도 큰 이점을 누릴 수 있다.

4. 국내 영상콘텐츠 산업의 리스크

한국 방송콘텐츠 산업에서 수익배분, 저작권, 스태프 근로여건, 불공정 계약관행 등 많은 문제점들을 유발시키는 가장 근본적인 원인은 바로 리스크의 분산이 효율적으로 이루어지지 않고 있다는 점이다.

초방 드라마가 편성될 수 있는 채널은 지상파 3개사와 PP로는 tvN, JTBC, OCN 등으로 제한적이다. 그 외에도 오리지널 드라마를 방송하는 채널들이 있기는 하지만, 그 편수가 매우 적다. 그러다 보니, 드라마 유통의 병목은 대단히 좁고, 지상파 3사는 리스크를 독립제작사와 분담하기보다는 독립제작사에 전가하려는 경향을 보인다. 드라마 제작에서 점차 개선되고 있지만, 여전히 프로그램의 권리귀속관행은 방송사에 절대적으로 유리하게 행해지고 있다. 일반적으로 아시아 지역의 수익을 수수료 20% 공제 후 50 대 50으로 제작사에 배분하고 있으며, OST 권리는 제작사에 귀속되고, 기타 부속 저작물의 경우, 합의에 따라 일부 제작사에 귀속되고 있다. 그 외에는 대체로 방송사에 귀속되고 있는 것이 현실이다. 드라마 제작 및 방송이 나가는 중에도 공식적인 계약서 서명이 이루어지지 않는 일까지 발생하는데, 편성계약이 미리 이루어지지 못하게 되면 제작사도 선제작할 수 없게 된다. 그렇게 되면서 작업일정이 촉박해지고, 한국 텔레비전 드라마의 어두운 면을 드러낸 '쪽대본' 문제가 발생하게 되는 것이다.

한국 텔레비전 드라마 산업에서 생산, 유통, 분배의 역할을 병행해온 지상파 3사는 부분적으로 스튜디오의 역할도 수행했다. 할리우드 스튜디오와의 결정적인 차이는 우리의 지상파 3사는 이윤극대화를 추구하는 데에 한계가 많다는 점이다. 이윤극대화의 첫 번째 한계는 시청률에 따른 광고단가의 연동폭을 제한하여 광고단가의 큰 변동을 억제하는 광고제도이며, 두 번째 한계는 공영방송의 경우 근본적으로 이윤극대화 조직이 아니라는 점이다.

방송사와 제작사 중 어느 한 측이 자신의 리스크를 줄이기 위해 무리한 전략을 구사한다면 텔레비전 드라마의 생산 및 유통 생태계가 위협을 받게 된다. 예를 들어, 방송사가 편성권을 가지고 저작권 이용에 대한 불공정 계약을 제작사에 강요한다면, 제작사는 수익극대화에 차질이 생기게 되어, 결국은 작품의 질을 떨어뜨리는 결과로 이어질 수 있다. 또한 장기적인 계획 아래 제작에 임할 수 없게 된 제작사는 현재의 작업에서 수익을 최대한 이끌어내려고 시도함으로써 상호신뢰를 떨어뜨리는 행동을 할 수 있다. 어느 한 측의 탐욕적인 접근은 당장은 이익을 내는 듯하지만, 장기적으로는 산업 생태계를 위협하기도 한다. 특히 새로운 미디어 기술과 플랫폼의 등장, 이용자 행동패턴의 빠른 변화 등이 있는 시대에 리스크를 모두 떠안거나 다른 기업에 떠넘기는 기업행위는 합리적인 판단으로 보기 어렵다.

제12장

방송정책

1. 정책철학

1) 시장경쟁 VS. 공익성

방송정책을 다루게 될 때, 상반된 시각들로 대비되는 것이 경쟁시장론적 입장과 사회공익적 입장이다(Entman & Wildman, 1992). 경쟁시장론적 입장은 방송을 하나의 기업활동으로 보고, 시장에서의 효율성, 기업성장, 공정경쟁, 시청자 선호 등에 초점을 둔다. 반면 사회공익적 입장은 정치적 공정성, 사회문화적 가치, 다양성, 유익함 등에 일차적인 관심을 둔다.

신문과 방송의 교차소유, 재벌의 미디어 소유 제한 및 참여, 지상파방송사의 다른 미디어 지분 소유제한, 방송광고제도, 방송사의 외주정책 등 미디어 산업 정책에서 최근 논란이 일어나는 주제의 핵심에는 시장경쟁의 논리와 공익성 논리의 갈등이 있었다.

시장경쟁의 논리와 공익성의 논리를 공익성, 다양성, 효율성, 수용자 복지 등의 네 가지 차원에서 살펴보겠다. 첫째는 공익 자체에 대한 논의가 있다. 미디어 기업의 소유, 특히 전파미디어의 소유규제는 전파의 희소성에 기초하고 있으므로, 다채널화되는 디지털 미디어 시대에는 소유규제가 공익성을 보장하지 못한다는 입장이 있다. 이에 대해 공익론자들은 최근의 미디어 소유 집중이 얼마나 심각한지를 제시하며, 거대 자본가의 손에 미디어를 맡긴다는 것은 건전한 민주주의의 발전을 저해한다고 주장한다. 미디어 이용이 개인화되고 높은 선택성이 제공되는 디지털 미디어 시대에 공익성 정책의 역할과 범위가 어디까지인지에 대한 논의가 필요하다.

둘째, 다양성에 대한 견해의 차이가 있다. 시장경쟁론자들은 규제정책을 통해서 다양성을 이끌어낸다는 보장은 없으며, 방송의 다채널화, 인터넷의 대중화 시대에 규제를 통해서 소수를 위한 채널을 제도적으로 보장하거나 대기업의 소유집중을 규제하지 않아도 필연적으로 다양화될 수밖에 없음을 강조한다. 즉, 다양성이 보장된 시장환경에서 다양성을 위한 인위적인 규제가 가해진다면, 시장의 비효율성을 낳을 뿐이라는 주장이다. 이에 반해, 공익론자들은 다채널 시대에도 비주류적인 소규모 미디어는 대중의 주목을 받지 못하고 있으며, 주류 언론미디어는 대기업 자본에 의해 움직이고 있으므로, 규제정책이 없다면 아이디어의 다양성을 실제로 실현하기 어렵다고 주장한다. 시장경쟁론자들은 선택할 수 있는 아이템의 종류가 다양함을 의미하는 형식적 다양성을, 공익론자들은 다양한 아이디어들이 수용자들에게 실제로 노출될 수 있는 가능성을 고려한 실질적 다양성을 논하는 경향이 있다. 선택할 수 있는 미디어 아이템이 풍부해져 가고 있는 시대에 글로벌 온라인 기업들의 성장도 동시에 목격할 수 있다 보니, 다양성에 관한 정책적 논쟁도 계속 이어질 것으로 보인다.

셋째, 경제적 효율성의 문제가 있다. 시장경쟁론자들은 집중은 규모의 경제효과를 키워 경제적 효율성을 높인다고 보며, 공익론자들은 규모의 경제를 통한 이윤은 수용자를 위한 것이 아니라, 기업가와 자본가에게 돌아간다고 주장한다. 구글, 페이스북, 아마존, 넷플릭스 등의 글로벌 온라인 기업들이 해외시장으로 팽창하고 있는 가운데, 국내 미디어 산업 정책이 시장효율성을 어떤 방식으로 수용할지에 대한 사회적 합의를 도출하기는 쉽지 않다.

넷째, 수용자 복지에 대한 견해에도 차이가 있다. 시장경쟁론자들의 주장에 따르면, 집중은 규모의 경제를 낳고 그 결과 재투자를 통해 상품의 질이 높아지므로 수용자의 복지가 증진된다. 또한, 수용자들이 선호하는 미디어 상품을 많이 공급하고 선호가 낮은 상품은 적게 공급하는 것이 수용자 복지에 긍정적이라고 본다. 이에 대해, 공익론자들은 미디어 집중이 심화되면, 자본가의 이익과 배치되거나 소수의 목소리를 대변하는 내용은 주류 미디어에서 배제되기 쉬워 수용자 복지를 감소시킨다고 본다. 이 두 시각적 차이는 가치관의 차이에 기인하므로 상호 간에 쉽사리 설득되어지지 않고 평행선을 긋는다. 그럼에도 불구하고, 공익을 근본적으로 부정하는 경우는 드물고, 다만 공익을 우선으로 하는 방송정책이 공익성을 효율적으로 신장시키지도 못하고, 오히려 시장효율성을 떨어뜨려 종국에는 공익성도 저해할 수 있다는 논리를 전개하는 경우가 많다. 방송에서 '공익'이란 개념은 문자 그대로를 수용하기는 어렵더라도, 정신적 뿌리가 되는 '신화(神話)'와 같다.

시장중심주의와 공익론의 두 논리는 방송의 역할과 방송기업의 성격을 규정하고 실제 정책 수립과 적용의 과정에서 방송정책의 철학적 기초를 제공한다. 방송산업정책에서 두 논리의 갈등은 좀처럼 조화를 이루지 못하고, 대개는 규제정책과 탈규제정책의 갈등으로 나타나곤 한다. 그러나, 시장중심주의가 언제나 탈규제정책만을 낳고 공익론이 언제나 규제정책만을 지지하는 것은 아니기 때문에, 방송산업정책을 단순하게 규제와 탈규제의 갈등으로 이해하는 것은 지나치게 피상적인 해석이다.

지금까지 대체로 공익성을 일차적 목표로 둔 정책에서는 보호와 규제를 채택했고, 시장중심모델을 우선 목표로 둔 미디어 정책은 규제의 완화 내지 철폐를 선택했다. 그러나, 시장 경쟁과 규제의 완화가 시장집중의 절대적 원인이 아닐 수 있으며, 오히려, 공익에 기여하는 바가 클 수도 있는 반면, 공익성을 추구한 정책의 결과도 항상 기대한 대로 나타나는 것은 아니며, 경쟁의 도입이 공익성을 높일 수도 있다. 한편, 시장경쟁의 도입과 규제의 완화가 시장에서의 불합리를 해결해주는 만병통치약은 될 수 없으며, 때로는 공정한 시장 경쟁을 위한 규제가 불가피할 때가 있다. 공익성 추구를 보다 우위에 둘지, 시장논리를 보다 우위에 둘지는 정책철학의 문제에 해당하지만, 보호·규제 정책이냐 탈규제정책이냐의 문제는 목표를 달성하기 위한 방법문제로 이해되어야 할 것이다.

2) 공익성 개념의 배경과 변천

(1) 공익성 개념 도입의 불가피성

미디어 산업과 다른 산업의 가장 특징적인 차이는 미디어 산업은 비록 민영기업일지라도 공익적 책임으로부터 자유로울 수 없다는 점이다. 어쩌면, 미디어 관계자나 정책관계자, 수용자들이 그렇게 생각하고 있다는 사실이 더 중요할 수 있다. 미디어 수용자는 민영기업인 방송사나 신문사에 공익성을 요구하는 것에 대해 주저하지 않지만, 미디어 기업이 공익성만 내세우면 수용자는 금방 흥미를 잃고 외면한다. 그렇다면, 미디어 기업은 기업 본연의 목표인 이윤추구 외에 공익성이란 불편한 멍에를 왜 지는 것인가?

무엇보다 미디어가 생산하는 상품은 인간의 정신과 관련되어 있다. 미디어 상품은 수용자들이 생각하는 방식, 가치를 두는 대상, 일을 하는 방식, 대화하는 방식, 심지어 연애하는 방식에까지 광범위하게 영향을 미친다. 기틀린(Gitlin, 1980)은 “언론매체는 제조된 공적인 세계를 사적인 공간 속에 가져다 놓는다. 사적 영역에서 사람들은 개념, 영웅에 대한 이미지, 정보, 공적 가치의 인식, 상징, 그리고 언어를 획득함에 있어 매스미디어에 의존하고 있다. 일상의 제도들 중에서 언론미디어는 일상의 의식을 조율한다”고 주장한 바 있다. 일상에서 사람들의 매스미디어에 대한 의존도는 높아지는 반면, 미디어의 내용을 결정함에 있어 수용자의 이익이 미디어의 이익이나 입장보다 우선되는 경우는 상업미디어의 상황에서 쉬운 일이 아니다.

미디어 기업에 공익의 책임을 묻지 않으면 기업이익만을 앞세운 미디어 상품을 수용자에게 제공하여 수용자들의 정신을 피폐하게 만들지도 모른다는 우려 때문에, 매스미디어의 공익성에 대해서는 이의를 제기하기가 어렵다. 그러나, 미디어의 종류와 채널의 수가 늘어남에 따라 공익성에 대한 생각에도 변화가 시작되었다.

미디어 공익성의 강조는 사람들이 이용할 수 있는 미디어가 제한적인 상황에서 더욱 강조된다. 특히, 인쇄미디어보다 방송미디어에 대해서 훨씬 더 무거운 공익적 책임이 전가된다. 인쇄미디어는 소규모의 자본으로도 제작, 유포가 가능하여, 인쇄미디어 상품의 소비뿐만 아니라 생산의 참여에도 제약이 적다. 그에 비해 방송, 특히 지상파 텔레비전 방송은 개인이나 소규모 단체에서 시작할 수 있는 성격의 사업이 아니다. 과거에 수용자들은 지상파방송 상품을 무료로 소비했지만, 생산에 참여할 기회는 거의 가지지 못했다. 3개 정도의 지상파 네트워크만 존재할 때, 이들 방송사가 공익을 무시하고 방송사의 이익만 내세운 사업을 한다면, 무력한 수용자들은 방송사가 의도한 대로 영향을 크게 받을 수밖에 없다. 그런 시대에 주장된 매스미디어의 공익성은 지금보다는 더 설득력이 있었다.

(2) 방송공익성 개념의 형성

방송의 공익성이 기본적으로 전파자원의 희소성과 사회적 영향력에 근거해왔음은 널리 알려진 사실이다. 전파희소성에 근거한 방송의 공공위탁모델(the public trustee model)은 "방송전파자원은 희소하여 특정인에게 운영을 맡기되, 이는 전파의 원소유자인 공중의 이익에 부합하도록 공익적 사용을 할 것을 전제로 한다"는 논리를 갖는다. 공공수탁모델은 표면적으로는 방송사업자에게 이윤추구 이외에 공익성 추구의 짐을 부과하는 형태를 띠지만, 사실상 소수기업에 의한 지상파방송 독과점 시장을 인정하고 있다는 점에 주목할 필요가 있다. 몇 개 되지 않는 방송면허를 획득한 소수의 방송사는 공익적 의무를 수행한다고 판단되는 한 잠재적 경쟁자들로부터의 위협에서 자유롭게 된다. 방송사 입장에서도 공익의 의무는 짐이라기보다 난공불락의 성 안에서 적을 기다리는 경쟁전략의 핵심이 되기도 했다.

미국 라디오 방송 초창기(1922~1926)에 방송공익의 철학이 형성된 배경을 짚어본 백미숙(2004)은 '방송공익성'이란 개념이 '최대 다수의 시청자에게 최대의 방송서비스'와 '기술합리성' 논리에 근거하고 있다고 보았다. 또한, 이러한 기준은 대기업의 상업적 이해가 관철되는 방향으로 방송정책이 수립되는 데에 정당성을 부여했고, 국가공동체가 요구하는 방송공익성은 광역단위의 상업방송을 통해서만 실현되는 것으로 개념화했다고 보았다.

제1차 세계대전 이후 미국은 경기회복을 위한 전략산업으로 라디오 산업에 눈을 돌렸고, 다수 시청자들에게 서비스해야 한다는 철학으로 아마추어 라디오 방송을 금지하고 이용 가능한 주파수를 상업 방송화했다. 그 결과 라디오의 도입을 주도했던 아마추어 무선통신사들은 주변부로 밀려나기 시작했다(DeSoto, 1936; 백미숙, 2004). 미국 정부가 라디오 전파의 상업화를 추진하는 과정에서 '공익'은 핵심적 방송정책철학이 되었다. 이는 방송공익의 실체로서, 상업방송의 활성화를 위한 방송공익성 개념의 도입이 얼마나 아이러니한 것이었는지를 보여주는 단면이라고 할 수 있다.

FCC는 1934년 커뮤니케이션법에 따라 방송사업자들에게 공익을 위한 방송서비스를 하도록 의무를 부과했다. FCC는 방송공익성이란 공중의 필요를 충족시켜야 한다고 보고, 프로그램의 다양성, 선거 입후보자들의 방송접근권 보장, 공공문제에 대한 다양한 관점의 제공, 뉴스와 공적 문제를 다루는 프로그램의 제공, 지역방송의 활성화, 어린이를 위한 교육적인 프로그램 제공, 비상업적 방송서비스의 독립적 영역 유지 등을 방송공익성 충족요인으로 들고 있다(이우승·강만석·은혜정, 2000). 지상파방송 시대에 방송공익성은 많은 학자들에 의해서 논의되어왔는데, 강조하고자 하는 초점에 따라 다소 차이는 있지만, 종합적으로 정리해보면 소유와 운영의 독립성과 건전성, 정치적 중립성과 공정성, 콘텐츠의 다양성, 아이디어의 다양성 등으로 요약된다.

(3) 방송공익성 개념의 변화

방송공익성 개념의 변화에 대한 요구는 케이블 텔레비전 등의 도입으로 다채널 방송 시대에 접어들면서 이미 시작되었는데, 방송공익성에 대해서 사회는 다분히 양면적이다. 방송채널의 무제한적인 증가가능성, 방송시청권 제한의 기술적 가능성 등의 특징이 나타나면서, 탈규제(deregulation)를 사회적 합의의 결과로 생각하는 경향이 나타났다(김민남, 2000). 그런가 하면, 유료방송 다채널 시대에도 방송의 공익성은 여전히 유지되어야 할 사회적 가치로 보는 시각도 있었다(변동현, 1991; 최영묵, 1997). 미국의 1996년 텔레커뮤니케이션법은 방송통신의 탈규제정책의 대명사가 되었지만, 최근까지도 미국 의회에서는 내용규제와 산업규제에 대한 요구가 있어 방송공익성에 대한 사회적 갈등의 일면을 보이고 있다. 우리나라에서도 케이블 텔레비전은 지상파방송에 비해 공익적 의무를 방송법상에서 덜 엄격히 적용받지만, 여전히 공익성 채널의 의무편성[1] 같은 공익적 책임을 요구받고 있다.

유료방송의 도입에 이은 디지털 방송의 도입은 컨버전스 시대를 여는 기술적 계기가 되었고, 채널수의 확대와 서비스의 질을 향상시키는 데에 중요한 기여를 했다. 방송에서 디지털 기술의 도입은 시청자의 선택권과 상호작용성을 높임으로써, 기술체계 자체가 공익을 보장하여 더 이상 정부의 개입을 통한 공익 보장이 설득력을 잃고 있다(Kim, 2001). 이러한 변화는 정도와 방식의

---

1) 방송법시행령 제54조(공공채널, 종교채널 및 장애인복지채널의 운용) ① 종합유선방송사업자 및 일반위성방송사업자는 법 제70조 제3항에 따라 과학기술정보통신부장관이 인정하는 공공채널과 종교의 선교목적을 지닌 채널(이하 "종교채널"이라 한다)을 텔레비전방송채널로 각각 3개 이상 두어야 하며, 방송통신위원회가 인정하는 장애인의 복지를 위한 채널(이하 "장애인복지채널"이라 한다)을 텔레비전방송채널로 1개 이상 두어야 한다. 이 경우 종교채널을 두는 경우에는 특정 종교를 위한 종교채널만을 두어서는 아니된다. 〈개정 2004.9.17., 2008.2.29., 2012.7.17., 2013.3.23., 2017.7.26.〉

차이는 있지만 어느 나라 할 것 없이 정부 개입이 있어온 방송공익성 문제에 대한 재논의를 불러일으키기에 충분했다. 그러나, 단순히 디지털화, 채널수의 확대, 화질 향상 등은 방송공익성 개념의 전면적인 재설정을 요구할 정도의 변화를 의미하지는 않았다. 그 내용을 보면, 전파희소성의 논리가 약화되더라도 방송공익성에 대해 갖는 기대와 요구는 크게 달라지지 않았음을 알 수 있다.

아날로그 텔레비전의 디지털로의 전환에 즈음하여, 1998년에 애스펜 연구소(Aspen Institute)는 정치방송, 어린이 프로그램 제공, 공중보건과 안전, 지역성 확보, 장애인을 위한 프로그램 제공 등이 디지털 방송의 공익성을 구성할 수 있다고 제안한 바 있는데, 대개 아날로그 방송에서도 공익성 실현의 방안으로 제시되어왔던 것들이다. 즉, 방송시스템의 '디지털화'만으로 방송공익성 개념의 큰 변화를 유발시켰다고 보기는 어렵다.

무엇보다 방송의 디지털화가 방송공익성의 문제를 본격적으로 제기하게 된 것은 다름 아닌 방송통신의 융합이 활발히 일어나면서부터로 봐야 한다. 디지털화의 가속화와 함께 통신망을 이용하는 방송형태가 나타나면서, 융합서비스의 공익성에 대한 논쟁이 터져 나왔다. 방송이 통신망을 이용해 전송되면서부터 방송인가 통신인가 하는 기본적인 물음에서 시작하여 통신망을 통해 전송되는 콘텐츠는 방송내용에 있어서 규제대상인가 아닌가 하는 문제, 방송사에 부과된 것과 동일 수준의 공익성 의무를 통신기업에 부과할 근거가 있는가 하는 문제 등의 혼란이 이어졌다.

(4) 보편적 서비스 개념의 도입

융합서비스의 공익성 논의를 주도하는 중요한 개념은 오히려 보편적 서비스(universal service) 개념이다. '보편적 서비스'는 미국 AT&T사의 초대 사장인 테오도르 베일(Theodore Vail)이 1907년 벨 시스템(Bell system)의 기업이념을 정립하기 위한 연차 보고서에서 "One system, one policy, universal service"

라고 주창한 데서 시작했다. 전화보급률을 높이는 데에 초점을 둔 보편적 서비스 개념은 개념적 정립이 완성되어 있지는 않지만, "모든 국민이 시간과 장소, 그리고 사회·경제적 및 신체적 제약 없이 전기통신 서비스를 이용 가능하게 하는 것"으로 볼 수 있다. 1934년 미국의 커뮤니케이션법 제1조에서 "모든 국민에게 가능한 한 신속하고 효율적으로 미국 전역 및 전 세계에 걸쳐 유무선 서비스를 충분한 설비와 합리적인 요금으로…"라고 규정함으로써 보편적 서비스주의를 명문화했다(이상식, 2003).

보편적 서비스 개념은 전달되는 내용의 측면보다는 매체 접근의 용이성과 이용료의 합리성에 중점을 두고 있다. 매체 접근의 용이성과 이용료의 합리성을 방송공익성의 한 차원으로 보는 것은 디지털 시대의 방송공익성이 갖는 특징적인 한 면을 보여주고 있다. 융합서비스 시대에는 단말기의 구입으로만 서비스를 받을 수 있는 것이 아니라, 서비스의 유료화가 일반화되면서 돈을 지불하는 사람만이 융합서비스를 누릴 수 있게 된다. 서비스 요금의 수준이 어느 정도로 책정되어 얼마나 많은 사람들이 실제로 서비스를 이용할 수 있는가는 분명히 융합서비스 시대에 적용될 수 있는 공익성의 지표이다.

그러나, 보편적 서비스 개념은 공익성 개념의 하부 개념일 뿐, 컨버전스 시대의 방송공익성을 포괄적으로 규정하는 개념으로 수용하는 데에는 한계가 있다. 이는 보편적 서비스 개념이 방송통신 융합기업의 독점화를 인정하고 있으며, 유통되는 콘텐츠의 정치성, 지역성, 질적 측면을 충분히 포괄하지 못하는 데에서 기인한다. 다채널화되고, 시청자의 이용패턴이 변화하고 있고, 방송과 통신의 경계가 모호해지고 있지만, 시청자들이 갖는 방송에 대한 기대와 요구는 융합서비스 시대에도 여전히 정치성, 지역성, 질적 측면 등에까지 미치고 있다. 따라서, 컨버전스 시대의 공익성 재규정이 기존의 방송공익성에 대한 생각들의 폐기를 의미하지는 못한다.

3) 탈규제의 경향과 반동

반자유경쟁적 정책이 옹호되는 사례가 더러 있더라도, 전반적으로 봐서, 미디어 정책은 시장경쟁을 도입하는 추세이다. 미국의 1996년 텔레커뮤니케이션법은 전화에서 케이블, 텔레비전, 지상파 텔레비전 등에 걸쳐 시장경쟁의 전면적인 도입을 선언하고 있다. 이 법령은 소유권, 시장진입, 집중 등에 대한 규제의 완화를 골자로 하고 있는데, 공익 실현을 위한 정책을 시장규제에서 폭력과 음란물 등에 대한 내용규제로 돌렸다.

탈규제정책으로의 변화 배경은 사회 전반의 변화, 미디어 시장환경의 변화 등으로 나누어 정리해볼 수 있다. 첫째, 사회 전반에 걸친 다양화로, 보호와 규제를 통해 다양화를 보장해야 한다는 주장은 설득력을 잃고 있다. 교통통신의 발달로 국가 간의 인적 교류와 문화적 교류가 늘어나면서 한 사회의 구성원들의 문화적·인종적 다양성이 커지고 있다. 또한, 한 국가 내에서도 급속한 과학문화의 발달로 세대 간의 단절이 일어날 만큼 다양성이 커지고 있다. 다양한 구성원뿐만이 아니라, 미디어와 미디어 채널, 그리고 미디어 상품이 다양해졌다. 이렇게 다채로운 문화와 성향의 수용자 구성원, 그리고 다양한 미디어 환경을 대상으로 보호와 규제 등의 정책 위주로 이끌어지는 공익성이 어떤 의미를 가질 수 있는가 하는 문제가 제기된다. 수용자들이 원하기만 하면 인터넷이나 위성방송 등을 통해 정보의 획득이나 이용이 가능한 상황에서 공익성을 이유로 규제를 한다는 것이 타당한가? 공익을 하나의 잣대로 평가하기에는 사회의 모든 분야와 그 구성원인 수용자들이 이미 너무나 다양하다.

둘째, 외국기업의 침투에 대비하여 자국 미디어 기업의 경쟁력을 높이는 방향으로 정책이 수립될 수밖에 없다. 과거에는 미국 기업들만 국제적 미디어 기업을 주도했지만, 최근에는 이동통신 관련 미디어 등 다양한 융합미디어들이 등장하면서, 유럽 미디어 기업들의 해외진출도 눈여겨볼 필요가 있다. 우리나라 드라마, 음반, 영화 산업이 중국과 동남아시아에 진출하는 것도 같은 맥락에서 볼 수 있다. 보호받는 기업은 비경쟁 속에서 효율적인 재정운영에 실패하고 외국기업에 상품의 질에서도 밀리게 된다. 보호의 철회와 공정한 경쟁환경 조성이 보다 설득력을 얻고 있는 추세이다.

셋째, 미디어의 디지털화로 기술의존성이 높아지고 미디어 간의 융합이 활발해지고 있는데, 미디어 간의 소유에 대한 규정이 계속 유지된다면 기술의 개발과 활용, 유통 등에서의 효율성이 떨어질 수 있다. 융합미디어가 방송정책의 범주에서 규제되고, 온라인 미디어들이 오프라인 미디어의 규제정책에 의해 규제된다면, 새로운 기술의 도입과 서비스의 도입이 어려워진다. 또한 융합미디어의 경우, 초기 개발비가 많이 들어가고 외국과의 기술합자가 이루어진 상태에서 정책규제에 의해 기술의 시장진입이 어려움을 겪게 되면, 해당 기업은 물론이고 국가적 차원에서도 큰 손실을 입게 되므로, 유연한 정책운영에 대한 요구가 높아지고 있다.

하지만, 방송정책의 탈규제적 경향이 강해지면서, 방송의 사회책임에 대한 의식이 약화됨을 우려하여 반동적으로 규제정책들이 유지되기도 한다. 예를 들면, 2007년 미국에서는 FCC가 20개 대도시에서 동일 지역 내 신문과 방송의 복수소유를 제한적으로 인정하려고 시도했다가, 소수 미디어 기업에 의한 시장지배력과 사회적 영향력에 대한 우려로 2008년 의회에서 좌절된 바 있다.

2. 미디어 집중현상

1) 정책 쟁점의 핵심에 있는 집중현상

2000년 ≪시카고 트리뷴(Chicago Tribune)≫ 등을 소유한 트리뷴사가 타임스미러사(Times Mirror)를 인수하면서, 타임스미러사의 계열사였던 ≪로스앤젤레스 타임스(LA Times)≫도 트리뷴사로 인수되는 사건이 있었다. 이는 로스앤젤레스 시민들의 자존심에 상처를 주었을 뿐만 아니라, 거대 미디어 기업의 영향력이 과다해질 수 있다는 우려도 낳았다. 2015년 미국 1위 케이블 텔레비전사인 컴캐스트가 2위 타임워너를 합병할 경우, 케이블 시장 점유율 30%가 넘는 사업자가 등장하는 것을 우려하여, 합병이 불허된 사례도 있다. 2011년 FCC는 이동통신시장 2위 AT&T와 3위 T모바일의 합병을 불허했고, 2014년 3위 스프린트와 4위 T모바일의 합병 불발에도 미국 정부의 개입이 있었던 것으로 전해진다.

현대 사회에서 매스미디어로부터의 목소리가 수용자들의 의견을 형성하고, 의식적인 측면에 많은 영향을 주는 것을 인정할 때, 미디어의 채널들이 하나 혹은 소수의 사업 실체들에 의해 운영되고 있음은 정치사회적 측면에서는 바람직하지 않다는 견해가 일반적이다. 오늘날 주류 매스미디어에서 정치적 다양성은 없다는 주장까지 나왔다(Bagdikian, 2000: xv~xvii). 최종 선택은 수용자들 개개인의 몫이지만, 선택의 상황 이전에 수용자들이 다양한 목소리에 노출될 수 있어야 함을 당위적 과제로 삼는다면, 미디어 산업에서의 집중은 수용자들의 선택권을 줄여버리는 폐해를 가져온다고 볼 수도 있다.

최근 수십 년간 미디어 시장에서의 통합과 제휴가 활성화되면서, 집중현상은 경제적 이슈뿐만 아니라, 사회적 이슈를 동반하는 문제들을 우리 사회와 미디어 학계에 던져주었다. 이러한 문제들은 미디어 정책과도 불가분의 관계이며, 미디어 산업이 가지는 사회적 중요성, 수용자의 복지 차원 등에 대한 종합적인 고려가 요구되는 분야이므로, 경제학적 해석만이 최선의 방법일 수는 없다.

지금까지 미디어 집중현상의 비경제적 측면은 간과되어왔다고 할 수 있다. 현대 사회와 사회과학 연구에서 경제의 문제가 전 영역에 걸쳐 깊이 개입되어 있는 것은 부정할 수 없는 사실이지만, 미디어 현상을 연구하는 유일한 이유가 될 수는 없다. 수용자의 행동은 미디어 기업의 재정적 수입과 직결되는 문제일 뿐만 아니라, 그 자체가 인간의 미디어 활용과 새로운 미디어 환경에 대처하는 반응을 보여주는 중요한 의미를 가진다.

2) 미디어 집중현상의 유형

학자에 따라 집중현상을 정의하고 측정하는 방식이 불일치하는 것은 집중현상이 다양한 차원임을 말한다. 다양한 형태의 미디어 집중현상을 분류하고 정리한 연구들이 많지는 않지만, 뉴먼(Neuman, 1991), 나폴리(Napoli, 2001), 임정수(2004a)는 미디어 산업 연구에 유용한 형태로 집중현상을 개념화하는 작업의 실마리를 제공한다(〈표 12-1〉).

뉴먼의 저서 『매스미디어의 미래(The future of the mass audience)』에서 미디어 집중현상을 개념적으로 분류한 것이 미디어 집중현상을 다양한 시각하에 접근할 수 있도록 한 첫 번째 작업이었다. 뉴먼의 분류에 따르면, 집중은 미디어 상품, 포맷, 시장, 기업 차원으로 나누어진다.

미디어 상품에서의 집중이란 채널이나 시간대에 상관없이 어떤 프로그램이 가장 인기가 있는지를 말한다. 이러한 식의 분석은 프로그램 제작사나 이를 방송한 미디어 채널들의 자기 상품에 대한 자체평가 이상의 의의를 가지기

〈표 12-1〉 미디어 집중현상의 개념화 연구 비교

<table>
<tr><th>뉴먼(1991)</th><th>나폴리(2001)</th><th colspan="2">임정수(2004a)</th></tr>
<tr><td>기업집중</td><td>소스(소유주) 다양성</td><td>채널소유 집중</td><td rowspan="4">경제적 집중</td></tr>
<tr><td>N.A.</td><td rowspan="3">N.A.</td><td>수입집중</td></tr>
<tr><td>시장집중</td><td>생산량 집중</td></tr>
<tr><td>N.A.</td><td rowspan="2">채널 간 수용자 집중</td></tr>
<tr><td>N.A.</td><td>노출(채널 간) 다양성</td><td rowspan="2">수용자 집중</td></tr>
<tr><td>미디어 상품 집중</td><td>노출(장르 간) 다양성</td><td>미디어 상품(프로그램) 간 수용자 집중</td></tr>
<tr><td>포맷집중</td><td>콘텐츠(포맷) 다양성</td><td>포맷(장르) 집중</td><td rowspan="4">콘텐츠 집중</td></tr>
<tr><td rowspan="3">N.A.</td><td>콘텐츠(아이디어) 다양성</td><td>아이디어 집중</td></tr>
<tr><td>콘텐츠(인구학적) 다양성</td><td rowspan="2">N.A.</td></tr>
<tr><td>소스(제작인력) 다양성</td></tr>
</table>

주: N.A.(Not available)

힘들다. 포맷의 집중은 매우 제한된 장르의 콘텐츠가 미디어 시장에서 지배적이란 의미로, 미디어 시장에서 새로운 채널허가와 채널편성 등과 관련된 정책과 관계가 있다. 시장의 집중은 미디어 시장의 수요와 공급이 도시지역에 집중되어 있음을 의미하며, 이는 비도시지역의 수용자들에게는 미디어 이용의 기회가 박탈되는 결과를 가져온다. 기업의 집중은 수입과 소유권의 집중 등의 경제적 집중을 일컫는다.

나폴리(2001)는 '집중'이란 용어를 직접적으로 사용하지는 않았지만, 소스의 다양성(source diversity), 콘텐츠의 다양성(content diversity), 노출의 다양성(exposure diversity) 등으로 다양성의 세 가지 차원을 분류했다.

나폴리가 정의한 소스의 다양성은 정보가 누구에 의해 생산되는가를 다룬다. 소스의 다양성은 (a) 미디어 소유주, (b) 미디어 기업 내 노동인력 구성의 다양성으로 정의되었다. 소유주의 다양성은 한 미디어 시장 내에서 미디어 채널이나 아이템들이 얼마나 다양한 소유주에 의해 생산되는지를 말한다. 미디어 기업 내 노동인력 구성의 다양성에 관한 연구는 그다지 풍부하지는 않지만, FCC(1975, 1980, 1998)에 따르면 미디어 콘텐츠를 생산하는 인력의 성별, 인종, 종교 등이 다양할 때, 여러 의견과 시각이 더 잘 반영될 수 있다.

다음은 콘텐츠의 다양성으로, 나폴리는 (a) 프로그램 포맷의 다양성, (b) 등장인물의 인구학적 다양성, (c) 아이디어의 다양성 등으로 분류했다. 프로그램 포맷의 다양성은 뉴먼이 언급했던 포맷의 다양성과 일치한다. 등장인물의 인구학적 다양성은 미디어 기업의 인력 구성의 다양성과 마찬가지로, 등장인물의 성, 직업, 인종, 국적 등의 편중이 사회에 대한 이미지와 사회를 보는 시각 등 사회문화적 영향을 끼친다는 데에 초점을 맞추고 있다. 나폴리가 정의한 콘텐츠 다양성의 특징은 아이디어의 다양성을 포함한다는 점이다. 아이디어 다양성이 미디어 정책에 반영된 대표적인 사례는 1949년 미국 FCC에 의해 채택된 형평의 원칙(the Fairness Doctrine)이다. 소스의 다양성에 대한 요구도 그것이 콘텐츠의 다양성을 증가시키고, 그 결과 아이디어의 다양성을 강화시킨다는 전제하에서 정당화되지만, 소스의 다양성과 아이디어 다양성이 밀접한 관계가 있다는 증거를 찾기는 쉽지 않다. 다만, 아이디어 다양성은 측정하기가 지극히 힘들어서(Entman & Wildman, 1992), 아이디어 다양성 그 자체를 측정하기보다는 소스, 콘텐츠 등의 다양성으로 간접 측정하기도 한다.

나폴리가 개념화한 노출의 다양성은 수용자들이 얼마나 다양한 콘텐츠에 노출되는지를 말한다. 맥퀘일(McQuail, 1992)이 '보내진 콘텐츠(content as sent)'와 '수용된 콘텐츠(content as received)'를 구분할 것을 강조했는데, 이는 보내진 콘텐츠의 다양성이 곧 수용된 콘텐츠의 다양성을 보장하지 못할 수도 있음을 의미한다. 아이디어의 시장모델의 전제는 다양한 선택권을 가진 수용자가 다양한 콘텐츠를 이용한다는 것이다. 그런데, 만약 콘텐츠의 다양성과 노출의 다양성이 일치하지 않는다면, 콘텐츠의 다양성을 추구하는 정책들이 그 정당성을 상당히 잃게 된다.

임정수(2004a)는 경제적 집중, 콘텐츠 집중, 수용자 집중의 세 가지 집중현상을 분류하고 있다. 경제적 집중은 한 미디어 기업에 의해 행해질 수 있는 가격결정력을 의미하는 시장파워를 평가하는 것과 수용자가 얼마나 다양한 목소리를 매스미디어로부터 접할 수 있는지와 관련된 공익성을 평가하는 것이다. 경제적 집중은 다시 채널수의 집중, 수입의 집중, 생산량의 집중, 채널 간 수용자 크기의 집중 등으로 유형화할 수 있다. 시장에서 주도적인 기업들은 뉴스, 정보, 공적 논의, 대중문화, 정치적 견해 등에 이르는 모든 분야에서 영향력을 발휘할 수 있다.

콘텐츠의 집중은 포맷의 집중과 아이디어의 집중으로 나누었다. 콘텐츠의 집중은 일반적으로 어떤 특정 유형의 미디어 콘텐츠가 다른 유형에 비해 훨씬 많이 다루어지는 현상을 말하며, 콘텐츠 포맷의 집중과 아이디어 집중 등의 형태로 다루어져 왔다. 콘텐츠 집중현상은 미디어 기업이 수용자의 수요, 광고주의 수요 등에 영합하여, 이윤을 극대화하기 위한 기업결정의 결과라고 볼 수 있다.

포맷의 집중은 정책적으로 다음과 같은 함의를 가진다. 첫째, 콘텐츠 포맷의 집중 감소가 수용자의 복지 증진으로 이어지는지는 의문으로 남는다. 둘째, 포맷의 집중 감소를 위한 정책은 수요가 없는 부분에 대해 기업의 투자를 유도하여 경제적 비효율성을 가져오고, 그 결과로 다시 포맷의 집중을 허용할 수밖에 없는 상황이 될 수 있다. 셋째, 포맷의 집중은 소수의 집중된 포맷과 관련된 기술, 인력, 자본, 인적사업역량을 축적시키는 긍정적 측면도 가지고 있다.

미디어 산업에서 집중 억제와 다양성 추구와 관련된 정책의 궁극적 목표는 아이디어의 다양성이었다. 문제는 아이디어의 다양성을 직접적으로 평가할 방법이 없어서, 소유권의 다양성이나 포맷의 다양성을 위한 정책이 아이디어의 다양성을 보장할 것이라고 전제하는 것이다. 이런 정책에 대해서 경제적 효율성도 잃고 아이디어의 다양성도 실현하지 못하는 기형적인 정책이라는 비판이 나오기도 한다.

수용자 집중은 채널 간 수용자 집중과 미디어 상품 간 수용자 집중으로 분류된다. 수용자 집중은 수용자의 선택이 특정 채널이나 특정 프로그램에 집중되는 현상을 말한다. 수용자 집중은 나폴리(2001)가 유형화한 노출의 집중과 유사한 개념으로, 수용자가 무엇을 선택할지는 수용자 선호에 따른 것이므로 어떤 선택을 하든지 간에 그것은 가치판단의 대상이 아니다. 수용자 집중의 그런 성격 때문에 모든 매체에서 발견되는 수용자 집중현상(임정수, 2004a; Yim, 2003)은 아이디어의 다양성을 추구하고 수용자의 선택권을 확대하기 위한 간접적인 방안으로 제시 혹은 실시되었던 포맷 다양성 정책이나 소유 다양성 정책 등이 실효성을 갖는지 의문을 제기한다.

3) 집중현상과 공익성의 관계

미디어 산업 정책에서 집중현상은 공익성의 저해요인으로 지목되어왔는데, 이때 집중현상의 증거로 소유의 집중, 수입의 집중, 장르의 집중, 때로는 수용자의 집중이 제시되었다. '집중'이란 말은 부정적으로 사용되는 경우가 많아서, 미디어의 집중현상이 공익성을 저해한다는 주장은 쉽게 설득력을 얻지만, 집중현상과 공익성을 단순하게 연결하는 것은 상당히 허구적 측면이 있다. 이는 집중현상이 공익성과 완전히 무관하다는 것을 의미하는 바는 아니며, 양자 간의 인과관계에 개입되어 있을지도 모르는 허구성을 경계함이다.

예를 들어, 특정 미디어 기업에 시장에서의 수입이 집중되어 있다는 사실만으로는 공익성이 침해받았다고 확신할 수 없다. 또한, 전통적인 프로그램 선정 모델이 보여주듯이(Steiner, 1952; Beebe, 1977), 일정 조건 아래에서 독점기업이 경쟁시장에서보다 더 다양한 채널을 제공하기도 한다는 주장은 채널 소유의 집중현상이 공익성 저해와 직결되지 않음을 의미한다. 경제적 효율성을 다소 희생시키면서 공익성을 실현해야 한다는 생각은 정책결정자들의 기본적인 정서이기도 하다. 그렇다면, 경제적 효율성을 희생한 결과로 공익성을 보장받았다는 증거를 제시해야만 그 정책의 타당성을 인정받을 수 있다. 만일, 채널의 복수소유를 규제했음에도 불구하고 다수 채널들이 특정 장르에서만 치열한 경쟁을 하고 있다면, 수용자에게 돌아가는 이익은 크지 않을 것이다.

소유의 다양성이 아이디어의 다양성을 보장할 것이라는 단순한 논리에 근거해서 미디어 기업의 소유문제를 다루는 것은 설득력이 약하다. 수용자 집중은 수용자 선호와 같은 수요의 문제를 다루고 있다는 점에서 미디어 기업이 어떤 콘텐츠를 제공하는가 하는 공급의 차원을 다루는 포맷의 집중과도 별개의 개념이다. 미디어 기업들의 균등한 채널소유와 포맷의 균등한 공급이 주어진다고 해도 수용자들이 주어진 미디어 채널들과 포맷을 골고루 균등히 이용하는 것은 아니다. 소유의 다양성이 곧 아이디어의 다양성이나 노출의 다양성(수용자의 이용의 다양성)으로 이어지는 것은 아니다. 미디어 산업 정책에서 정책목표가 얼마나 효율적으로 달성되었는지를 평가하기 위해서도 집중의 개념화 작업은 선행되어야 한다.

3. 방송정책의 영역

우리나라 방송정책은 산업정책과 내용심의로 구분해볼 수 있는데, 산업정책은 인허가 정책, 소유정책, 편성정책, 채널정책, 광고정책 등의 규제정책과 진흥정책으로 구성된다.

1) 산업정책

(1) 인허가 정책

방송사의 설립은 전통적으로 전파 사용의 허가를 받아야 하는 관계로 허가 대상이었다. 지상파방송사업을 하고자 하는 자는 방송통신위원회의 허가를 받아야 한다. 방송통신위원회는 과학기술정보통신부장관에 전파법이 정하는 바에 의하여 무선국 개설 관련 기술적 심사를 의뢰하고, 그 심사결과를 송부받아 방송국 허가에 반영하여야 한다(방송법 제9조 제1항). 위성방송사업을 하고자 하는 자는 전파법으로 정하는 바에 따라 과학기술정보통신부장관의 방송국 허가를 받아야 하고, 종합유선방송사업 또는 중계유선방송사업을 하고자 하는 자는 대통령령으로 정하는 기준에 적합하게 시설과 기술을 갖추어 과학기술정보통신부장관의 허가를 받아야 한다. 이 경우 과학기술정보통신부장관은 미리 방송통신위원회의 동의를 받아야 한다(방송법 제9조 제2항). 그 외에도 인허가 정책은 방송채널사업자의 등록요건(방송법 제9조 제5항, 제9조의2), 기술결합서비스의 승인(방송법 제9조의3), 방송사업자 재허가(방송법 제17조) 등에 관한 정책을 포함한다.

(2) 소유정책

방송법 제8조와 방송법시행령 제4조는 방송사의 소유에 대해서 규제하고 있다. 방송의 소유규제는 특정 집단이나 기업의 사회적 영향력이 과도해지는 것을 저지하려는 취지와 산업적 차원에서 공정경쟁을 유도하기 위한 취지를 동시에 갖는다. 방송의 소유규제는 권역, 가입자수, 매출액, 시청점유율 등에 근거한 시장점유율 규제형태가 있고, 사업자수에 근거한 규제, 대기업, 외국자본, 일간신문 및 뉴스통신사의 방송사 소유에 관한 규제가 있으며, 주식지분과 관련한 규제가 있다. 권역규제와 같은 사전규제가 폐지되고, 매출액, 시청점유율 등의 사후규제 중심으로 전환되는 과정에 있다. SO, PP의 SO 권역 1/3 규제가 2014년 2월 5일 폐지됨으로써, 현재 사업권역에 대한 소유규제는 없다. 위성방송, IPTV가 전국 권역으로 서비스하고 있는 가운데, SO 권역 규제는 경쟁제한적인 차별적 규제에 해당하여, 오랫동안 비판의 대상이 되다가 폐지된 것이다.

가입자수에 근거한 시장점유율 규제는 플랫폼별로 차별적으로 적용되다가, 모든 유료방송 플랫폼에 동일하게 적용되어야 한다는 주장이 힘을 받으며, 2015년에 SO, 위성방송, IPTV에 대해서 순차적으로 '전체 유료방송 가입자수 1/3 초과 금지'하는 것으로 동일한 기준을 마련했다. 이 규정과 관련하여 특정 유료방송의 점유율 합산방식을 2015년 6월부터 2018년 6월까지 한시적으로 해당 사업자와 특수관계인 SO, 위성방송, IPTV를 합산하여 산정하는 것으로 했다(「방송법」 제8조 제16항 제2호 및 제3호, 제17항, 「인터넷멀티미디어방송사업법」 제1항 제2호 및 제3호는 2018년 6월 27일까지 유효함). 가입자수에 기초한 유료방송 시장점유율 합산방식은 KT, SKT, LGT 등의 통신사가 SO와 위성방송 지분소유 및 인수합병을 하는 데에 영향을 미치게 된다. 유료방송 시장점유율 합산규제가 유효하다면 인수합병 후에 '전체 유료방송 가입자수 1/3 초과금지'를 위반하는 경우가 보다 쉽게 발생할 수 있어 인수합병의 걸림돌로 작용하게 된다.

〈표 12-2〉 방송의 소유규제(2019년 1월 기준)

규제유형		규제대상					
		지상파	SO	위성방송	IPTV	PP	OTT
근거법령		방송법	방송법	방송법	인터넷멀티 미디어방송 사업법/방송법	방송법/인터넷멀티 미디어방송사업법	전기통신 사업자법
진입규제		허가	허가	허가	허가	등록(종편, 보도, 홈쇼핑: 승인)	신고
시장 점유율 규제	권역	-	(2014년 폐지)	-	-	(2014년 폐지)	-
	가입자수	-	전체 유료방송 가입자수 1/3	전체 유료방송 가입자수 1/3	전체 유료방송 가입자수 1/3	-	-
	매출액	특수 관계자 합산 매출액이 전체 방송사업자(PP 제외) 매출액 33% 이내(KBS 제외)			-	전체 PP 매출액 (홈쇼핑 제외) 33% 초과금지	-
	시청 점유율	30% 초과금지 (KBS 제외)	-	-	-	30% 초과금지	-
사업자수 규제		PP 사업자 3% 혹은 6개 초과금지	PP 사업자 1/5 초과금지	PP 사업자 1/5 초과금지	PP 사업자 1/5 초과금지	-	-
대기업 규제		10% 초과금지	-	-	-	종편, 보도는 30% 초과금지	-
외국자본 규제		금지	49% 초과금지	49% 초과금지	49% 초과금지	49% 초과금지 (종편 20%, 보도 10% 초과금지)	-
일간신문 및 뉴스통신사 규제		10%로 제한. 유료구독가구 비율 20% 초과 사업자 금지	49% 초과금지	49% 초과금지	49% 초과금지	종편, 보도채널 30% 제한. 유료구독가구 20% 초과 사업자 금지	-
기타		주식지분 40% 초과금지 (SO는 지상파의 33% 초과금지)	지상파, 위성방송은 특정 SO의 주식지분의 33% 초과금지	지상파는 특정 위성방송의 33% 초과금지	-	종편, 보도채널 주식지분 40% 초과금지	-

소유규제영역에서 개선이 있었음에도 불구하고, 매출액, 시청점유율, 가입자수, 사업자수 등에 대한 규제가 동시에 적용되고 있어, 이중적인 규제라는 문제제기가 되고 있다.

(3) 편성정책

편성정책은 장르별로 균형 잡힌 편성과 주시청 시간대 편성, 외주편성, 재송신, 국내 프로그램 편성비율 등을 다루고 있다. 방송법 제69조, 제71조, 제

72조 등에 규정하고 있다. 방송법시행령 제50조 제2항에서 주시청 시간대는 평일은 오후 7시부터 오후 11시까지, 토·일요일 및 공휴일은 오후 6시부터 오후 11시까지로 규정하고, 이 시간대에는 특정 분야가 편중적으로 편성되지 않게 규정하고 있다. 방송법 제69조 제7항과 시행령 제51조 제1항에 따라, KBS는 지상파 텔레비전 방송사업의 허가를 받아 행하는 텔레비전 방송채널에서 매월 100분 이상의 텔레비전 방송 프로그램을 시청자가 직접 제작한 시청자 참여 프로그램으로 편성해야 한다.

특히, 외주정책은 방송사 시스템, 계약관행, 콘텐츠 유통시장, 인력수급시장, 저작권 등 방송산업의 어려운 쟁점들을 다 포함하고 있어 다루기 까다로운 영역이다. 2016년 1월 방송법에 외주제작사 정의 조항을 신설하여 법적 지위를 부여했다. 방송법 제2조 제27호에 외주제작사를 문화산업진흥기본법상의 방송영상 독립제작사와 문화산업 전문회사 등으로 정의했다. 그렇게 함으로써, 외주제작사의 간접광고 허용과 외주제작사 관련 분쟁도 방송법상 방송분쟁 조정대상에 포함하는 법 개정이 이루어진 것이다. 또, 방송법 제72조 제1항에서 순수외주제작 방송 프로그램의 편성에 대해서 규정하고 있는데, 순수외주제작을 "방송사업자는 당해 채널의 전체 방송 프로그램 중 국내에서 당해 방송사업자나 그 특수 관계자가 아닌 자가 제작한 방송 프로그램"으로 정의했다. 외주편성비율에 관해서는 해마다 편성고시를 통해서 지상파방송의 외주편성 의무비율과 외주인정기준 등을 정하고 있다. 이 밖에도 국내 프로그램 비율(방송법 제71조), 재송신(방송법 제78조) 등도 편성정책의 범주에 포함된다.

(4) 채널정책

채널정책은 의무채널, 공공채널, 공익성 채널, 유료방송 플랫폼의 채널 패키징 등과 관련된 정책을 포함한다. 방송법 제70조 제3항에 의해 종합유선방송사업자 및 위성방송사업자는 공공채널, 종교의 선교목적을 지닌 채널, 장애인복지채널 등을 두어야 한다. 시행령 제53조에 따르면, 종합유선방송사업자 및 일반위성방송사업자는 전체 운용 텔레비전 방송채널의 수를 70개 이상 유지해야 하며, 종편채널을 편성해야 하고, 보도전문채널을 2개 이상 포함해야 한다. 또, 시행령 제55조에 따라, 종합유선방송사업자는 1개의 텔레비전 방송채널을 지역채널로 운용해야 한다. 의무형 채널의 증가는 플랫폼의 채널편성권을 침해하고, 다른 채널들에 대한 공정경쟁을 제한하는 성격을 띠어 쟁점이 되고 있는 사안이다.

(5) 광고정책

방송광고 관련하여, 광고상품, 광고시간, 광고표현 등에 대한 세세한 규제가 있다. 이러한 규제들은 근본적으로 광고의 영향력을 프로그램의 영향력으로부터 분리하고, 방송광고가 시청자에게 미칠 수 있는 부정적 영향을 통제하려는 취지를 갖는다. 방송법 제73조 제1항은 방송사업자는 방송광고와 방송프로그램이 혼동되지 아니하도록 명확하게 구분하도록 했다. 특히, 어린이를 주시청자로 하는 방송 프로그램의 방송광고시간 및 전후 토막광고시간에는 반드시 광고임을 밝히는 자막을 표기하여 어린이가 방송 프로그램과 방송광고를 구분할 수 있도록 했다.

방송광고 규제는 〈표 12-3〉에서 보듯이, 지상파 텔레비전과 PP에 다소 차별적으로 적용되고 있다. 지상파 텔레비전에 다소 높은 수준의 제한이 가해지고 있는데, 지상파 텔레비전은 대칭규제를 주장하고 있으며, PP는 지상파 텔레비전에 대한 광고규제 완화에 부정적 입장을 보이고 있다. 지상파 텔레비전의 광고매출 감소, 지상파 텔레비전과 PP가 광고시장에서 어느 정도 경쟁관계에 있는지 등에 대한 시각 차이에 따른 입장 대립으로 볼 수 있다.

방송광고의 형식 측면과 내용 측면에 대한 규제가 있는데, 〈표 12-4〉는 관련 규제가 완화되어간 과정을 보여주고 있다. 가상광고와 간접광고가 2009년 허용되었고, 2015년 가상광고영역이 운동경기중계에서 오락, 스포츠, 보도

〈표 12-3〉 방송광고 유형별 규제사항(2019년 1월 기준)

항목	내용	지상파 텔레비전	PP
광고총량제	광고유형에 관계없이 최대 광고송출시간을 정하는 제도	1일 방송되는 각 방송 프로그램의 편성시간당 방송광고시간의 평균비율 15% 이하	1일 방송되는 각 방송 프로그램의 편성시간당 방송광고시간의 평균비율 20% 이하
방송 프로그램 광고	방송 프로그램의 전후에 편성되는 광고	프로그램 편성시간의 15% 이하	프로그램 편성시간의 17% 이하
자막광고	방송 프로그램과 관계없이 문자 또는 그림으로 나타내는 광고	화면 1/4 이내	화면 1/4 이내
중간광고	1개의 동일한 방송 프로그램이 시작한 후부터 종료되기 전까지 사이에 그 방송 프로그램을 중단하고 편성되는 광고	금지 (운동경기, 문화예술행사 프로그램은 허용)	• 45~60분: 1회 • 60~90분: 2회 • 90~120분: 3회 • 120~150분: 4회 • 150~180분:5회 • 그 이상: 6회 (매회 1분 이내, 운동경기, 문화예술행사 휴식시간에는 무제한)
가상광고	방송 프로그램에 컴퓨터 그래픽을 이용하여 만든 가상의 이미지를 삽입하는 형태의 광고 (운동경기분야에 허용)	• 프로그램 시간의 5% • 화면 1/4 이내 • 프로그램 전에 가상광고 포함 여부 자막 표기	• 프로그램 시간의 7% • 화면 1/4 이내 • 프로그램 전에 가상광고 포함 여부 자막 표기
간접광고	방송 프로그램 안에서 상품을 소품으로 활용하여 그 상품을 노출시키는 형태의 광고 (오락과 교양 분야에 허용)	• 프로그램 시간의 5% • 화면 1/4 이내 • 프로그램 전에 간접광고 포함 여부 자막 표기	• 프로그램 시간의 7% • 화면 1/4 이내 • 프로그램 전에 간접광고 포함 여부 자막 표기

〈표 12-4〉 방송광고 규제완화의 과정

사례	시기	근거
가상광고/간접광고 허용	2009 2010 2015	방송법 제73조 제2항 제6호/제7호 방송법시행령 제59조의2/ 제59조의3 방송통신위원회 가상광고 세부기준 고시 (운동경기중계에서 오락, 스포츠, 보도까지 확대)
민영 미디어렙 허용	2012	방송광고 판매대행 등에 관한 법률 (일명 미디어렙법)
심야방송 허용	2012	방송통신위원회 〈지상파 텔레비전 방송운용시간 자율화 방안〉 의결
광고규제품목 완화	수시	방송광고심의에 관한 규정(방송통신심의위원회)
광고총량제 도입	2015	방송법시행령 제59조
유사중간광고(premium commercial message: PCM)	2017	중간광고의 편법적 운영이라는 비판을 받음

영역까지 확대되었다. 2012년 민영 미디어렙과 심야방송이 허용되었고, 2015년 광고총량제가 도입되었다.

(6) 진흥정책

방송산업 진흥정책은 콘텐츠 인력 양성을 위한 교육과 지원사업, 기획과 제작 공모전 지원, 제작 인프라 지원, 포맷제작 지원, 유통지원, 국내 견본시 개최 및 해외 견본시 참여 지원, 저작권 보호 관련 지원정책, 금융지원 등이 주요 방송콘텐츠 진흥정책이다. 특히, 인프라 지원은 방송콘텐츠 산업에 장기적이고 광범위한 영향을 미치게 되는데, 대표적인 사례로는 한국콘텐츠진흥원, 문화체육관광부, 방송통신위원회가 공동으로 추진하여 2013년 12월에 개관한 '빛마루 방송제작지원센터'가 있으며, 2017년에 대전엑스포공원 내에 드라마 전문 공동제작지원시설인 드라마타운을 건립했다. 중소형 PP와 다수의 독립제작사는 열악한 제작여건에 처해 있으므로, 제작과정뿐 아니라 해외 진출사업에서 정부예산이나 공적자금의 수혜 여부는 큰 도움이 될 수 있다. 해외수출용 재제작을 위한 번역, 자막, 더빙, 음악/효과(M/E) 분리, 종합편집 등에 대한 지원사업도 추진하고 있다.

2) 내용규제

방송법 제33조에 방송통신심의위원회는 방송의 공정성 및 공공성을 심의하기 위하여 방송심의에 관한 규정을 제정·공표해야 한다고 규정하고 있다. 방송법 제5조는 방송의 공적 책임을 규정하고, 방송법 제6조는 방송의 공정성과 객관성의 의무를 규정하고 있다. 이러한 규정은 구체적으로 적용되는 규제의 측면보다는 선언적인 측면이 더 강하다. 그러나, 방송이 이를 심각하게 위반할 경우에는 실질적인 규제를 가할 수 있는 법률적 근거가 된다. 방송 프로그램 등급 분류와 관련하여 분류기준 등 필요한 사항을 방송통신심의위원회 규칙으로 정하여 공표하며, 이 경우 분류기준은 방송매체와 방송분야별 특성 등을 고려하여 차등을 둘 수 있도록 했다. 다만 이 책은 산업적 측면을 다루고 있어, 내용규제와 관련해서는 다루지 않으려고 한다.

참고문헌

강형구·문효진·윤정원. 2007. 「한국의 국가 이미지 및 문화상품 이미지에 대한 상호 인식에 관한 연구」. ≪광고연구≫, 가을호.

곽동균·김재철. 2015. 「VOD 및 결합상품 확산이 유료방송 시장 경쟁에 미치는 영향」. ≪방송통신연구≫, 통권 91호.

곽미란·김광수·임춘성. 2015. 『비즈니스 모델 구성요소 및 개선방안 연구』. 한국국제경영관리학회 학술발표대회 논문집.

권재웅. 2007. 「웹 2.0의 가능성과 한계: 방송한계점으로서의 동영상 UCC를 중심으로」. ≪방송문화연구≫, 19권 1호.

김균. 2001. 「외부자가 본 매체경제학」. ≪언론과 사회≫, 9권 2호.

김도환. 2014. "인간중심 '초연결 창조한국'의 무한가치". 파이낸셜뉴스, 12월 2일.

김민남. 2000. 『언론문화의 변동과 새 지평』. 서울: 커뮤니케이션북스.

김민석·이승훈. 2011. 「OS 플랫폼 경쟁 너머 모바일 생태계 2.0 세상」. ≪LGERI 리포트≫, 1164호.

김원식·유종민. 2015. 「글로벌 OTT의 국내시장 진출과 미디어 지형 변화 예측」. ≪방송통신연구≫, 통권 91호.

김은미. 2001. 「매체경제학을 어떻게 이해할 것인가」. ≪언론과 사회≫, 9권 2호.

김택환·황상재. 1994. 「미디어 융합에 따른 관련법과 제도의 정합성 문제: 21세기 미디어 환경의 변화」. ≪저널리즘비평≫, 12권.

김호석. 1998. 『스타시스템』. 서울: 삼인.

김휴종. 2001. 「미디어 경제학에 바라는 것들」. ≪언론과 사회≫, 9권 2호.

김희경·심미선. 2013. 「융합 미디어 환경에서 공익채널 제도와 운영의 문제점에 관한 연구」. ≪방송통신연구≫, 통권 83호.

나성린·전영섭. 2001. 『공공경제학』. 서울: 법문사.

매일경제. 2012. "한국 3D콘텐츠 佛 MIPTV서 100만 달러 수출 실적". 4월 5일.

문상현. 2009. 「미디어 정치경제학의 학문적 지형과 이론적 과제」. ≪한국언론정보학보≫, 45호.

_____. 2015. 「미디어 생태계의 변화와 글로벌 미디어기업의 대응전략」. ≪문화경제연구≫, 18권 1호.

문종범·김인섭·정원준. 2012. 「SNS 만족도가 소셜커머스 신뢰성 및 지속사용에 미치는 영향에 관한 연구」. ≪한국경영공학회지≫, 17권 2호.

문화관광부. 2003. 『문화산업백서 2003』.
문화체육관광부. 2012. 「2011콘텐츠산업통계(2010년 기준)」.
_____. 2016. 「방송포맷산업 현황, 전망 및 육성 방안 연구」(보고문서).
박기순. 1996. 「정보사회와 뉴미디어시대의 커뮤니케이션의 이해를 위한 이론적 고찰」. ≪성곡논총≫, 27(3).
박남기. 2004. 「정책, 방송환경의 변화와 외주제작」, 해외방송정보.
박승현·송현주·정완규. 2011. 「한국영화의 흥행성과 결정 요인에 관한 연구」. ≪언론과학연구≫, 11(4).
박웅기. 2003. 「대학생들의 이동전화 중독증에 관한 연구」. ≪한국언론학보≫, 47권 2호.
박진근·신동천·김영세. 1998. 『미시경제학』. 서울: 세경사.
박현식. 2006. 「2005년도 이동멀티미디어방송사업자 및 방송채널 사업자 경영분석」. 방송위원회 보고서.
방송통신위원회. 2013. 방송산업실태조사보고서.
_____. 2014. 방송산업실태조사보고서.
_____. 2015. 방송산업실태조사보고서.
_____. 2016a. 방송사업자재산상황공표집.
_____. 2016b. 방송산업실태조사보고서.
_____. 2017a. 방송사업자재산상황공표집.
_____. 2017b. 방송산업실태조사보고서.
백미숙. 2004. 「미국 라디오 방송제도의 성립과 공익 개념의 형성, 1922~1926」. ≪한국언론학보≫, 48권 2호.
변동현. 1991. 「유선TV 프로그램의 공익성 보장 방안」. ≪저널리즘비평≫.
송민정. 2016. 「동영상 스트리밍 기업인 넷플릭스의 비즈니스모델 최적화 연구」. ≪방송통신연구≫, 93호.
심미선. 2008. 「융합환경 하에서의 미디어 이용에 관한 이론적 고찰」. ≪미디어 경제와 문화≫, 6(2).
심용운. 2015. 「활짝 열린 공유 경제의 가능성. 세상을 읽는 눈」. ≪SK사보≫, 485호.
심홍진·유경한. 2014. 「소셜미디어 이용과 TV 시청의 관계」. ≪방송과 커뮤니케이션≫, 15(1).
연합뉴스. 2011. "국제방송영상견본시(BCWW 2011), 한류 콘텐츠 3,000만 달러 수출 실적…". 9월 9일.
염용섭·심용운. 2014. 「포스트스마트폰 시대의 통신사업자의 위상 변화 및 대응 전략」. ≪Telecommunication Review≫, 24(1): 15~26.
영화진흥위원회. 2017. 「2016년 한국영화산업 결산」. 영화진흥위원회 보고서.
오종환. 2003. 「방송광고 시장 현황과 전망」. ≪방송문화≫, 8월호.

유세경·고양. 2015.「중국 방송사들의 프로그램 자원의존 전략에 관한 연구」. ≪한국콘텐츠학회논문지≫, 15권 10호.
유재훈. 2011,「'소셜커머스', 이제 소비자를 기업의 동반자로」. ≪LG Business Insight≫.
은혜정. 2009.「포맷 바이블 제작 및 유통」. ≪방송문화≫, 6권.
이강효. 2017.「블록체인, 저작권의 새로운 해답」. ≪C Story≫, 9월호.
이상식. 2003.「공익성과 보편적 서비스 개념의 비교 연구」. ≪한국언론정보학보≫, 통권 20호.
이상우·서민식·박용석. 2009.「공익채널 의무전송제도의 실효성에 대한 비판적 연구」. ≪방송문화연구≫, 21권 2호.
이상훈. 2003.「디지털시대의 방송영상산업진흥 정책의 방향과 쟁점」. 방송영상산업진흥과 외주정책 세미나, 한국방송학회, 문화방송공동주최 세미나 발제문.
이수영·내가영. 2011.「마이크로 블로그 이용자의 능동성에 관한 탐색적 연구」. ≪방송통신연구≫, 73호.
이수영·좌영녀. 2011.「능동적 수용자로서 UCC 생산자들의 미디어 경험에 관한 탐색적 연구」. ≪한국언론학보≫, 55(5).
이순임·강병환. 2015.「시진핑 출범 이후 중국 방송정책의 특징과 변화. ≪언론학연구≫, 19권 4호.
이우승·강만석·은혜정. 2000.『디지털방송의 공익실현방안 연구』. 한국방송영상산업진흥원.
이유진·유세경. 2016.「한국 예능 프로그램 포맷 수출 활성화 방안 연구」. ≪한국콘텐츠학회논문지≫, 16(12).
이호근. 2003.「고개접점을 활용한 새로운 가치의 창조: (주)다음의 비즈니스모델」. 산업자원부·전국경제인연합회.『사례로 배우는 e 비즈니스』.
임정수. 2002.「인터넷 이용자의 웹사이트 이용패턴: 이용자 집단의 크기와 충성도에 관한 분석」. ≪한국방송학보≫, 16권 4호.
_____. 2003.「인터넷 이용패턴에 대한 연구: 채널레퍼토리 형성과 수용자 집중현상을 중심으로」. ≪한국언론학보≫, 47권 2호.
_____. 2004.「세 가지 미디어 집중현상의 개념화와 미디어 산업정책 함의」. ≪한국언론학보≫, 48권 2호.
_____. 2008a.「여자 대학생의 UCC 소비와 생산을 통해 본 수용자 능동성에 관한 연구」. ≪한국방송학보≫, 22(4).
_____. 2008b.「프로그램 친숙도의 분석을 통해 본 미국 드라마의 수용에 대한 연구」. ≪한국언론학보≫, 52(3).
_____. 2011.「미국 TV드라마 산업에서 메이저 스튜디오의 리스크 분산 메커니즘」. ≪한국콘텐츠학회논문지≫, 11(11).

_____. 2012. 「방송콘텐츠 해외유통에서 견본시의 산업적 의미와 정책적 함의」. ≪콘텐츠+퓨처≫, 10호.
_____. 2013. 「텔레비전 콘텐츠 VOD에 대한 이용자 선호도와 속성변인의 컨조인트 분석」. ≪한국방송학보≫, 27권 5호.
_____. 2016. 「MCN에 대한 미국 레거시 미디어 기업의 대응전략모델」. ≪방송통신연구≫, 통권 95호.
_____. 2017. 「미디어 경제학의 한국 언론학에 대한 학문적 기여와 새로운 역할 모색」. ≪언론정보연구≫, 54(2).
_____. 2018. 「거대미디어간 M&A」. ≪신문과방송≫ , 2월호.
장대철·정영조·안병훈, 2006. 「양면시장에서의 진입가능성 연구」. ≪한국경영과학회지≫, 31(4).
장병희. 2004. 「신디케이션 시장 및 적자제작 시스템」. ≪해외방송정보≫.
전범수. 2005. 「국내외 텔레비전 장르 선호도 연구」. ≪한국방송학보≫, 19권 3호.
전자신문. 2011. "한국방송콘텐츠 한류 특수··· 일본수출 50% 늘어". 11월 4일.
정윤경·전경란. 2010. 「프로그램 포맷의 절합과 변형」. ≪한국방송학보≫, 24(1).
정인숙. 2016. 「MCN의 플랫폼 대응과 기존 미디어 사업자의 MCN 대응이 주는 시사점」. ≪방송통신연구≫, 통권 95호.
정회경·김지운. 2005. 『미디어경제학: 이론과 실제』. 서울: 커뮤니케이션북스.
최성호·박경민. 2013. 「소셜커머스의 성장요인 분석」. ≪한국경영과학회지≫, 38(3).
최영묵. 1997. 『방송의 공익성에 관한 연구』. 커뮤니케이션북스.
최현종·박영선·정수미·김화종. 2017. 「데이터 마이닝을 통한 지상파 드라마 첫 회 시청률 예측 모형 연구」. ≪한국정보기술학회논문지≫, 15(1).
KISDI. 2017. 2016 방송매체이용행태조사보고서.
_____. 2018. 2017 방송매체이용행태조사보고서
파이낸셜뉴스. 2012. "톱 300개 앱 중 유료 앱은 5개에 불과". 1월 12일.
한국경제신문. 2016. "CJ E&M, 베트남, 태국에 현지법인··· 동남아 시장공략 박차". 10월 16일.
한국언론재단. 2006. 한국신문방송연감 2005/2006.
_____. 2017. 한국신문방송연감 2017.
_____. 2018. 한국언론연감 2017.
한국케이블TV방송협회. 2007. 「2007년 3월 케이블TV 가입 현황 자료」.
한국콘텐츠진흥원. 2011. 「2010년 방송콘텐츠 수출입 현황과 전망」. ≪KOCCA포커스≫, 통권 33호.
_____. 2018. 방송영상산업백서.
황영미·박진태·문일영·김광선·권오영. 2016. 「빅데이터를 활용한 영화 흥행 분석」. ≪한국정보통신학회논문지≫, 20(6).

http://blog.cj.net/1995
[Channel CJ] "CJ E&M은 해외전용 한국영화 전문채널 'tvN Movies'를 개국해 싱가포르에 첫 론칭한다고".
http://www.cine21.com
http://www.computerhistory.org
http://www.ebook.or.kr
http://www.hani.co.kr
http://www.knn.co.kr/news/todaynews
http://www.kocca.kr
http://www.kofic.or.kr
http://www.koreancontent.kr
http://www.mapp.org
http://www.mct.go.kr
http://www.mipworld.com/en/miptv
http://www.nokia.com
http://www.screenquata.org
佐々木俊尚. 2009. 『2011年新聞·テレビ消滅』(이연 옮김. 2011. 『신문, 텔레비전의 소멸』. 서울: 아카넷).
Adamic, L. A. and B. A. Huberman. 1999. "The nature of markets in the World Wide Web." Palo Alto, CA: Xerox Palo Alto Research Center, Mimeo.
Adams, W. & J. Yellen. 1976. "Commodity bundling and the burden of monopoly." *Quarterly Journal of Economics*, 90.
Albarran, A. B. 1996. *Media economics: Understanding markets, industries and concepts*. Ames, IA: Iowa State University Press.
______. 1998. "Media economics: Research paradigms, issues, and contributions to mass communication theory." *Mass Communication And Society* 1(3-4).
Alexander, A., J. Owers and R. Carveth(eds.). 1998. *Media economics: Theory and practice*. 2nd ed. Mahwah, NJ: Lawrence Erlbaum Associates.
Ang, I. 1985. *Watching Dallas: Soap opera and melodramatic imagination*. Translated by D. Couling. London: Metheun.
Atton, C. 2002. *Alternative media*. Thousands Oaks: Sage.
Bagdikian, B. H. 1983. *Media monopoly*. Beacon Press.
______. 2000. *The media monopoly*. 6th ed. Boston: Beacon.
Barabasi, A. 2002. *Linked: The new science of networks*. Cambridge, MA.: Perseus.
Barnes, B. E. 1990. "Electronic media audience behavior in the multi-channel envi-

ronment: Patterns of demographic homogeneity and time spent viewing." Evanston, IL: Northwestern University(Unpublished Doctoral Dissertation).

Barney, J. B. 1991. "Firm resources and sustained competitive advantages." *Journal of Management*, 17(1).

_____. 1997. *Gaining and sustaining competitive advantage*. Upper Saddle River: Pearson Education Inc.

Barranca, M. 2004. "Unlicensed wireless broadband profiles: Community, municipal and commercial success stories." Spectrum Policy Program Working Paper, New America Foundation.

Barwise, T. P. 1986. "Repeat view TV series." *Journal of Advertising*, 27(4).

Beebe, J. H. 1977. "Institutional structure and program choices in television markets." *Quarterly Journal of Economics*, 91.

Bhagwat, A. 1995. "Of market and media: The First Amendment, the new mass media and the political components of culture." *North Carolina Law Review*, 74.

Blumler, J. G. 1979. "The role of theory in uses and gratifications studies." *Communication Research*, 6.

Bruck, P. A. 1993. "Introduction: Current media economics challenges and policy problems in central Europe." *The Journal of media Economics*, 6(1).

Calilaud, B. and B. Jullien. 2003. "Chicken and Egg: Competition among Intermediation Service Providers." *The RAND Journal of Economics*, 34(2).

Cantor, M. G. & Cantor, J. B. 1986. "Audience Composition and Television Content: The Mass Audience Revisited." In S. J. Ball-RoReach & M. G. Cantor (eds.). *Media Audience and Social Structure*. Beverly Hills, CA: Sage.

Chan-Olmsted, S. M. 1996. "Market competition for cable television: reexamining its horizontal mergers and industry concentration." *Journal of Media Economics*, 9(2).

_____. 1998. "Mergers, acquisitions, and convergence: The strategic alliances of broadcasting, cable television and telephone services." *Journal of Media Economics*, 11(3).

Chesbrough, H. 2010. "Business model innovation: opportunities and barriers." *Long Range Planning*, 43(2-3).

Chomsky, N. 1994. *Secrets, lies and democracy*. Odonian.

Collins, R. 1989. "The language of advantage: Satellite television in Western Europe." *Media, Culture & Society*, 11.

Compaine, B. M. 1979. *Who owns the media?* White Plains. NJ: Knowledge Industry Publications.

Compaine, B. M. and D. Gomery. 2000. *Who owns the media? Competition and concentration in the mass media industry*. Mahwah, NJ: Lawrence Erlbaum Associates.

Croteau, D. and W. Hoynes. 2001. *The Business of media: corporate media and the public interest*. Thousand Oaks, CA: Pine Forge Press.

Demers, D. P. 1996. "Corporate newspaper structure, profits and organizational goals." *Journal of Media Economics*, 9(2).

Demers, E. and B. Lev. 2000. "A rude awakening: Internet shake in 2000." The Bradley Policy Research Center, Financial Research and Policy working paper No.FR 00-13. William E. Simon Graduate School of Business Administration, University of Rochester.

Dimmick, J. 2003. *Media competition and coexistence: The theory of the niche*. London: Lawrence Erlbaum Associates.

Dimmick, J., S. Kline and L. Stafford. 2000. "The gratification niches of personal e-mail and the telephone: Competition, displacement, and complementarity." *Communication Research*, 27.

Dimmick, J., S. Patterson and A. Albarran, 1992. "Competition between cable and broadcast industries: A niche theory." *Journal of Media Economics*, 5.

Doyle, G. 2002. *Understanding media economics*. Thousand Oak, CA: Sage.

Dupagne, M. 1999. "Exploring the characteristics of potential high-definition television adopters." *The Journal of Media Economics*, 12(1).

Ehrenberg, A. S. C. 1988. *Repeat-buying: Facts, theory and applications*. New York:Oxford University Press.

Ehrenberg, A. S. C., G. J. Goodhardt and T. P. Barwise. 1990. "Double jeopardy revisited." *Journal of Marketing*, 54(3).

Eighmey, J. 1997. "Profiling user responses to commercial web sites." *Journal of Advertising Research*, 37(3).

Eighmey, J. & L. McCord. 1998. "Adding value in the information age: Uses and gratifications of sites on the World Wide Web." *Journal of Business Research*, 41(3).

Eisenmann, T., P. Geoffrey & M. W. Van Alstyne. 2006. "Strategies for Two-Sided Markets." *Harvard Business Review*, 84(10).

Entman, R. M. and S. S. Wildman. 1992. "Reconsidering economic and non-economic perspectives on media policy: Transcending the marketplace of ideas." *Journal of Communication*, 42(1).

Evans, D. S. 2003. "The Antitrust Economics of Multisided Platform Markets." *Yale Journal on Regulation*, 20(2).

FCC. 1975. "Nondiscrimination in the employment policies and practices of broadcast licensees." 54 FCC 2d 354.

_____. 1980. "EEO Processing guidelines for broadcast renewal applicants." 46 RR 2d 1693.

_____. 1998. "Review of the Commissions Broadcast Ownership Rules." Noticeof Inquiry, MM Docket No.98-35, March 12, Appendix A.

Finn, A., C. Hoskins & S. McFadyen. 2004. *Media Economics: Applying economics to new and traditional media*. Sage.

Gitlin, T. 1980. *The whole world is watching: Mass media in the making and unmaking of the new left. Berkeley*. CA: University of California Press.

Habermas, J. 1962. *Strukturwandel der Öffentlichkeit*. Berlin and Neuwied: Luchterhand.

Hagel, J. & A. Armstrong. 1997. *Net gain: Expanding markets through virtual communities*. Boston, MA: Harvard Business School.

Heeter, C. and B. Greenberg. 1985. "Cable and program choice." In D. Zillmann and J. Bryant(eds.). *Selective exposure to communication*. Hillsdale, NJ: Lawrence Erlbaum.

Hobson, D. 1980. *Crossroads: The drama of soap opera*. London: Methuen.

Hofstede, G. 1991. *Cultures and organizations: Software of the mind*. New York: McGraw-Hill.

Hoppenstand, G. 1998. *Holltwood and the business of making movies. In Litman, B. R. The motion-picture mega-industry*. Needham Heights, MA.: Allyn & Bacon.

Kim, E. & S. Park. 2004. "Doing media economics research in Korea where non-market forces are dominant." ≪미디어 경제와 문화≫, 2권 2호.

Kim, J. & A. M. Rubin. 1997. "The variable influence of audience activity on media effects." *Communication Research*, 24(2).

Koranteng, J. 2012. Facebook needs TV more than TV needs Facebook. http://mindcorp.co.uk/tweetfeed.

Korgaonkar, P. K. & L. D. Wolin. 1999. "A Multivariate Analysis of Web Usage." *Journal of Advertising Research*. 39(2).

Lee, F. 2006. "Cultural Discount and Cross-Culture Predictability: Examining the Box Office Performance of American Movies in Hong Kong." *Journal of Media Economics*, 19(4).

Lessig, L. 1999. *Code and other laws of cyberspace.* New York: Basic Books.

Leung, L. and R. Wei. 2000. "More than just talk on the move: Uses and gratifications of the cellular phone." *Journalism & Mass Communication Quarterly*, 77.

Levy, M. R. & S. Windahl. 1984. "Audience activity and gratifications: A conceptual clarification and exploration." *Communication Research*, 11(1).

_____. 1985. "The Concept of Audience Activity." In K. E. Rosengren, A. W. Lawrence & P. Palmgreen(eds.). *Media Gratifications Research: Current Perspectives.* Beverly Hills, CA: Sage.

Levy, M. R. 1987. "VCR use and the concept of audience activity." *Communication Quarterly*, 35.

Litman, B. R. 1998. *The motion-picture mega-industry.* Needham Heights, MA.: Allyn & Bacon.

Lull, J. 1982. "A rules approach to the study television and society." *Human Communication Research,* 9(1).

Marr, B. 2017. "Disney Uses Big Data, IoT And Machine Learning To Boost Customer Experience." https://www.forbes.com

McFadayen, S., C. Hoskins & A. Finn. 2004. "Measuring the cultural discount in the price of exported U.S. television programs." in Ginsburgh, V.A(ed.). *Economics of art and culture: Invited papers at the 12th international conference of the Association of Cultural Economics International.*

McPhee, W. N. 1963. *Formal theories of mass behavior.* New York: The Free Press.

Moores, S. 1993. *Integrating audiences: The ethnography of media consumption.* London: Sage.

Moran, A. & J. Malbon. 2006. *Understanding the global TV format.* Bristol, UK: Intellect.

Morley, D. 1993. "Active Audience Theory: pendulums and pitfalls." *Journal of Communication*, 43(4).

Morris, M. & C. Ogan. 1996. "The Internet as Mass Medium." *Journal of Communication,* 46(1).

Mosco, V. 1996. *The political Economy of communication.* Sage.

Napoli, P. 2001. *Foundations of Communications Policy: Principles and process in the regulation of electronic media.* Cresskill, NJ: Hampton Press.

_____. 2003. *Audience Economics: Media Institutions and the Audience Marketplace.* New York: Columbia University Press.

Ogawa, H. & Y. Goto. 2006. *Web 2.0 book*. Tokyo: Impress Japan Co(권민 옮김. 2006. 『웹 2.0 이노베이션』. 성남: 위즈나인).

Owen, B. M. & S. S. Wildman. 1992. *Video Economics*. Cambridge, MA: Harvard University Press.

Owen, B. M., J. Beebe & W. Manning. 1974. *Television economics*. New York: Ballinger. Paul Kagan Associates

Papdopoulos, N. & L. A. Heslop. 1986. "Travel as a corporate of product and country images." In T. E. Muller(ed.). *Marketing*, vol.7, pp.191~200. Whistler, B. C.: Administrative Sciences Association of Canada-marketing Division.

Perse, E. M. 1990. "Audience selectivity and involvement in the newer media environment." *Communication Research*, 17.

Perse, E. M. & D. G. Dunn. 1998. "The utility of home computers and media use: Implications of multimedia and connectivity." *Journal of Broadcasting and Electronic media*, 42(4).

Picard, R. G. 1989. *Media Economics: Concepts and issues*. Newbury Park, CA: Sage.

_____. 2004. "The Development of Media Economics." ≪미디어 경제와 문화≫, 2권 2호.

Porter, M. E. 1980. *Competitive strategy: Techniques for analyzing industries and competitors*. New York: Free Press.

_____. 1985. *Competitive Advantage: Creating and sustaining superior performance*. New York: Free Press.

_____. 1998. *Competitive advantage*. New York: Free Press.

Rafaeli, S. 1986. "The Electronic Bulletin Board: A Computer-Driven Mass Medium." *Computers and the Social Sciences*, 2(3).

Rappa, M. 2001. Business model on the web. http://digitalenterprise.org/models.html

Read, R. 1993. *Politics and policies of national economic growth*. Unpublished doctoral dissertation, Stanford University.

Rifkin, Z. 2014. *Zero marginal cost society*. Palgrave Macmillan(안진화 옮김. 2014. 『한계비용제로사회』. 서울: 민음사).

Rochet, J. C. & J. Tirole. 2003, "Platform Competition in Two-Sided Markets." *Journal of the European Economic Association*, 1(4).

Rosengren, K., L. Wenner and P. Palmgreen(eds.). 1985. *Media gratifications research*. Beverly Hills, CA: Sage.

Rubin, A. M. 1981. "An examination of television viewing motivations." *Communication Research*, 8.

_____. 1983. "Television uses and gratifications: The interactions of viewing patterns and motivations." *Journal of Broadcasting*, 27.

Silverstone, R. 1994. *Television and everyday life*. London: Routledge.

Spangler, T. 2018. "Comcast Wants to Turn Xfinity Into an 'Internet of Things' Smart-Home Platform." http://variety.com/2018/digital/news

Spence, M. S. & B. M. Owen. 1975. "Television Programming, monopolistic competition and welfare." In B. M. Owen(ed.). *Economics and freedom of expression: Media structure and the first amendment*. Cambridge, MA: Ballinger.

Steiner, P. O. 1952. "Program patterns and preferences, and the workability of competition in radio broadcasting." *Quarterly Journal of Economics*, 66.

Stigler, G. J. 1963. "A note on block bundling." In P. B. Kurland(ed.). The Supreme Court Review. Chicago. IL: Chicago University Press.

Stiglitz, J. E. 1997. *Economics*. 2nd ed.(백영현·이병천 옮김. 2002. 『미시경제학』. 한울아카데미).

Stokey, N. L. 1979. "Intertemporal price discrimination." *The Quarterly Journal of Economics*, August.

Swanson, D. L. 1977. "The uses and misuses of uses and gratifications." *Human Communiaction*, 3.

Tapscott, D. & A. Tapscott. 2016. *Blockchain revolution*. Penguin Publishing.

Todreas, T. M. 1999. *Value creation and branding in television's digital age*. West Port, CT: Quorum Books.

Valle, R. D. 2008. *The one-hour drama series*. Silman-James Press.

Waisbord, S. 2004. "Understanding the global popularity of television formats." *Television & New Media*, 5(4).

Wasko, J. 1993. "Introduction". In J. Wasko, V. Mosco & M. Pendakur(eds.). *Iluminating the Blindspot: Essays honoring Dallas. W. Smythe*. Norwood, NJ: Ablex Publishing Corporation.

Waterman, D. 1991. "A new look at media chain and groups: 1977-1989." *Journal of Broadcasting and Electronic Media*, 35(2).

Webster, J. G. 1990. "The role of audience ratings in communications policy." *Communications and the Law*, 12(2).

Webster, J. G. and J. J. Wakshlag. 1983. "A theory of program choice." *Communication Research*, 10(4).

Webster, J. G. & L. Lichty. 1991. *Ratings analysis: Theory and practice*. Hillsdale, NJ: Lawrence Erlbaum Associates.

Webster, J. G. and P. F. Phalen. 1997. *The mass audience: Rediscovering the dominant model*. Mahwah, NJ: Lawrence Erlbaum Associates.

Webster, J. G. and S. Lin. 2002. "The Internet Audience : Web use as mass behavior." *Journal of Broadcasting and Electronic Media*, 46(1).

Webster, J. G., P. F. Phalen & L. W. Lichty. 2000. *Ratings analysis: The theory and practice of audience research*. Mahwah, NJ: Lawrence Erlbaum Associates.

Weston, J. F. 1994. "The payoff in mergers and acquisitions." In M. L. Rock and M. Sikora(eds.). *Mergers and Acquisition*. 2nd ed. New York: McGraw-Hill.

Wildman, D. & S. Siwek. 1988. *The economics of trade in recorded media products in a multilingual world*. Washington DC: American Enterprise Institute for Public Policy Research.

Williams, F., S. Stover & A. E. Grant. 1994. "Social Aspects of New media Technologies." in J. Bryant and D. Zillman(eds.). *Media Effects: Advances in Theory and Research*. Hillsdale, NJ: Lawrence Erlbaum Associates.

Winslow, G. 2011. "MIPCOM: Attendance Tops 12,500." *Broadcasting & Cable* (2011.10.6).

______. 2012. "Warner Bros. Partners With TV Asahi On Format." *Broadcasting & Cable*(2012.3.5).

Yim, J. 2002. "Audience concentration in the media." Doctoral dissertation. Evanston, IL: Northwestern University.

______. 2003. "Audience concentration in the media: Cross-media comparisons and the introduction of the uncertainty measure." *Communication Monographs*, 70(2).

찾아보기

영문

지은이

임정수

약력　연세대학교 신문방송학과 졸업(B.A, M.A)
오리콤 DSN편성제작국 프로듀서(1994~1997)
노스웨스턴 대학교 언론학 박사(Ph.D, 2002)
서울여자대학교 언론영상학부 교수(2003~현재)

저서　『디지털시대의 미디어 산업』(2004)
『디지털시대의 방송편성론』(2006, 공저)
『디지털 미디어와 광고』(2007, 공저)
『미드, 할리우드 텔레비전 드라마 생산 이야기』(2010)
『컨버전스와 다중미디어 이용』(2011, 공저)
『한국사회의 디지털 미디어와 문화』(2011, 공저)
『미디어, 빅뱅 없는 세상』(2015)

한울아카데미 2135

(제2개정판)

영상미디어 산업의 이해

지은이 | 임정수
펴낸이 | 김종수
펴낸곳 | 한울엠플러스(주)
편집 | 배유진

초판 1쇄 발행 | 2006년 3월 10일
개정판 1쇄 발행 | 2007년 11월 15일
제2개정판 1쇄 인쇄 | 2019년 2월 21일
제2개정판 1쇄 발행 | 2019년 2월 28일

주소 | 10881 경기도 파주시 광인사길 153 한울시소빌딩 3층
전화 | 031-955-0655
팩스 | 031-955-0656
홈페이지 | www.hanulmplus.kr
등록번호 | 제406-2015-000143호

Printed in Korea.
ISBN 978-89-460-7135-3 93070 (양장)
978-89-460-6598-7 93070 (학생판)